교육학개론

손영환 · 권미량

창지사

• 머 • 리 • 말 •

교육에 대한 많은 관점이 상존 함에도 불구하고 교육이 인간행동을 바람직한 방향으로 변화시키기 위한 계획적이고 의도적인 활동이라는 데는 재론의 여지가 없다. 인간이 더욱 인간다울 수 있는 것은 교육을 통하여 참 인간으로서 성장과 발전을 이룰 수 있기 때문이다. 그 동안의 여러 보고서에서 밝혀졌듯이 인간에게도 인간답게 성장할 수 있는 환경과 더불어 적절한 교육이 주어지지 못한다면 동물과 같은 성장을 할 수밖에 없다.

현대의 교육이 과거의 그것과 큰 차이를 보이고 있는 것은 전세계적으로 불어닥치고 있는 평생교육으로서의 교육 개념과 외부환경과 새로운 정보에 민감한 열린 교육으로서의 교육개념이 강조되고 있다는 점이다.

교육의 이해는 인간의 전 생활영역에 밀접한 영향을 끼치고 있는 교육 현상들을 개념적으로 이해할 수 있도록 안배한 교과목이다. 본서는 특히 교사 양성과정에 있는 학생이나 교육에 관심이 있는 일반인들을 위한 교육입문의 기본서로 꾸며졌다.

본 서의 체제는 총 7장으로 구분되어 있으며, 크게 네 부로 구분하였다. 제 1부는 1장과 2장으로 구성되어 있으며, 1장은 교육의 개념과 본질을 소개하면서 교육에 관한 기본적인 원리를 이해하도록 안배하였다. 2장은 교직의 중요성과 전문성을 강조하는 데 역점을 두었다. 제 2부는 제 3장으로부터 5장에 이르는 부분으로 교육의 학문적 기저가 되는 교육철학, 교육사, 교육심리학, 교육사회학의 기초를 이해하는 데 중점을 두었다. 제 3부는 교육의 과정과 실제 부분으로 교육을 하나의 체제로 보고 실제 교육의 투입, 과정, 산출로부터 환류(feed-back)에 이르기까지 교육현장에서 실제 이루어진 교육내용의 선정과 조직 그리고 이를 기초로 피교육자에 대한 교수·학습 지도와 생활지도의 체계성을 중점으로 기술하였으며, 마지막으로 교육의 산출에 대한 성과를 확인하고 반성하는 교육평가를 기술하였다. 제 4부는 교육의 운영에 관한 것으로 교육의 행정과 재정에 관한 기초 이해를 수록하였다.

끝으로 이 책의 출판을 기꺼이 맡아주신 창지사 사장님께 심심한 감사의 마음을 전한다.

2008. 봄

구월산 아래 연구실에서 저자 일동

차 례

제 2 부 교육의 학문적 기초 47

제 3 장 교육의 철학 · 역사적 기초 · 49

제 4 장 교육심리학의 기초 · 93

제 7 장 교육평가 · 172

제 4 부 교육의 운영 195

제 8 장 교육행정의 기초 · 197

제1부

교육과 교직의 개념

교육학
개론

제1장
교육의 개념

Ⅰ. 교육의 개념

1. 교육과 인간관

교육의 대상은 인간이므로 교육학은 전적으로 인간과 관련된 학문이며 교육을 이해하기 전에 인간을 이해하는 것이 선행되어야 한다. 이러한 인간의 본성을 이해하는 관점은 크게 성선설, 성악설, 성불선불악설(중성설, 심의백지설)로 나누어 생각해 볼 수 있다.

성선설은 인간의 본성을 선하게 보려는 입장이며 그 대표적인 사상가로 동양의 맹자와 서양의 루소를 꼽을 수 있다.

맹자에 의하면 사람의 본성은 의지적인 확충(擴充)작용에 의하여 덕성(德性)을 높일 수 있는 단서(端緖)를 생득적으로 갖추고 태어난다 하였다. 사람은 남의 불행을 돕고자 하는 마음을 가지고 있다. 이를 측은(惻隱), 수오(羞惡), 사양(辭讓), 시비(是非)의 4단(四端)으로 일컬으며, 그것은 각각 인(人), 의(義), 예(禮), 지(智)의 근원을 이룬다고 하였다. 사람들은 누구나 선한 성을 타고나지만, 모두가 선한 사람이 되지 못하고 인의예지의 4덕을 이루지 못하는데 이것은 사람의 본성에 차별이 있어서가 아니라 후천적인 교육과 노력에 의해 선의 실마리를 힘껏 배양하고 확충하지 않은 결과라고 보고 이것을 군자와 소인을 구분하는 근거로 삼았다.

루소 역시 '인간 회복' 으로 인간의 본성을 자연상태에서 파악하고자 하는 성선설의 입장을 취하고 있다. 인간은 자연상태에서는 자유롭고 행복하고 선량하였으나 인위적인 사회제도나 문화에 의해 부자유스럽고 행복하지 못한 상태에 빠졌으며, 악한 존재가 되는 경우가 허다하므로 다시 자연 그대로의 참된 인간의 모습을 발견하여 인간성을 회복하여야 한다고 주장하였다.

반면 성악설은 인간의 본성이 악하다는 생각으로, 인간은 태어날 때부터 도덕적으로 악한 충동을 지니고 있으며 그것은 본질적으로 죄악스러운 것이라고 하는 사상이다. 구약성서에서 볼 수 있는 고대 히브리인과 희랍의 철학자 그리고 서구사회의 기독교의 전통적 원죄의식과도 일맥상통한 것으로서 그 대표적 사상가로는 순자(荀子)와 홉스(T. Hobbes) 등이 있다.

순자는 사람의 성(性)은 원래 악하며, 선하게 되는 것은 인위적인 노력에 의한 것이라고 주장하였다. 순자는 만일 사람이 있는 그대로의 본성에 따르고 그의 욕구에 따라 간다면 반드시 다툼이 일어나고 사회 질서가 어지러워져 혼란을 초래하게 될 것이라고 하였다. 그러므로 반드시 스승이 있어 법으로 교화하고 예의로 인도하여야 한다고 주장했다. 순자는 비록 인성은 악하지만, 사람의 후천적 노력에 의하여 선한 방향으로 바꿀 수 있다고 보았다. 또한 이는 이러한 능력은 누구에게나 갖추어져 있는 것이기 때문에 그것을 모두 발휘할 수만 있다면 평범한 사람도 성인이 될 수 있다는 것을 의미한다. 따라서 그는 인성이 형성되는 사회적 조건에 주목했고 교육의 효과를 강조했다. 이러한 생각은 그의 예치(禮治)·법치(法治)에 이론적 근거를 제공해 줄 수 있었다. 홉스도 인간은 본래 이기적인 본성을 지니고 있어서 자연상태에서는 아무것도 금할 수 없다고 하였다. 모든 인간이 자기 이익만을 끝까지 추구하는 자연상태에서는 만인(萬人)의 만인에 대한 투쟁만이 존재하며, 인간은 인간에 대해 이리(狼)이기 때문에 자기 보존의 보증마저 없다고 주장하였다. 따라서 인간의 이러한 투쟁심과 남을 해치려는 본능을 순화하고 교화시킬 수 있는 힘은 후천적인 교육이라는 논리를 전개하였다.

성불선불악설, 즉 중성설은 처음 태어날 때의 인간의 본성은 선악 이전의 상태인 백지이며 환경에 따라 좌우된다는 것이 기본 생각이다. 대표적 사상가는 고자(告子)와 로크이다. 고자는 인간을 "성 주변을 빙빙 도는 물과 같이 동으로 길을 트면 동으로, 서로 길을 틀면 서로 흐른다."고 하였다. 로크(J. Locke)는 인간의 마음은 태어날 때 백지와 같다고 하여 이른바 심의(心意)백지(白紙)설(說)을 주장하였다. 로크의 백지설은 20세기의 행동주의 심리학과 영국의 경험주의 심리학에 큰 영향을 미쳤다.

2. 교육의 정의

'교육' 에 대해서는 여러 학자들에 의해서 다양하게 정의되어져 왔고 지금도 정의되어지고 있으며 또한 앞으로도 그렇게 될 것이다. 따라서 교육을 이해하는 방식에는 여러 가지가 있을 수 있다. 그것은 교육을 이해하려는 입장이 삶의 주관적 목적이나 기존의 신념에 따라 달라질 수 있기 때문이다. 오늘날 교육을 규정한 여러 가지 논의를 검토해 보면 교육을 이해하는 데 있어 크게 세 가지의 다른 방식이 있음을 알 수 있다.

1) 규범적 정의

교육은 항상 시대정신을 반영해왔으며, 그 시대가 요구하는 이상적인 인간양성을 위해 노력해왔다. 규범적 정의란 교육을 우리가 염원하는 이상적인 사회건설이나 인간양성을 위한 실천의 대상으로 보고, 각자가 옳다고 믿는 교육의 기본 생각을 바탕으로 해서 교육이 그 실천의 방향잡이가 되고 구체적 길잡이가 될 수 있게끔 하려는 대안들을 열심히 모색하는 사고방식이다. 즉 교육의 의미를 규정할 때 교육에서 추구되어야 할 가치를 제시하는 것을 포함하는 경우에는 그것을 규범적 정의(normative definition)라고 한다. 예를 들어서 '교육은 민주적 시민을 육성하는 과정이다' 라고 할 때 이 진술 속에는 '민주적 시민' 을 육성해야 한다라는 목적이나 가치를 암시하고 있다. 또 '교육을 인간을 인간답게 형성하는 작용' 또는 '인격함양의 과정' 이라고 말하는 등의 정의 유형들은 모두 규범적 정의에 속한다. 즉 교육의 제 1차 목적을 인격완성이나 자아실현 또는 진리의 추구와 결부지어 진술하는 경우이다. 따라서 규범적 정의는 목적론적 정의라고도 하며, 교육의 본질적 내재적 또는 관념론적 가치(속성)를 중시하는 입장이다.

소위 이상주의 · 실용주의 · 진보주의 · 본질주의 · 항존주의 · 실존주의 등 교육을 특수한 가치 규범적 입장에서 파악할 때, 이러한 종류의 사고방식이 개입된다.

2) 기능적 정의

교육의 기능적 정의(functional definition)란 한 마디로 교육을 무엇을 위한 수단으로 규정하는 외재적 목적과 관련된 입장이다. 따라서 교육이 이바지해야 할 대상을 국가, 사회, 정치, 경제, 사회문화, 종교로 보느냐 아니면 인간 자신으로 정하느냐에 따라 수많은 기능적 정의가 가능하다. 현대사회에서는 이 기능적 정의가 교육현상을 지배해 오고 있다고 해도 과언이 아니다.

'교육은 국가발전의 원동력이다', '사회적 지위상승의 수단이다', '교육은 사회문화의 계승 및 발전의 수단이다', '교육은 개인의 사회적 출세를 위한 수단이다' 등 교육이 헌신해야 한다고 생각하는 대상에 따라 수많은 기능적 정의를 내릴 수 있다. 이러한 기능적 정의는 교육의 도구적 가치를 중요시하는 입장이다. 그러나 기능적 교육관에 치중하게 되면 그 기능성과 당위성은 인정된다고 해도 교육 본래의 가치구현에는 소홀하게 되고, 다른 분야에 비해 교육의 지체현상을 초래하게 된다. 또 교육을 개인의 출세를 위한 수단으로 봄으로써 여러 가지 교육의 부조리현상을 초래할 가능성도 크다.

3) 조작적 정의

분석적(分析的)이고 과학적 관점에서 교육을 규정하려는 사고방식이다. 즉 교육현상을 자연현상처럼 객관적으로 설명 · 예측 · 통제할 수 있는 과학적 탐구의 대상으로 삼고, 교육현상에 규칙적으로 작용하는 요소를 찾아 개념화하려고 한다. 즉 교육의 의미를 규정할 때 특정한 가치의 제언을 하지 않고 가치의 규정을 개방해 둔 채, 인간변화의 설명 · 원리만을 규정할 때 그것을 기술적 · 분석적 정의라고 한다.

그리고 모든 경험 과학적인 접근이 그러하듯이 이러한 입장에서 규정되는 교육도 탈가치적 성향을 띤다. 교육의 실제는 과학적으로 증명된 법칙을 처방하여 의도하고자 하는 목적을 효과적으로 달성하는 데 있는 것으로 본다. 또한 과학적 접근이 그러하듯이 교육을 전체적인 입장보다 분석적으로 이해하려는 환원주의적 입장을 취한다. 즉, 교육의 중요한 구성요인으로 가정되는 작은 부분들의 특성을 규명함으로 교육현상은 더 잘 설명될 수 있다고 보는 것이다.

교육은 「인간행동을 계획적으로 변화시키려는 과정」이라는 정범모(1968)의 교육에 대한 정의는 이러한 분석적이고 과학적 탐구대상으로서의 교육을 잘 나타내어 주고 있다. 이 정의가 지니고 있는 요소들로서 '인간행동(human behavior)', '변화(change)', '계획적(planned)' 이라는 표현에 대해서 살펴보도록 하자(이승진, 1991).

첫째, '인간행동' 에 대해서 살펴보자.

교육이 인간을 다룬다는 데에는 이론의 여지가 없지만 인간의 어떤 면을 다루느냐 하는 문제는 약간의 분석을 필요로 한다. 인간에게는 신체적, 정치적, 경제적, 종교적 측면도 있다. 그러나 교육이 관여하는 측면은 인간의 행동이다. 여기서 행동이라고 할 때 그것은「말한다」,「걷는다」등 밖으로 나타난 가시적 행동만이 아니라 지식, 사고력, 가치관, 자아개념 등의 내재적 특성도 포함한다. 이처럼 교육이 외현적 및 내재적 행동을 대상으로 하기 때문에 정범모는 행동에 "행동형", "행동특성"이란 개념을 써도 좋다고 제안한다. 여기서 특히 주목해야 하는 것은 행동이란 말은 행동주의가 말하는 '자극－반응의 연결에 의한 행동' 만을 의미하지는 않는다는 점이다.

교육에서 중요시하는 행동특성을 Bloom(1956)은 지능 · 지식 · 사고력 · 창의력 등을 포함한 지적 차원(cognitive domain), 흥미 · 태도 · 가치관 · 자아개념 · 도덕성 등을 포함하는 정의적 차원(affective domain), 그리고 기능 · 지각속도 등을 포함하는 심리 · 운동적 차원(psychomotor domain)으로 분류하였다.

둘째, '변화' 의 의미에 대해서 살펴보자.

인간행동에 관심을 가지고 있는 것으로 생물학, 정치학, 경제학 등도 있지만, 교육이 이들과 다른 점은 교육은 변화에 관심이 있다는 점이다. 없던 지식을 갖게 하고, 미숙했던 사고력을 숙달케 하며, 이런 정신을 저런 정신으로 변화시키며, 부적응 행동을 적응 행동으로 변화시키는 데 교육의 관심이 있다. 교육은 인간 행동이 변화될 수 있다는 전제에서 출발한다. 이에 대해서 정범모는 "교육이 인간을 변화시키는 일이라면, 교육은 인간이 변화한다고 믿어야 한다"라고 말하고 행동에 대한 변화관은 교육자의 신념이 되어야 한다고 강조한다.

셋째, '계획적' 의 의미를 살펴보자.

교육의 정의에서 계획적이란 단서가 붙어 있는데, 이 계획적이란 말이 함축하고 있는 뜻은 무엇인가? 인간의 행동은 성장 · 발달의 생득적인 요인에 의해 변화될 수도 있고, 전혀 아무런 의도 없는 학습에 의해서도 변화될 수 있다. 전자를 성숙에 의한 변화라고 한다면, 후자는 무의도적인 학습에 의한 행동의 변화라고 할 수 있다. TV, 라디오, 신문 등 매스콤을 통해서도 학습하고 또 이는 행동의 변화를 초래하기도 하지만, 이것도 무의도적이기는 마찬가지다. 생물학적 성숙이나 무의도적 학습에 의한 행동의 변화는 일단 교육에서 제외시킨다.

우리가 교육을 「계획적」이라고 할 때, 거기에는 변화시키고자 하는 명확한 목적의식이 있어야 한다. 매스콤이 교육하겠다는 목적이 있다면 교육적으로 활용될 수 있으나, 매스콤은 원래 교육을 목적으로 하는 사회기관이 아니다. 교육은 교육의 과정을 통하여 기르고자 하는 행동특성이 구체적으로 무엇인지에 대한 목적의식이 있어야 한다. 여기에 바로 교육의 계획성이 부각되는 것이다.

계획적이란 무언가를 기를 수 있고 길러진다는 이론과 실증의 뒷받침이 있는 계획과 과정이 있다는 것을 의미한다. 이론과 실증의 뒷받침이 있다는 말은 곧 교육이 과학적 실증의 토대 위에 서야 한다는 것을 뜻한다. 이러한 과학적 근거 없이는 교육은 한갓 추측이나, 관례, 개인적 경험을 토대로 하는 무계획적 노력 밖에 되지 않는다. 과학적 토대위에서 교육을 할 때만 교육하는 사람의 예술이 허용될 수 있다.

4) 교육의 어원적 정의

인간은 태어나면서부터 가족, 친지, 교사, 친구들과의 인간관계 속에서 의도적이든, 무의도적이든 다양한 방법의 교육을 받으면서 살아간다. 교육이란 무작정 밖에서 안으로 주는 일이 아니다. 학습자 자신의 잠재된 내적인 능력을 바람직한 방향을 향해 철저히 준비된 계획을 통해서 최대한 발휘될 수 있도록 도와주는 것이다.

'교육이란 무엇인가' 라는 문제를 다루기에 앞서 그 말의 성립과 그 대략의 뜻과 내용을 살펴보는 것도 도움이 될 것 같다.

중국의 후한(後漢)시대 허신(許愼)의 「설문해자(說文解子)」에 의하면 교(教)는 "교자효야(教者效也) 상소시(上所施) 하소효야(下所效也)" 라고 하여 위에서 베풀어 준 바를 아래에서 본받는다라는 뜻으로 해석된다.

본래 교(教)는 효(孝)와 복(攴)자의 합성어이다. 다시 말해서, 효(孝)는 학(學)의 '익힌다' 라는 뜻으로 학(學)의 옛 글자이기도 하다. 또 복(攴)은 "소격야(小擊也)" 라고 하여 '회초리로 가볍게 두드린다' 라는 의미이다. 이렇게 보면, 교(教)라는 글자는 배운다 혹은 익힌다라는 학(學)의 뜻을 지닌 효(孝)자와 채찍으로 가볍게 두들긴다는 뜻을 지닌 복(攴)자로 이루어진 것이다. 따라서 교(教)를 풀이해 보면, 攴(편달, 채찍)으로 子(아이)로 하여금 老(노인, 어른)를 모방케 하는 것으로 풀이할 수 있다.

또한 육(育)에 관하여는 "육양자사작선야(育養子使作善也)" 라 하였다. 여기서 자

(子)는 수교자(受敎子)를 의미하고, 사작선(使作善)은 기질을 선하게 하는 것을 지칭하는데 육에는 인격감화라는 뜻이 포함되어있음을 알 수 있다(김경식, 1989). 이러한 의미에서 육은 '피교육자를 길러 선(善)을 행하게 한다' 라는 뜻으로 해석할 수 있다.

서양에서 교육에 관한 어휘를 살펴보면 'pedagogy' 와 'andragogy' 가 있다. 'pedagogy' 는 희랍어 'paidagogos' 에서 온 것으로 paida(어린이)와 gogos(이끈다)의 합성어이며 '어린이를 이끈다' 는 뜻이다. 이 paidagogos는 희랍 아테네의 직업적인 가정교사로서, 아동을 인도하여 학교에 데리고 가고 또 집으로 데리고 오는 역할을 하는, 노예 중에서도 비교적 지식이나 교양이 풍부한 교복(敎僕)을 지칭하는 말이기도 하였다. 'andragogy' 는 희랍어의 어근 "aner혹은 andr(소년과 구분되는 성인남자를 의미)" 와 "anogus(가르침을 의미하는 희랍어의 어근)" 가 합성되어진 단어이다. 이 단어는 새로운 것이 아니고 일찍이 1833년에 독일에서 사용되어졌고, 유고슬라비아에서는 최근 10년간 널리 사용되고 있다. 그 뜻은 '성인 학습자를 위한 보다 낳은 학습방법' 을 의미한다.

영어 'education' 은 라틴어 'educo, educare, educatio' 에서 나왔는데, 그것들은 모두 e(out, 밖으로)와 duco, ducare, ducatio(lead up or bring up, 끌어낸다)의 합성어이다. 교육이라는 말 속에는 인간의 잠재적인 능력과 소질을 신장 · 발휘시켜 준다는 뜻이 담겨져 있다고 하겠다.

우리말에서 '가르치다' 의 어원을 찾아보면 가리키다와 그 어원이 같고, '갈다' 와 '치다' 가 합쳐진 합성어이다. '가르치다' 의 뜻을 몇으로 간추려 보면 방향지시, 선별, 분별, 판단, 경작, 연마, 사육, 생성, 제거, 성장이라 할 것이다(한공우, 1988).

이상으로 볼 때 '교육' 이란 말은 동서양의 어원적 고찰에서 서로 상통되는 의미를 찾아볼 수 있으며, 이 말들은 다같이 아동이 가지고 있는 잠재적 능력 · 소질을 밖으로 끄집어내어 아직 불완전 상태에 있는 것을 완전한 상태로, 미발전 상태에 있는 가능적 형태, 즉 발달 가능성을 완전한 발전으로까지 이끌어 옮긴다는 의미로 해석할 수 있을 것이다. 다시 말하면 교육이란 미성숙자를 '가르쳐 기른다' 는 뜻으로, 아동의 내재적 · 생득적인 소질을 외부에서 어떤 힘을 가해 교도 육성시키는 작용이라고 말할 수 있다. 본래 타고난 발달 가능성, 즉 내부에서의 자연적 성장의 힘과 외부에서의 영향력과의 협력에 의해서 성립되는 작용은 어떤 변화를 예상하고 있으며 그 변화는 외부로부터의 작용에 따라 환경을 매개로 하여 어느 일정한 형태로 형성되는 작용인 것이다(류

형진 외, 1982).

이상 어원적 정의에서 살펴본 것을 서양적인 어원에 무게중심을 두고 재정립한다면 인간은 출생시 자신의 신체도 가누지 못하는 최소한의 현실성(reality)을 가지고 있으나, 최대한의 잠재력(potentiality)을 발휘하여 성장하여 첨단의 과학기술 문명을 창출하고, 범윤리적 세계를 추론할 수 있는 능력을 갖게 된다. 교육은 바로 개인의 성장력 또는 충동을 가꾸어 최대한으로 자기 실현을 이루어 낸 성숙한 인간으로 키우는 일이다.

II. 교육의 가능성

1. 인간교육의 가능성

인간은 인간으로서의 성장 가능성을 지니고 있다. 바로, 이 점이 교육의 필요성과 가능성을 시사하는 것이다. 왜냐하면 교육의 가능성이 없다면 교육의 필요성도 느끼지 않을 것이기 때문이다. 랭겐벨드(M. J. Langenveld.)는 인간을 교육을 필요로 하는 존재로 보는 동시에 그 교육이 가능한 존재라고 보았다.

교육의 가능성은 적어도 이상적인 상황 속에서는 인간이 각자 타고난 성장가능성만큼이나 크고 넓다고 할 수 있을 것이다. 그러나 실제로 많은 사람들은 자신의 가능성을 최대한 실현시키지 못한 채 죽어간다. 사람의 교육적 상황이 성장을 극대화할 수 있는 좋은 조건으로만 이루어져 있지 않기 때문이다. 그러나 교육의 조건만 개선된다면 오늘날 우리가 보는 교육보다는 훨씬 높은 교육의 가능성을 기대할 수 있을 것이다. 여기서 성장이라고 하면 신체적인 성숙도 포함하는 말이지만 교육의 보다 큰 관심은 지적 · 정서적 · 사회적 성숙에 있다. 신체적 성숙이란 주로 자연적 결과라고 할 수 있기 때문이다. 다만 지적 · 정서적 · 사회적 성숙조차도 신체적 성숙과 무관하게 진행되는 것은 아니기 때문에 신체적 성숙이 교육적 관심에서 제외되는 것은 아니다.

교육의 관심이 인간의 행동변화에 있고 그것은 곧 성장을 의미한다고 할 때, 교육의 가능성은 바로 인간이 얼마나 성장할 수 있느냐에 달려 있다고 할 수 있다. 즉, 교육의 가능성은 인간의 성장가능성과 직결된다는 것이다. 인간의 경우는 지성의 작용에 의하여 스스로 환경을 선택하고 그것에 적응한다. 따라서 환경이 바뀌면 그에 따라 행동이

변한다. 이 점이 곧 인간에게는 교육이 가능하다는 것을 암시해 주는 것이다. 또한 인간은 신체적으로도 건강하고 강인한 체력과 운동기능과 건강습관을 가지고 장수할 수 있는 가능성을 가지고 태어난다. 심지어는 유전적인 영향을 거의 절대적으로 받는 것으로 알려져 있는 신체의 크기조차도 생후 영양의 질 여하에 따라서 일정한 한계 내에서는 더 크게 자랄 수 있다는 가능성을 인정받고 있다.

지적인 면에서 인간은 많은 학자들의 유전설에도 불구하고, 생후 양육과정에서 만나게 되는 복잡한 환경과의 상호작용 속에서 오늘날 보통 사람들이 발휘할 수 있는 것보다 몇 배나 더 많은 지식을 배우고 더 월등한 사고력을 키우게 되고 세계를 크게 변화시킬 창의력을 가진 인간으로 자라날 수 있는 가능성을 가지고 있는 것으로 여겨진다. 인간은 성장하는 과정에서 만나게 되는 과정변인에 의해 크게 좌우된다는 것이다.

정서적인 면에서의 성장가능성이라면 정서적 안정의 정도와 관계된다. 사람들은 과도한 긴장이나 공포 · 불안 · 증오심에서 해방되어 마음의 평안을 가지고 살 수 있는 가능성을 가지고 태어난다는 것이다.

사회적인 면에서 인간은 사회 속에서 자아가 실현되고 성장되며, 이것은 타인과의 접촉에서 이루어진다. 개성이 신장되고 인격이 형성되는 것은 사회적 조건 하에서 성립될 수 있는 것이다. 사회적 환경의 지배를 떠난 개인의 생활, 개인의 성장은 생각할 수 없다. 그러므로 교육은 사회 속에서 개인의 인간성을 계발하여 독자적 개성을 형성하고 자아실현을 최대로 이룰 수 있도록 지도하며, 동시에 개인 안의 사회성을 신장시켜 상호 의존하고 협동하며 사회를 위해 봉사할 수 있도록 개인의 자율성을 발휘하게끔 해야 한다. 사회의 변화발전에 관심을 가지고 자신의 모든 가능성을 최대로 발휘할 수 있도록 노력하여 부단히 사회에 공헌할 수 있는 개인이 될 때 진정한 사회적 존재로서의 개인이 될 수 있다.

이처럼 인간이 신체적 · 지적 · 정서적 · 사회적으로 죽음의 순간까지도 멈추지 않고 계속 성장할 수 있다는 사실은 교육의 가능성이 무한함을 말해 준다.

2. 교육에 영향을 미치는 요인들

교육의 힘이란 최선의 노력만 한다면, 어떤 사람이든지 목적하는 바대로 인간을 육성할 수 있는 만능적인 것은 아니지만 그렇다고 전적으로 불가능한 것도 아니다. 다만 가능하기는 하지만 아무리 좋은 교육지도를 하여도 어떤 수준 이상으로는 진전되지 않는 일정한 한계가 있다는 것이다. 그 한계를 결정지어 주는 것은 유전과 환경이라고 볼 수 있다.

여기서는 유전과 환경의 의미를 살펴보고 유전과 환경이 인간의 교육에 어떤 영향을 미칠 수 있는지 살펴보자.

1) 유전

1860년대에 멘델(Mendel)이 유전에 관한 법칙을 발표한 후에 심리학자들은 인간의 모든 특성이 유전에 의하여 결정되는 것으로 생각하였다. 당시의 심리학자들은 인간의 신체적 특성뿐만 아니라 정신적 특성 즉 지능, 성격, 도덕성 및 범죄성에 이르기까지 모든 것은 유전적 요인에 의하여 결정되며 환경의 영향은 별로 받지 않는다고 생각하였다.

또한 유전에 의해서 결정되는 부분은 교육에 의해서 변화시킬 수 없다고 보고 있다. 바로 이 점이 교육의 한계성과 깊은 관계가 있는 점이다. 따라서 유전에 의해서 결정되는 요소, 즉 신체의 강약, 지능의 우열, 정서, 의지의 강약 등은 교육에 의하여 변화시킬 수 없거나 극히 미약한 변화밖에 기대할 수 없는 것이다. 여기에서는 유전적인 요인이 실존함을 증명하는 학자들의 연구결과를 소개하고자 한다.

(1) 쌍생아 연구(雙生兒 硏究)

유전성을 강조하는 게젤(Anold. L. Gesell)은 생후 46주된 쌍생아 여아에게 매일 계단 기어오르기를 6주간 훈련시켰다. 55주 때 그 일란성 쌍생아인 다른 아이는 단지 2주간 동안만 훈련을 받았지만 그 여아와 똑같이 수행하였다. 생후 46주부터 매일 6주간 훈련을 받은 여아는 55주부터 훈련을 받은 여아보다 3배 더 훈련을 받았지만 그 효과는 같았음을 밝혀 유전적인 요인이 발달의 형상이나 학습에 작용하는 제일의 요인임을 강조하였다.

또한 Holzinger(강봉규, 1992)는 일란성 쌍생아와 이란성 쌍생아를 표본으로 그들간의 상관계수를 산출하여 유전성의 사실을 보여주고 있다〈표 1-1참조〉.

참고로 상관계수가 0이면 상관이 없는 경우이며 0.2이하이면 아주 약한 상관으로 무시해도 좋을 정도이며, 0.4정도이면 약한 상관관계, 0.6이상이면 강한 상관관계로 볼 수 있다(채서일, 1994).

〈표1-1〉 쌍생아의 유사도(상관계수)

심신의 특질	일란성 쌍생아	이란성 쌍생아
신 장	.93	.65
체 중	.92	.63
머리무게	.91	.58
정신연령	.86	.60
지능지수	.88	.63
학력검사	.89	.07
정서검사	.56	.37
손가락운동속도검사	.69	.38

〈표1-2〉 혈연간 지능의 상관계수

관계	상관계수
일란성 쌍생아	
함께 양육	.86
분리 양육	.79
이란성 쌍생아	
함께 양육	.60
형제	
함께 양육	.47
분리 양육	.24
부모-자녀	.40
양부모-자녀	.31
사촌	.15

(2) 혈연 및 양자연구(血緣 및 養子硏究)

지능발달에 미치는 유전적 기여도를 밝히기 위해 일찍부터 이루어져 온 대표적인 두 유형의 연구로 혈연관계 연구(kinship studies)와 양자연구(adoption studies)를 들 수 있다.

혈연이 가까울수록 두 개인간의 지능의 상관이 높게 나타난다면 이는 지능이 유전적 소인에 의해 결정되는 확률이 높다는 사실을 의미한다. 〈표 1-2 〉에 제시되어 있는 혈연관계의 멀고 가까움에 따른 지능간 상관계수의 차이는 지능이 유전적 영향을 크게 받고 있음을 반영하는 것이다(송명자, 1995).

양자연구 또한 지적 발달에 있어서 유전적 영향이 크게 작용하고 있음을 보여준다. 스카(Scarr)와 웨인버그(Weinberg)(1983)의 미네소타(Minnesota)양자 연구결과에 의하면 출생 후 1년 이내에 양자로 간 아이의 지능을 18세에 측정했을 때 친부모의 지능과의 상관이 .32로서 양부모의 지능과의 상관인 .09보다 훨씬 높은 것으로 나타났다.

이상과 같은 두 연구에서는 한 개인이 타고난 유전적 요인은 교육 환경 또는 양육환경이 달라짐에도 불구하고 여전히 영향을 미치고 있음을 증명하고 있다.

2) 환경

배우고 자란다는 것은 곧 인간 유기체를 둘러싸고 있는 인적, 문화적, 물리적 환경과의 끊임없는 상호작용을 통해서만 가능해진다. 동일한 유전인자를 가지고 태어났다고 해도 각자의 환경이라든가 교육의 영향으로 성장하는 과정에서 많은 차이가 나타난다.

이와 같은 견지에서 나토르프는 "인간은 다만 인간 사회를 통해서만 인간이 된다"라고 하였다. 또한 칸트는 "인간이란 교육을 통해서 사람다운 사람이 될 수 있다"고 했으며, 코메니우스는 "사람은 교육에 의해서만 인간이 된다"라고 하였다. 이는 인간형성에는 선천적인 소질보다는 후천적인 환경이 우세하게 작용한다는 환경론적인 입장에서 인간의 성장 발달에 관한 기본적인 원칙을 말한 것이다. 이와 같이 환경적인 면은 인간을 형성하는 데 매우 중요한 역할을 하는 것이다.

아래의 사례들은 인간의 몸으로 태어나서 수로화의 모형에 의해 유전적인 발달이 기대되는 인간일지라도 인간답지 못한 환경 속에서 자란 아이는 결코 인간으로 성장하지 못한다는 많은 예들이다. 어릴 때 버려지거나, 길을 잃거나, 야수가 물고 가거나 하여 부모의 양육권에서 벗어나 늑대 · 양 · 곰 · 비비와 같은 동물의 세계에서 살았다든지, 계속 혼자 생활했다는 예는 전설이나 이야기 속에만 있는 것이 아니라 실제로도 있었다는 사실이 몇몇 기록을 통해 알려져 왔다. 특히 1300년 이후로 약 30건의 사례가 있는데 이러한 기록 중에서 늑대에게 양육된 두 소녀에 관한 게젤(Arnold. L. Gesell)의 기록과 아베롱(Aveyron)의 야생아에 관한 이타르(J. M. Itard)의 기록은 특히 유명하며, 학문적으로도 큰 가치를 지녔다. 여기에 2000년대에 들어와서 프랑스 AFP통신이 보도

한(2002년 4월 15일)나이지리아의 벨로이야기도 덧붙인다.

① 늑대 소녀

1920년에 인도의 캘커타 근처 마을에서 늑대 떼와 함께 발견된 두 소녀는 그 후 인간적인 환경 속으로 옮겨져 카마라와 아마라라는 이름으로 양육되었다. 당시 카마라는 7살 가량이고, 아마라는 2살 가량이었다. 두 아이는 손 대신 입으로 직접 음식을 먹었고, 급할 때에는 팔다리를 사용하여 달렸으며, 옷이나 목욕을 싫어하는 등 동물적인 행동에서 좀처럼 벗어나지 못하였다. 특히, 언어습득은 매우 어려워서 나이가 어린 아마라는 2개월쯤 걸려서 "물"이라는 말을 배웠고, 카마라는 3년이 걸려서야 자기를 양육해 주는 목사부인을 보고 처음으로 "마"라고 불렀다. 이러한 야생아의 기록은 인간의 심신이 인간답게 발달하기 위해서는 인간적 환경이 불가결의 조건이며, 심신기능의 발달에도 그에 알맞은 시기가 있다는 사실을 시사해 주는 자료로 평가된다.

② 아베롱(Aveyron)의 야생아(김정률, 1979)

1795년 남부 프랑스에 있는 아베롱 숲 속에서 배회하고 있는 야성 소년을 잡았다. 소년의 나이는 11세 정도로 풀나무의 뿌리나 꿀밤을 먹고 지냈으며 마치 동물의 모습을 하고 있었다. 파리로 끌려온 그는 정신의학자인 이타르(Itard)에게 맡겨져 문명의 혜택을 입게 되었다. 그러나 그를 교육하는 일은 절망적인 것처럼 보였다고 한다. 소년은 정신박약처럼 보였고 경련이나 발작으로 몸을 덜덜 떨었고 감각은 둔했다. 가끔 짐승처럼 으르렁거리며 이상한 소리를 지르는 것뿐 사회적 행동은 아무것도 하지 않았고, 주의력이라든가 관찰력 등은 전혀 볼 수 없었다. 이타르는 "그의 생활 전체가 완전히 동물의 생활 그대로였다."라고 하였다.

5년간 이타르는 그를 교육했다. 덕택에 소년은 진보하기는 했으나 결코 정상을 회복하지는 못했다.

③ 나이지리아의 벨로 (AFP통신 2002년 4월 15일)
— 침팬지가 키운 장애 소년 발견 6년만에 알려져

침팬지에 의해 2년 정도 키워진 현대판 정글북의 주인공이 뒤늦게 발견됐다고 AFP 통신이 보도했다. 주인공은 벨로(2002년 현재 8세로 추정)라는 이름의 나이지리아 장애인 소년이다. 나이지리아 북부도시 카노의 한 보육시설에서 지내고 있는 이 소년은 6년 전 발견됐다. 카노에서 150㎞떨어진 팔고레 숲에서 사냥을 하던 사냥꾼들은 침팬지 무리와 같이 있는 어린아이를 발견해 당장 구출했다. 발견 당시 두 살쯤 돼 보였던 이 소년은 어깨가 휘고 가슴이 튀어나오는 등 장애를 갖고 있었다. 벨로라는 이름을 얻은 이 소년은 어린이집에 위탁됐는데 인간사회에 적응을 잘 못했다. 침팬지처럼 땅을 팔로 짚으며 구부정하게 걸어다녔고 밤마다 침대 사이를 뛰어다니며 소란을 피웠다. 시간이 흘러 지금은 보육시설에서 교육을 받을 정도로 얌전해지긴 했지만 여전히 인간보다 침팬지 쪽에 가까운 행동을 한다. 말도 못할 뿐 아니라 높이 뛰어오르고 괴성을 지르고 손으로 머리를 연신 때리는 등 침팬지처럼 행동한다. 어린이집의 원장은 "부모가 장애인이라고 버린 벨로를 침팬지 가족이 '입양' 해 키웠을 것" 이라며 "벨로가 워낙 어릴 때부터 침팬지와 살아 기억이 지워지지 않는 모양" 이라고 말했다고 한다.

3. 유전과 환경의 교육적 관계

교육이란 인간 개체가 가지고 있는 선천적인 소질, 즉 유전으로부터 받은 성질을 가지고 환경에 의해서 그의 가능성을 성장, 발달시켜 나가는 과정이다. 따라서 인간형성은 유전과 환경 그리고 교육의 삼자가 상호작용 함으로써 이루어지는 것이다.

환경론자들은 인간의 지적인 능력은 학습의 경험에 의해서 결정된다고 주장하고, 이에 반하여 유전적인 요인을 주장하는 심리학자들은 지능이란 환경에 의해서 직접적으로 영향을 받는 것이라기보다 유전적 요인에 의해서 결정된다고 주장해 왔다. 이와 같은 유전론과 환경론의 주장을 뒷받침하기 위해 많은 연구가 진행되어 왔으나 이들이 어떤 결론적인 해답을 제시해 주었다고는 볼 수 없다.

근래에 와서 듀이는 환경론자나 유전론자 두 입장의 조화를 주장하였다. 그는 교육이란 한 사회집단이 미성숙한 사람들을 그 자신들의 사회적인 형태에 알맞게 육성하는 것이라 했다. 인간의 유전적인 요소를 일방적으로 강조한다면 환경으로서의 교육 그 자체의 의미가 약화될 뿐이다. 이리하여 논쟁의 해결점을 위한 새로운 활로를 찾으려는 시도에서 유전적인 요인과 환경적인 요인을 모두 인정하되 이 두 개의 요인은 상호작용을 한다는 주장을 부각시키게 된 것이다.

우드워즈(R. S. Woodworth)는 유전과 환경과의 관계를 [그림 1-1]과 같이 비유하였다. 즉, 유전을 사각형의 가로로 보고 환경을 세로로 보아 개인의 발달을 결국 그 가로와 세로로 이루어지는 사각형의 넓이와 같다고 보았다. 따라서 인간의 발달은 유전(Heredity)과 환경(Environment)의 함수관계〔D=f(H · E)〕로 볼 수 있으나 이것을 인수로 분해하거나 또는 부가적 관계(D=H+E)로 볼 수는 없다는 것이다.

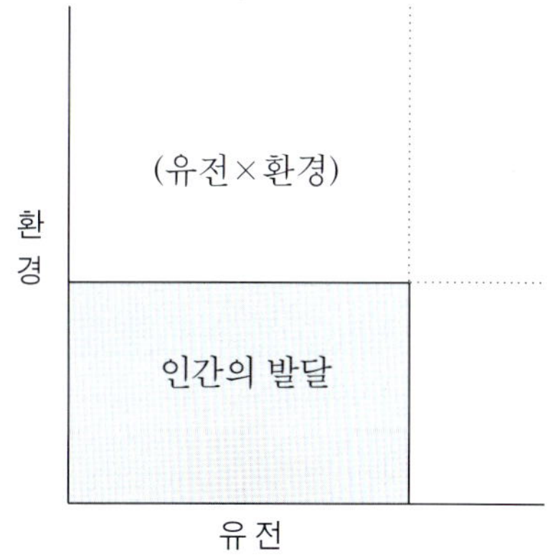

[그림1-1] 인간의 발달에 작용하는 유전과 환경과의 함수관계

이상에서 고찰한 바를 요약하면 인간의 성장발달을 결정해 주는 결정적 요인이 교육과 관련된 환경이냐, 유전이냐, 또는 둘 중 어느 것이 얼마만큼 작용하느냐의 문제인가 하는 논의는 무익한 일이며, 후천적 교육을 포함한 환경, 선천적 유전 그 어느 것이든 독자적인 영향력으로 보아서도 안 될 일이다. 즉 세 요인 모두 인간발달에 있어서 없어서는 안 될 절대적 필요의 요인들이지만 어느 요인에 일방적으로 의존한다고 볼 수는 없다.

따라서 인간발달은 두 요인의 상호작용이라는 관계에서만 제 기능을 발휘하는 것이므로 개인의 선천적 능력과 후천적 환경을 가장 효과적으로 상호 작용시켜 가능한 한 최대의 신장발달을 유도하는 것이 교육 본연의 역할이며 임무라 하겠다(김민한 외, 1996).

Ⅲ. 교육의 성립

1. 교육의 형태

흔히 우리가 '교육' 이라는 단어를 이야기할 때, 학교교육을 중심으로 생각하는 경향이 짙다. 시대의 조류에 뒤쳐지지 않기 위해서는 주기적으로 적절한 교육개혁을 부르짖는데 그 교육개혁의 핵심에는 반드시 학교교육의 개혁이 있다.

그러나 교육이란 학교교육에 한정되는 것이라기보다는 학교교육을 포함하는 포괄적인 개념을 지칭하는 것이다. 학교교육 역시 교육의 한 형태로 받아들여야 한다. 포괄적인 시각으로 교육을 바라볼 때, 학교교육 위주의 사고방식을 탈피할 필요성도 제기되며, 학령기만 교육의 대상으로 할 것이 아니라 전 연령을 대상으로 한 평생교육의 일환으로서의 사회교육을 생각해 볼 수도 있기 때문이다.

한편, 교육의 형태를 분류하던 종래의 방식도 역시 학교교육으로서의 형식 교육(formal education)과 학교외 교육으로서의 비형식 교육(nonformal education)으로 구분해 온 것이 일반적이다.

이러한 비형식교육(nonformal education)은 무형식교육(informal education)의 의미를 포괄하거나 때로는 혼동하여 사용하기도 한다. 사전적 의미로 이들을 엄밀히 구분하면 무형식교육은 비형식교육인 사회교육에 비하여 가장 비체계적이고 비조직적인 교육형태이다(서울사범대 교육연구소, 1981). 즉 비형식교육은 주로 사회교육의 어떤 양상을 지칭한다면, 무형식교육은 가정을 비롯한 일상생활 속에서의 교육활동과 박물관이나 과학관 등에서 이루어지는 비정규적 활동을 포함하는 것으로 규정할 수도 있다.

아무튼 오늘날의 형식교육인 학교교육의 대상은 유치원부터 대학원에 이르기까지의 체계를 이루고 있으나, 비형식교육인 학교외 교육은 이러한 체제를 이루고 있지 못하다. 많은 교육학 관련서적들이 유아교육을 학교외교육의 범주에 두고 있으나, 유치원 만 5세아 교육이 공교육으로 법제화된 현시점에서 유아교육은 형식교육의 범주에 두어야 마땅하다.

비형식교육인 학교외 교육은 가정교육으로부터 사회교육을 포괄한 평생교육의 개념으로 보아도 무리가 없다. 물론 평생교육의 개념은 형식교육과 비형식교육을 모두 고려하지만 근래에 와서 학교가 교육을 독점하는 것을 경계하고 사회교육원이나 평생교육원 등을 활성화하려는 경향이 강하다.

1) 형식교육으로서의 학교교육

(1) 학교교육의 이해

전통적으로 학교교육은 교육의 가장 대표적인 형태로 간주되어 왔으며, 학교교육이 보편화된 현대사회에 있어서 국가사회와 개인에 미치는 학교교육의 영향은 막대하다고 할 수 있다.

학교라는 교육기관은 인류사회의 조직과 문화 발달의 역사와 정비례한다. 특히 현대와 같은 지식폭발의 정보화 사회에서는 학교의 역할이 더욱 증대되는 것이다. 다양한 지식과 전문적인 기술을 체계적으로 가르치고 복잡하게 변화 · 발전하는 사회에 적응할 수 있는 개인을 길러내기 위해서는 전문적인 교육기관이 필요하며, 이러한 교육수요자의 요구에 부응해야 하는 것이 곧 학교교육이다.

교육은 시대의 정신을 반영한다고 했다. 따라서 학교교육은 국가적 필요에 의해 그 방향과 목적이 설정되고 있으며, 국가의 지원 하에 체계적으로 이루어지고 있는 것이다.

최근에 들어와서는 이러한 학교교육이 그 국가의 차원을 넘어 고등교육을 중심으로 국가간의 벽이 허물어지는 경향을 띠기도 한다. IT기술의 발전에 따른 것으로 e-러닝기반의 원격교육이 범세계적으로 이루어지고 있다. 즉 신자유주의 교육관점의 일환으로 교육컨텐츠를 상품가치화하여 우수한 교육인력과 교육컨텐츠를 인터넷을 통하여 송출하려는 시도가 이루어지고 있기 때문이다. 교수자와 학생을 연결하는 커뮤니케이션 통로가 인터넷을 기반으로 하는 e-러닝을 통해 생겨났으며 이것이 기존의 면대면 교육을 통한 언어와 문자만의 커뮤니케이션 통로에 추가되면서 기존의 교수-학습체계가 새로운 패러다임을 맞이하게 되었다.

(2)학교교육의 비판

학교교육이 인간의 지적, 정서적, 사회적, 신체적 발달이 가장 활발히 이루어지는 청소년 시기 교육의 대부분을 독점하면서 그 중요성을 인정받고 있음에도 불구하고 20세기 후반부터 학교교육에 대한 비판이 활발히 전개되어왔다.

대표적인 관점으로 탈학교론과 갈등론, 역사적장애론과 지적장애론을 들 수 있다. 탈학교론과 갈등론은 학교교육에 대한 급진적이고 적극적 비판의 입장을 취하고 있는 반면 역사적장애론과 지적장애론은 상대적으로 소극적 비판의 입장을 취한다.

① 탈학교론

탈학교론은 학교교육이 개인의 인간적인 성장과 사회발전에 기여하지 못함은 물론, 학교교육이 교육을 독점하여 삶의 전 과정 속에서 계속적으로 이루어져야 하는 교육에 역행하고 있다고 비판하고 오늘날 평생교육의 열풍을 태동시키는 데 큰 역할을 하였다. 이 입장은 학교를 폐지하자고 하는 주장은 아니며 학교교육의 모순을 지적하고 그 대안을 모색하는 입장으로 해석된다. 대표적 인물로는 일리치, 라이머, 홀트, 프레이리 등을 들 수 있다.

② 갈등론

갈등론은 학교교육은 물론 비형식교육을 포함한 모든 교육행위에 대해서 비판적인 입장을 견지하고 있으며 전통적으로 개인의 성장과 사회발전에 대한 교육의 역할이 매우 제한적이며 역기능적 요소가 많다고 본다. 학교교육이 아동의 성장이나 사회발전에 기여하기 보다는 사회체제에서 지배적인 지위를 누리고 있는 집단의 이익에 기여하기 위해 유지되는 것으로 바라보며, 권력자가 현재의 체제를 유지하기 위해서 학교교육을 이용하고 있다고 주장한다. 특히 사회에서 소외되어온 계층 즉 노동자계층과 빈민과 서민 계층의 소외문제를 지적하고 이에 기초하여 교육의 적합성이나 주체성 등의 문제를 제기했다. 대표적 인물로는 고대 헤라클레이토스와 폴리비오스, 근대 마르크스와 지멜 등을 들 수 있으며 최근의 사회학에서는 다렌도르프와 코저 등을 들 수 있다.

③ 역사적 장애론과 지적장애론

이 두 이론은 기존의 학교교육에는 문제가 없으며, 각각 부모의 사회적 경제적 지위와 개인의 능력을 학교교육의 장애로 보는 입장을 취한다.

역사적 장애론은 자유주의 입장에서의 비판으로서 학교교육이 교육의 기회균등과 확대를 통해 사회적 평등과 정의를 실현해 나간다는 학교교육의 이념을 제대로 실현하지 못하는 경우도 있다고 지적한다. 그 증거로 제시하고 있는 것이 하류계층이나 여성, 소수 민족들이 상대적으로 기득권이 있는 계층에 비해 교육의 기회를 평등하게 제공받지 못하고 있다고 주장했다. 특히 이는 학교교육의 잘못이 아니고 사회제도적 차별의 문제로서 학교교육에 다소의 장애를 주었다고 보고 이를 극복하는 대안을 찾는 데 열중했다. 1960년대 미국 흑인아동교육을 위한 헤드스타트 프로젝트나 대학교육 수준에서 이루어진 업워드 바운드, 오늘날 우리나라에서 널리 행해지는 저소득 자녀 무상교육등은 역사적 장애론의 대표적 업적이다. 역사적장애론은 이념적으로 갈등론과 일맥상통한 면도 보이지만 갈등론의 급진적 사회타파적 정치적 입장에 비해 순수 교육장애

극복 운동의 입장을 취하고 있다.

지적장애론은 역사적 장애론에 대한 비판으로 제기된 관점이며 학습능력의 차이는 환경의 차이에서 오는 것이 아니라 개인의 천부적 또는 후천적 노력에 의한 능력의 차이라고 주장하며, 이러한 관점에서 보상교육프로그램에 의한 하류계층의 불평등한 분배가 오히려 교육에서의 '능력에 따른 기회균등의 원리' 를 위배한다고 주장한다. 예를 들면, 열심히 공부하여 학업성취가 높은 쪽에 장학금을 주는 것이 옳다는 입장이다.

2) 비형식교육으로서의 학교외 교육

학교외 교육은 크게 가정교육과 평생교육으로 나눌 수 있다.

(1) 가정교육(家庭敎育)

가정교육이란 가정에서 부모가 자녀들이 훌륭한 사람으로 성장하도록 자녀들의 인격형성과 지식 획득 등을 도와주거나 가르치는 인간형성작용을 뜻한다. 전통사회의 대가족체계 속에서는 조부모도 가정교육에 중요한 영향을 주었으나 현대사회의 핵가족에서는 주로 부모와 자녀 사이에 이루어지는 경우가 많다. 자녀들은 가정교육을 통해서 가족구성원의 역할, 인간생활의 크고 작은 규칙, 삶의 목적, 사회의 이상, 결혼이나 직업 등 인생의 중대한 과업에 대한 기본적인 태도 등 공동생활에 필요한 규범과 가치 등을 학습하는데, 이러한 것은 인생의 기초가 된다는 점에서 어떤 교육보다도 더 중요한 것으로 평가되고 있다.

전통적인 한국 가정에서는 유교적인 규범을 중심으로 가정교육이 실시되었으나 최근의 핵가족에서는 독립심과 자주성 등 근대적인 덕목과 우수한 학업성적이 강조되는 경향을 보이고 있다. 학자들은 가정교육에서 벌과 물질적인 보상, 복종을 강조하는 억압적인 모형보다 칭찬, 자율성, 상호작용 등을 강조하는 참여적 모형이 더 바람직하다고 보고 있다. 한국 부모들의 가정교육에 대한 열의는 세계적으로 높은 것으로 알려져 있지만, 과열과외 · 과잉간섭 · 어머니 중심의 가정교육 등 중류층의 과잉보호와 일부 계층의 무관심 등이 사회적으로 문제가 되고 있다. 따라서 자녀들의 인격을 존중하면서 사랑과 이해로써 균형 있는 가정교육을 이끌어 가는 것이 앞으로의 과제이다.

2) 평생교육

교육이 학교교육뿐만 아니라 가정교육 · 사회교육 등을 망라하여 연령에 한정을 두지 않고 전 생애에 걸친 교육으로 조직화되어야 한다는 교육관(敎育觀)으로서 1967년의 유네스코 성인교육회의에서 제창한 교육론이다. 우리 현행 헌법은 이를 받아들여 "국가는 평생교육을 진흥하여야 한다" 하였고, "학교교육 및 평생교육을 포함한 교육제도와 그 운영, 교육재정 및 교원의 지위에 관한 기본적인 사항은 법률로 정한다" 고 규정하였다(1987년 최근 개정헌법 31조 5항 6항). 그리고 이를 위하여 1999년 8월에 제정되어 공포된 평생교육법은 법률 제2조에 " '평생교육' 이라 함은 학교교육을 제외한 모든 형태의 조직적인 교육활동을 말한다" 고 규정하여 우리 나라에서는 평생교육활동을 비형식교육에 국한하고 있음을 알 수 있다(1999. 8. 31 법률 제 6003호). 또 평생교육시행령에는 원격대학 및 사내대학을 규정하고 있어서 사회교육의 새로운 형태를 제시하고 있다. 이로 인하여 '원격', '사이버', '가상' 이라는 용어를 앞세운 연수원이나 사회교육원, 평생교육원이 폭증하게 되었다. 기존 학교교육의 산실인 대학에서도 평생교육원 설립과 운영이 자유롭게 되었다.

한편 학위과정이 다양한 형태로 주어짐에 따라 평생교육원에서도 학점은행제나 전공심화과정을 통한 학위의 취득이 가능하게 되었다. 오늘날의 평생교육은 국민대중을 대상으로 하여 특기교육, 취미교육, 직업교육, 전문가교육, 그리고 학위과정을 포함한 종합교육의 형태를 띠며 다양화 되고 있다.

2. 교육의 3요소

교육은 교육을 행하는 측과 교육을 받는 측이 서로 교섭하고, 그 교섭을 통하여 문화를 전달하는 과정으로 이해되어져 왔다. 이러한 뜻에서 교육은 전달(Communication)의 한 형태로 볼 수 있다. 전달 활동이 성립하기 위해서는 적어도 전달자(communicator), 피전달자(communicant), 전달 매개체 또는 내용(communique)의 3자가 반드시 필요하며, 이 3자의 유기적인 교섭 상호 작용에 의하여 전달의 성과(Effect Achieved by Communication)가 이룩된다. 전달의 한 형태로서의 교육도 ① 가르치는 자(교육자), ② 가르침을 받는 자(피교육자=학습자), ③ 가르칠 내용(교육내용, 문화재)의 실천적 상호 작용(Interaction)에 의하여 교육에서의 학습자를 「교육의 객체」, 양자를 연결하는 매개체로서의 교육의 재료 또는 문화재를 「교육내용」이라고 부르고 이들을 교육을 성립시키는 필요 불가결한 최소한의 요건으로 보는 것이다. 즉 교육활동은 위의 3요소가 상호 실천적으로 교섭할 때 비로소 성립하며, 그 가치가 실현되는 것이다. 교육적 가치의 실현 과정을 교육과정이라 하며, 교육과정의 합리적 · 효율적인 수속(手續) 또는 방법을 교육기술이라고 부른다. 또한 교육의 3요소가 서로 마주치고 교육 기술이 제대로 발휘되어 교육 가치를 구현할 수 있도록 조건지워 주는 역동적 장면을 교육의 장이라고 한다.

교육 가치란 교육의 주체와 교육의 객체가 상호 실천적으로 교섭하여 즉, 경험의 전달과 수용을 통하여 얻어진 피교육자의 성장과 발달을 의미한다. 그리고 교육 과정이란 피교육자의 성장과 발달을 이끌어 내는 과정을 말한다.

교육의 3요소, 즉 교육의 주체인 교육자와 교육의 객체인 피교육자, 교육 내용은 각각 교육의 성과나 가치를 이룩하는 데 큰 영향을 미치는 요인이 된다(이원필, 1985). 따라서, 교육의 주체, 교육의 객체, 교육 내용과 장에 대해서 구체적으로 살펴보고자 한다.

1) 교육의 주체

교육에 있어서 전통적으로 교육의 주체는 주도적 활동을 하는 교육자로 볼 수 있다. 일반적으로 교육은 주체인 교육자의 책임 아래 주도적 활동에 의해 이루어지게 된다. 그러나 이것은 교육자가 교육의 주체로서 위에서 권위주의적으로 객체인 학습자를 대한다는 것은 물론 아니다. 이 둘의 관계는 권위자와 복종자와의 관계가 아니라 풍부한 가능성을 지니고 스스로 성장하려는 충동과 의욕을 가진 자(학습자)와 그것을 조성하여 가능한 한 발달을 촉진시키려는 의지와 사랑, 지식 그리고 신념에 넘치는 교육자와의 관계인 것이다.

교육자가 사회의 최상 최선의 경험을 대표하여 학습자에게 갈 길을 지시해 주는 것이 곧 교육인 것이다. 다시 말하면 먼저 사회의 길을 걸어온 이가 올바른 길과 방법을 안내해 주고 그에 대한 책임과 권위를 감당하는 것이라 하겠다. 인생의 갈림길에서 지표를 대주는 것이 사표(師表)이므로 교육자의 책임과 사명은 중대한 것이라 하겠다.

그러므로 교육자에게 주어진 그러한 책임과 권위는 도달해야 할 목표의 인식, 실현해야 할 이상의 파지 등과 함께 그와 같은 길을 이미 걸어 왔고, 진리를 체험했으며, 그러한 길을 행동으로 옮겨 갈 수 있는 자에게만 주어질 수 있는 것이다. 그런 의미에서 교육의 주체자로서의 교육자는 ① 인간의 탐구자로서의 교육자, ② 역사사회의 탐구자로서의 교육자, ③ 진리의 탐구자로서의 교육자, ④ 사랑의 자각자로서의 교육자, ⑤ 교육전문가로서의 교육자, ⑥ 예술가로서의 교육자, ⑦ 실천가로서의 교육자라는 것을 유의해야 한다.

2) 교육의 객체

교육의 객체는 교육을 받는 이인 '학습자' 로 볼 수 있다. 교육을 받는 사람이 교육의 객체에 불과하다 해서 교육자의 단순한 추종자요, 소극적인 모방자를 의미하는 것은 물론 아니다. 왜냐하면 학습자는 보다 훌륭히 성장할 수 있는 자요, 적극적인 학습자이기 때문이다. 교육의 객체인 학습자는 생물학적인 유기체인 동시에 사회적인 유기체이며 또한 윤리적인 인격체이다. 그들은 미숙한 신체와 정신 그리고 지성을 가진 가능체이다. 그리고 발전할 수 있는 소질과 능력을 가지고 모든 행동을 통일 · 결합시킬 수 있는 존재이기도 하다. 즉 성장하여 참다워질 수 있는 힘과 가치를 보유하고 있다. 그와 같은 가능성은 그 어떤 자극을 가하여 개발하고 성장시켜야 한다. 이 점에 미성숙자를 교육의 대상으로 삼아 교도 · 편달하고, 보호 · 육성해야 할 이유가 있는 것이다.

학습자는 교육되기 때문에 '객체' 이며, 배움을 받아야 하는 '대상' 이 되는 것이다. 그들은 새로운 미래의 세계를 향해서 가능한 한 적극적으로 그리고 주체적으로 성장되어야 하며, 바람직한 학습을 해야 할 '배우고자 하는 의지체' 인 것이다. 우리는 교육의 객체라 해서 학습자를 일개의 추종자 내지 모방자로 간주하는, 잘못된 판단을 해서는 안 된다.

다만 목적을 자각하고 목표를 향해서 가는 데 있어서 아직도 여러 가지 요령과 문제를 습득하거나 해결하지 못하고 있는 것이다. 가령, 그것이 단순한 지식 또는 기능일지라도 그들에게는 '아직도' 라는 성격을 띠고 있는 것이다. 즉 앞으로 해결되어야 할 문제들인 동시에 과제들인 것이다. 그런데 가르치는 사람의 입장에서 보면 그것은 이미 배워진 것으로서 '이미' 라는 경과의 뜻을 지니고 있는 것이다. 여기에서 교육자와 학습자 사이에는 큰 차가 생긴다. 이 차이 즉, 수준차를 협동의 작업과 공동의 노력으로 좁혀가기 위해서 교재가 있는 것이다. 그러므로 교사는 교재를 교과학습 지도에 있어서 재료로만 여기지 않고 아동 · 학생의 편에서 학습을 진행시키기 위한 재료라고 생각해야 할 것이다.

3) 교육 매개체

교육의 주체와 객체 사이에는 언제나 매개물이 존재하며, 그것을 교육의 재료, 즉 교육의 내용이라고 했다. 그리고 그것은 수단적 가치를 지니며 절대적 역할을 담당한다고 하겠다.

그러면 교육 내용이란 무엇인가? 가장 간결하게는 교육 내용이란 가치롭다고 인정된 인류문화전달과 생활경험 즉, 교재라고 할 수 있다. 교육이란 위와 같은 교육 내용을 매개체로 중간에 놓고 교육의 주체와 객체가 상호 실천적으로 교섭하는 상호작용인 것이다.

인간을 육성하기 위해서 '어떤 교재를 누가 어떻게 편성할 것인가?' 라는 문제는 누가 누구에게 어떻게 가르칠 것인가에 못지않게 중요한 것이다. 그런 뜻에서 교육의 내용은 교육을 성립시키는 데 있어 중요한 요소가 된다.

교육 내용을 넓게는 '교육의 재료' 또는 줄여서 '교재' 라고 하고, 좁게는 '교육과정' 이라고 한다. 그것들은 교육자의 입장에서 보면 교육 지도상의 재료이고, 학습자의 입장에서 보면 교육 진행상의 재료가 된다. 재료라고 했을 때 우리는 흔히 교과서나 교구 또는 자연물 등 외형적 · 물질적인 것을 생각하기 쉬우나 교육 재료에 관한 한 반드시 외형적 · 물질적인 것만을 뜻하는 것은 아니다. 오히려 그 속에 담겨진 문화적 내용을 구체적인 재료로 삼는 것이다. 즉 스프랑거(Spranger)가 말하는 문화재가 곧 교육의 재료인 것이다.

그런데 이 교재 또는 도야재는 어떤 의미를 지니면서 교육자와 학습자 사이에 매개되고 있을까? 생각컨대, 학습자의 입장에서 보면 '배워져야 할 것(교재)' 이 같은 자리로 들어가는 장면이 곧 교육의 장(the fields of education)이 되는 것이다.

그러면 교육의 장이란 무엇인가? 여기서 말하는 '장(field)' 이란 그 어떤 목적을 갖는 행동이 발전하는 국면을 말한다. 따라서 교육의 장이란 하나의 목적적 활동으로서의 교육적 행동이 발전하는 국면을 뜻한다고 할 수 있다. 돌이켜 말하면, 교육의 삼요소가 교육적 상호관계를 이루는 장면이라고 할 수 있다.

그런데, 교육적 상호관계를 이루는 장면이라 해서 우리는 흔히 학교의 건물과 같은 물리적 공간만을 생각하기 쉽다. 그러나 참다운 의미의 교육의 장은 그런 뜻이 아니다. 그것은 교재에 의해서 매개된 교육의 주체와 객체가 상호작용을 하는 인간적 관계의 장면인 사회과정이며 또한 사회의 현실이다.

그리고 그러한 사회과정 내지 사회의 현실은 그 어떤 '문제'와 '과제'를 지닌 가치적 실현이며, 문제 해결의 이상을 가진 사회이다. 단적으로 말해서 교육자와 학습자가 만들어내는 집단적 장면을 의미한다. 예컨대, 학교 건물의 일부로서 '교실'과 같은 물리적 공간이 아니라, 교실을 물적 기초 내지 물리적 설치의 일부로 보고, 그것을 이용하여 교사와 학생이 서로 마주쳐 교육적 가치를 구현시키는 공동탐구의 장면으로서의 '학급'과 같은 것이 참다운 의미의 교육의 장인 것이다. 따라서 교육의 장은 일종의 사회적 공동의 장면인 것이다.

그러므로 교육의 장은 교육자와 학습자를 매개하여 교육 활동 및 교육적 행위를 발전시키는 사회적 공동의 장면 또는 집단적 장면이라 할 수 있다.

Ⅳ. 교육과 교육학

교육이 인간의 가치를 높이고자 하는 행위 또는 그 과정이라고 한다면, 교육은 삶의 어느 시기나 장소에 한정되는 것이 아니라 삶의 모든 과정 그 자체라고 할 수 있다. 이처럼 교육이 삶의 과정 그 자체라고 한다면, 교육학은 삶의 과정 그 자체로서의 교육현상을 탐구하는 학문(이찬교 외, 1996)이라고 할 수 있다.

교육을 근대과학적 방법으로 연구하고 그 성과를 체계화하여 정리한 학문을 교육론(敎育論) 또는 교육학이라고 통칭하여 일컫는 것이 일반적이다.

이 양자는 확실하게 구별하기가 매우 어렵기 때문에 종종 교육학으로 통칭하기도 한다. 예컨대 라트케(W. Ratke), 코메니우스(J. A. Comenius)의 교수론은 교육론 이상의 교육학이라 할 수 있으며 적어도 그 일부임에는 틀림없다. 페스탈로치(J. Pestalozzi)나

프뢰벨(F. Fröbel)의 교육에 관한 이론은 체계적 이론은 아니지만 때때로 '페스탈로치 교육학'과 '프뢰벨 교육학'이라고 한다. 일반적으로는 헤르바르트(Herbart)를 교육학의 시조로 보고 있다. 그는 교육의 목적 · 내용 · 방법을 철학적 · 과학적으로 체계화한 최초의 인물로 꼽히고 있다.

교육학의 연구대상은 교육이라는 인간 활동이다. 물론 교육을 어떻게 규정하느냐에 따라 교육학의 구체적인 연구영역이나 연구문제는 달라질 수도 있지만, 인간 활동으로서의 교육활동 또는 교육현상이 교육학의 연구대상인 것만은 분명하게 밝힐 수 있다. 학문의 일반적인 기능과 목적이 그러하듯이 교육학은 교육활동 또는 교육현상을 객관적으로 기술하고, 타당하게 설명하며, 합리적으로 예언할 수 있는 지식체제와 이론체제를 구축함을 목적으로 한다. 교육은 단순하지 않으며 수많은 요소가 복합적으로 작용하는 현상이기 때문에, 교육을 연구하는 교육학은 다양한 학문적 접근과 지원을 필요로 하는 종합학문이다. 철학, 역사학, 심리학, 사회학, 공학, 행정학, 재정학, 경제학 등의 학문적 접근방법과 이론이 교육학 연구에 활용되고 있으며, 이에 따라 교육학의 하위연구분야를 다음(그림 1-2)과 같이 나눈다.

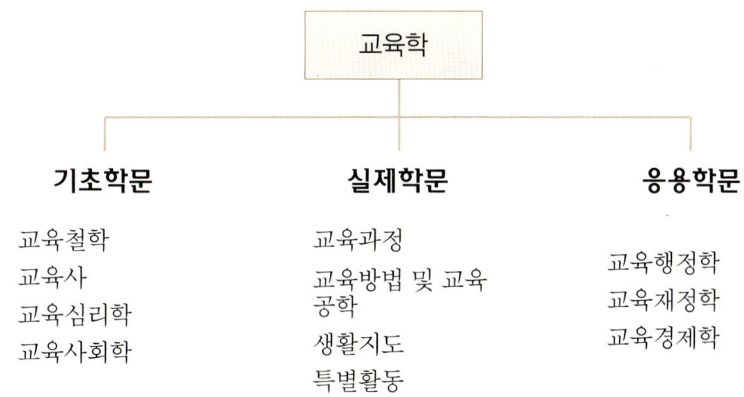

〈그림1-2〉 교육학의 하위연구분야

제2장
교직과 교사

Ⅰ. 교직의 중요성

학교와 같은 교육기관에서 가르치는 사람을 교사라고 부른다. 교사란 자격증을 소지하고 정규 교육기관에서 학습자를 대상으로 교육활동을 하는 사람, 즉 학습자들의 행동을 바람직하게 계획적으로 변화시키는 일을 직업으로 하고 있는 사람들을 가리킨다(임창재, 1997). 교육을 인간 행동의 계획적인 변화라고 규정한다면, '교사'에 있어서는 학교의 교사이건, 가정의 부모이건, 회사의 과장이건, 나라의 대통령이건 어떤 인간 행동을 계획적으로 변화시킬 줄 아는 사람이면 그것으로서 교육자의 조건을 충분하게 갖춘 것(정범모, 1981)이라고 진술한다.

교사와 교육자를 엄밀히 구분한다면 교사는 모두 교육자임에 틀림없지만 모든 교육자가 다 교사일 수는 없다. 즉 인간 행동을 계획적으로 변화시킬 수 있는 사람이면 교육자로서의 충분한 조건은 갖추었다고 볼 수 있으나, 교사로서는 필요한 조건이기는 하지만 충분한 조건은 되지 못한다. 교사란 특정 직업인을 일컫는 말이며, 교사 자격증을 소지하고 정규학교에서 학생들을 대상으로 교육 활동을 하는 자, 즉 학교에서 학생들의 행동을 계획적으로 변화시키는 일을 직업으로 삼고 있는 자들을 가리킨다.

교직에 대한 관점은 다양하게 논의될 수 있지만 일반적으로 성직으로서의 교직, 노동직으로서의 교직, 전문직으로서의 교직으로 논의될 수 있다. 교직을 성직으로 보는 관점에서 신성한 교직은 직업으로서 경외와 존중의 대상이 된다. 마찬가지로 교사는 사랑과 헌신으로 행하기를 기대하게 되는 성스러운 영역으로 해석하게 된다. 다음으로 노동직으로 보는 관점은 교사도 생계를 유지하기 위해 직업을 가지게 된 것이므로, 교직을 노동을 통해 삶을 유지해 나가는 하나의 수단으로 여긴다. 여기서 교사는 적극적 생활인으로 자신의 노동의 합리적 대가를 위해 권리와 책임을 함께 지게 된다.

그러나 이보다 더욱 보편적으로 인식되고 있는 관점은 전문직으로서의 교직이다. 교직은 전문적인 서비스 기능을 담당하며, 이러한 전문성을 통해 특별한 교육과 자격을 소유하게 된다. 그러므로 전문성에 대한 자율성과 더불어 책임을 갖게 되며, 이에 상응하는 사회적 위상과 경제적 보상을 확보하게 되는 특성을 가진다고 보는 것이다. 교직에 대한 전문성의 강조는 자율성, 책임성, 윤리성, 사회적 위상을 모두 포함하는 관점이므로 비교적 널리 보편화된 관점이라고 볼 수 있다.

사회가 정보화 사회로 급변함에 따라 학교의 중요성이 더욱 높아져 가고 있다. 왜냐하면 학교가 사회변화를 조절하고 촉진하는 체제로 부각되기 때문이다. 그리고 교육력이 곧 국가 발전의 요인으로 인식되어 교사에 대한 사회적 관심도 아울러 증가되었다. "교육의 질은 교사의 질에 의하여 결정된다(As is teacher, So is the school)." 고 한다. 교사는 교육구조의 초석이며 교육의 방향과 성과를 결정하는 데 가장 핵심적 요소이다.

교사는 학습자를 보다 나은 방향으로 변화시키는 데 필요한 교직의 특성이 무엇이고 그 업무 한계는 무엇이냐를 생각해야 하며 교직의 전문성에 대한 올바른 이해와 이를 통한 교사의 자세와 역할이 분명해져야 한다.

II. 교사의 자질과 전문성

1. 교사의 자질

교사의 자질이란 교사가 인격적 특성으로 구비해야 할 조건 및 교육이나 훈련을 통하여 개발해야 할 일반적 특징을 뜻하며, 이 자질을 행정적으로 인정한 것이 자격이다.

오른스테인(Ornstein)은 가르치는 일이란 매우 복합적인 기술(complex art)이기 때문에 단순한 요인만으로 좋은 교사 또는 유능한 교사의 자질을 전적으로 설명하거나 기술할 수 없다고 한다. 교사의 자질은 비교적 영속성 있게 교사가 갖추어야 할 개인적 특징 및 교직적 태도라고 볼 수 있다. 바람직한 교사의 자질을 살펴보면 다음과 같다.

1) 건전한 신체와 정신

교육자로서 필요한 요건의 하나는 건전한 신체와 건전한 정신이다. 교직은 쉬운 것이 아니다. 격무를 거듭하고도 부족한 점이 있는 것이 교직이다. 그러므로 건강한 신체가 아니면 격무를 감당해 나가기가 어려운 것이다. 그리고 건강한 신체의 바탕 위에 성격이 또한 바람직해야 한다. 바람직한 성격을 바탕으로 하여 명랑하고 쾌활해야 되는 것이다. 성격이 올바르지 못하면 기분도 명랑치 못하고 우울하며 신경질을 내기 쉬운 것이다. 그러므로 교사가 건전한 신체를 소유하게 될 때 모든 교육활동이 유쾌하고 정열적이며, 사고활동도 활발하여 부지불식간에 좋은 감화를 미치게 될 것이다. 따라서 교사는 적절한 운동과 휴식을 통하여 건전한 신체와 정신을 보전하도록 하여야 할 것이다.

2) 전문지식과 교수기술

교사는 자기 전공은 말할 것도 없고 풍부하고도 심오한 학문이 필요하다. 말하자면 교사는 인문과학, 자연과학의 영역에서 자기의 전공학문과 관련된 모든 일반교양의 기초를 닦아야 한다. 일반교양과 전문적 교양은 인간다운 인간이 되기 위한 기초조건이기 때문이다. 그리고 교사는 교육에 대한 지식과 기능을 충분히 갖추어야 한다. 여기에 교사와 학자와의 다른 점이 있다. 학자는 교단에 서지 않을 수도 있고 학습자를 직접 지도하지 않을 수도 있으나 교사는 직접 학습자를 지도하는 실천자이므로 교육적 성과를 충분히 발휘할 수 있도록 교육적 방법과 기술을 연마해야 하는 것이다. 이것이야말로 교육자를 다른 전문영역의 사람들과 구별할 수 있는 구체적 자격이 되는 것이다.

3) 훌륭한 인격

어떤 의미에서 교육은 교육자의 인격과 피교육자의 인격과의 만남이라 할 수 있다. 교사의 위대한 인격 아래서 훌륭한 위인이 많이 나오는 것은 스승과 제자 사이의 인격적 대화가 그 바탕이 되었기 때문일 것이다. 그러므로 교사는 인격을 갖춤으로써 위대한 감화력을 발휘할 수 있을 것이며 그러한 교사 밑에서 지도받은 제자 또한 훌륭한 인격의 소유자가 될 가능성이 높은 것이다.

4) 교육애(教育愛)

교육활동이 합리적, 이상적으로 실현되기 위한 조건의 하나로서 교육자와 피교육자 간의 인간적 상호관계를 생각해 볼 수 있다. 말하자면 교육이 미성인에 대한 성인의 영향이라면 교사와 학습자가 상호작용을 하는 데는 그러한 상호작용의 근거가 있어야 한다. 그런데 이 근거가 물적 이익이 되어서는 안 되며 실리 · 공리 만인 것도 안 되며, 기만 · 허위 · 증오이어서도 안 된다. 교사의 근거는 미숙자에 대한 고결한 사적 인격, 인격에서 나오는 순결무구한 이타적인 교육애, 즉 교육에 대한 열정, 피교육자에 대한 사랑이라야만 한다. 교육자는 이러한 교육애의 발동 없이는 학습자의 가슴속에 있는 생명의 숨결을 불러일으킬 수 없으며 또한 양자의 자기 성장의 공동작업을 수행할 수 없게 된다. 말하자면 사랑이 없는 곳에서는 참된 교육이 행해질 수 없는 것이다. 실로 사랑이 교육의 근본 동기이며 교육활동의 원천인 것이다.

5) 문화애(文化愛)

교육은 교육자와 피교육자가 서로 문화를 애모하고 동경하는 데서 성립된다. 그러므로 교육애와 문화애는 필연적으로 결합하게 되며, 교육적 사모에서 문화적 사모로 전개되는 것이다. 만약 교육애만 있고 문화애가 없다면 그것은 마치 자식을 사랑할 줄만 알고 영양을 공급할 줄 모르는 우매한 부모와도 같은 것이다. 그리고 교사는 문화의 대표자라 할지라도 그것으로 만족해서는 안 된다.

왜냐하면 교육은 기성문화의 전달에만 있는 것이 아니라 더 높은 문화를 창조하는 데 있기 때문이다. 따라서 교사는 문화의 전 영역에 걸쳐서 관심을 갖고 더 높은 문화를 사모하고 나아가서 새로운 문화를 전개하도록 노력해야 할 것이다.

하트(Hart)는 훌륭한 교사상에 대한 반응의 정도에 따라 훌륭한 교사상을 다음과 같이 들고 있다.

- 교과를 분명히 철저하게 설명하며 실례를 잘 들어주는 교사
- 명랑하며 온후하고 유머 감각이 있으며 농담을 할 줄 아는 교사

- 학습집단의 일원으로서 인간적이고 친절하며 동료의식을 가진 교사
- 학습자에게 관심을 가지고 이해하려는 교사
- 학습을 재미있게 이끌고 학습의욕을 북돋아주어 학습활동을 즐겁게 하려는 교사
- 엄정하고 존경심이 드는 교사
- 공평하고 편애가 없으며 신용이 있는 교사
- 무뚝뚝하지 않고 괴팍하지 않으며 잔소리, 빈정거림, 비꼬는 일이 없는 교사
- 사람을 좋아하고 인간적 친화성이 있는 교사

또한 신연식(1982)은 교사의 자질로서 정신건강이 좋은 사람, 어린이를 좋아하고 사랑하는 사람, 외모 · 음성이 좋고 교양이 있는 사람, 건강과 정력이 있는 사람, 유머를 구사할 줄 아는 사람을 들고 있다.

2. 전문직으로서의 교직

오늘날의 교육을 단순한 지식의 전달에서 벗어나서 인간의 자아실현과 사회개혁의 과정이라고 볼 때, 그 교육을 담당하는 교사는 반드시 전문적인 자질을 갖추어야 한다.

교직이 전문성을 가져야 된다는 뜻은 여러 가지로 풀이할 수 있다. 교직의 전문성을 이해하기 전에 먼저 전문직의 특성과 조건이 무엇인지를 살펴보면 다음과 같다.

그레함(Graham, 1972)은 전문직의 특성을 '학문 또는 과학 분야의 특별한 지식을 필요로 하는 직업' 이라고 정의했다. 그리고 리버만(M. Liberman, 1963)은 '전문직의 조건' 으로 다음의 8가지를 규정했다.

① 개인과 사회에 대해 본질적으로 봉사하는 기능을 가지고 있다.
② 그 직무 수행에 있어서 고도의 전문적 지식과 고차적인 지적 기술을 요구한다.
③ 장기간의 전문적 교육과 훈련을 필요로 한다.
④ 개인적 또는 집단적으로 광범위한 자율권을 행사할 수 있다.
⑤ 자율권 행사에 있어서 개인 및 집단, 사회에 대한 책임성을 갖는다.
⑥ 개인의 경제적 이익보다 사회 봉사적 의무의 정신을 강조하며
⑦ 면허 · 가입 · 제명 등 자체 규제권을 갖는 자치 조직을 형성하고 있다.
⑧ 명확한 행동 방향을 제시하는 윤리강령을 갖는다.

스틴넷와 휴겟(Stinnett & Huggett, 1963)은 전문직의 조건을 다음과 같이 제시하고 있다.

① 전문적인 지식을 필요로 하고
② 장기간의 준비교육을 받아야 하며
③ 계속적인 연수를 통해 성장해야 하고
④ 영속적인 근무와 경력을 필요로 하며
⑤ 자체 기준을 설정해야 하고
⑥ 사적인 이익보다는 봉사 기능이 위주가 되어야 하며
⑦ 강하게 결속된 전문적 집단과 조직을 가지고 있어야 한다.

또한 미국교육회(NEA)의 교육정책위원회가 제시하고 있는 전문직의 기준(대한교육연합회, 1983)을 보면 다음과 같다.

① 전문 지식의 모체에 기초를 두고
② 자격증을 요구하며
③ 교육단체는 가입 교원의 복지와 전문적 성장을 위하여 봉사하고
④ 윤리강령을 가지고 있으며
⑤ 해당 분야의 공공 정책에 영향력을 행사하고
⑥ 집단 응집력이 있는 것 등을 들고 있다.

이러한 여러 특성을 종합해 보면 전문성을 띤 교직은 다음과 같은 사항을 포함해야 한다고 정리해 볼 수 있다.

첫째, 고도의 지적 능력을 필요로 하며, 계속적인 연구를 해야 한다.
둘째, 장기간의 직전(直前)교육이 필요하다.
셋째, 교사는 봉사적이어야 하고 사회적 책임이 강해야 한다.
넷째, 교사는 자신이 지켜야 할 윤리 강령을 가지고 있어야 한다.
다섯째, 교사는 자율권을 갖는 동시에 단체 교섭활동을 위한 자치적인 단체를 조직할 수 있어야 한다.

Ⅲ. 교사의 자질과 권리 · 의무

1. 교사의 교육관

인간을 인간답게 교육하는 일은 교사에 의해 이루어지고 교사 자신의 철학적 수준에 따라 다르게 된다. 인간교육에 대한 명확한 철학이 없는 교사는 단순히 지식을 전수하는 일에 그칠 뿐이다. 교사가 교육에 임하는 철학이 없다면 그의 교육은 방향을 상실한 것이며 교육적 행위도 적극성을 띨 수 없을 것이고 자긍심도 갖지 못하게 될 것이다. 이러한 결과는 성장과정상 바람직한 방향으로 행동이 변화할 가능성이 높은 아동들의 교육에 좋지 못한 영향을 미치게 된다. 따라서 교사는 인간의 기본문제들에 대한 철학적 탐색을 통해 끊임없이 대답을 찾는 노력을 해야 한다. 즉 순수한 철학자의 관심이 '인간은 어떻게 앎에 도달하게 되는가?' 라고 한다면, 교사의 철학적 사고는 이에서 한 걸음 더 나아가 '피교육자가 대체로 잘 학습하게끔 도울 수 있는 교사의 특수한 조건은 무엇인가?' 에 대한 올바른 대답을 찾는 노력으로 이어져야 할 것이다.

그러한 질문의 예를 다음과 같이 들 수 있다(윤정일 외, 1995).

- 교사로서 학생에게 체벌을 사용해야 하는가, 사용해서는 안 되는가?
- 고전을 공부하도록 하는 것이 더 중요한가, 아니면 과학을 강조하는 것이 더 중요한가?
- 대학에서 전공을 더 확대하는 것이 바람직한가, 아니면 교양과목을 더 강조해야 하는가?
- 교육과정을 남녀별로 차별화해야 할 것이가, 통합해야 할 것인가?
- 고교입시를 학교마다 부활해야 할 것인가, 평준화시키도록 해야 할 것인가?
- 대학에 기부금 입학제를 허용해야 할 것인가, 허용해서는 안 될 것인가?

2. 교사의 자질

우수한 교사의 자질을 교사의 입장으로 본다면 '전인적인 성장을 이룬 교사' 라 볼 수 있으며, 학생이나 아동의 입장으로 본다면 '피교육자로 하여금 전인적인 성장을 촉진시켜 주는 교사' 라 하겠다.

이와 같은 관점으로 교사의 자질을 열거하여 본다면

◆ 교육공급자(교사)입장에서의 바람직한 교사의 자질

① 전공분야에서 우수한 실력을 지닌 교사
② 정서적으로 안정된 교사
③ 인격적으로 타의 모범이 되는 교사
④ 교수—학습 방법을 잘 파악하고 실천할 수 있는 교사

◆ 교육수혜자(학생)입장에서의 바람직한 교사의 자질

① 가르치는 제자에 대한 깊은 관심과 사랑을 지닌 교사
② 인생에 대한 자세를 본받을 수 있는 교사
③ 담당 전공에 뛰어난 실력을 갖춘 교사
④ 뛰어난 전공실력을 요령있게 가르칠 수 있는 교사

이러한 교사의 자질 역시 시대정신을 반영한 교육의 유행에 따라 조금씩 달라져왔다고 볼 수 있다. 시대별로 주요 교육과정에서의 바람직한 교사의 자질을 비교하여 보면 다음과 같다.

1 전통주의 교과중심교육과정에서의 바람직한 교사의 자질

① 인격적 감화자로서의 교사
② 문화유산 전달자로서의 교사
③ 사회통제자로서의 교사
④ 권위자로서의 교사: 교사는 아동 위에서 아동을 이끄는 강력한 지도자로서의 권위확보

2 진보주의 경험중심교육과정에서의 바람직한 교사의 자질

① 학생의 흥미와 욕구를 파악하고 이를 충족시켜주는 교사
② 학생들의 친절한 조언자, 조력자, 안내자로서의 교사

③ 학생의 개인차를 존중하고 자유로운 활동을 최대한으로 보장해 주는 교사
④ 특정교과의 깊은 지식보다는 폭넓은 부분에 걸친 지식과기술을 보유한 교사
⑤ 민주적인 지도자로서의 자질을 갖춘 교사
⑥ 학생들과의 의사소통에 강점을 갖춘 교사

3 본질주의, 항존주의 측면에서 볼 때 학문중심 교육과정상 바람직한 교사의 자질

교육에 있어서 개인과 국가의 수월성을 동시에 추구해야 한다는 시대적 사명으로 인하여 다음과 같은 교사의 자질이 요구되었다.

① 전공분야 교과의 기본구조와 새로운 지식에 정통한 교사
② 분석적 사고와 직관적 사고를 모두 중시하는 교사
③ 내적보상에 의하여 학습동기를 자극하고 지적 흥미를 유발시킬 수 있는 교사
④ 탐구방법을 학생들에게 주지시켜 스스로 학습하는 방법을 배우도록 지도하는 교사
⑤ 사실이나 정보 하나하나에 얽매이기 보다는 기본 아이디어에 중점을 두어 가르치는 교사
⑥ 탐구방식에 의거하여 아동들을 학문의 실제로 유도하는 학문실천가로서의 교사

4 인간중심교육과정에서의 교원의 자질

① 진실되며 학생을 하나의 인간으로 존중하는 교사
② 학생과 항상 공감적 이해를 갖는 교사
③ 편협된 지식보다는 폭넓은 지식을 추구하는 교사
④ 긍정적 인간관을 가진 교사
⑤ 자신의 자아를 규율하며, 아동과의 상호작용을 중시하는 교사

3. 교사의 권리와 의무

(1)교사의 권리

교사의 권리는 크게 소극적 권리와 적극적 권리로 나눌 수 있다. 소극적 권리라함은

법에 의해 보호되는 최소한의 권리를 말하며, 적극적 권리란 교육을 담당한 교사의 사기를 앙양하고 그 전문성을 충분히 발휘할 수 있도록 도와주는 조성적 권리를 뜻한다.

1 소극적 권리(법규적 권리)

① 신분보장 : 교사는 형의선고, 징계처분, 또는 교육공무원법에서 정하는 사유에 의하지 아니하고는 의사에 반하여 휴직, 강임, 면직을 당하지 아니한다. 또는 권고에 의하여 사직을 당하지 아니한다.

② 쟁송제기권(소청제기권 = 재심청구권) : 교사들의 신분과 권익을 최대한 보장하기 위하여, 교사가 억울하게 위법부당한 처분을 받았을 때, 소청 기타 행정상 쟁소할 수 있는 권리이다.

③ 불체포특권 : 교사는 현행범인 경우를 제외하고는 소속학교장의 동의없이 학교내에서 체포되지 아니한다(교육공무원법 제 48조 및 사립학교법 제 60조).

④ 교직단체활동권 : 교사는 그 권리를 확보하고 교사로서의 직업을 효과적으로 수행하기 위해 단체활동을 할 수 있다(교사단체총연합회, 교직원노동조합).

2 적극적 권리(조성적 권리)

① 교육자율권: 전문직으로서의 직능이 유감없이 발휘되고 업무수행이 온전하게 이루어지도록 하기 위해 교육자율권을 부여한다. (헌법 제 31조 ④와 교육기본법 제 5조에 명시)

② 생활보장권: 가르치는 일에만 전념할 수 있도록 경제적 사회적 생활보장을 약속하고 있다. 그러나 아직도 설립별, 학교수준별로 정규직교사와 비정규직교사간의 차별이 심각한 실정이다.

③ 적정량의 근무부담을 위한 근무조건개선: 과밀학급, 과도한 잡무를 지양하고 교사의 적절한 주당 수업시간을 통해 최적의 환경에서 학생을 지도할 수 있도록 배려되어야 한다.

④ 복지후생제도의 확충 : 연금체제, 자녀교육비지급, 교사의 자기연찬비용 보조, 무주택교사지원, 학교안전사고 대비지원 등을 통해 교사의 생활안정을 지원함으로써 교사가 교육활동에 전념할 수 있도록 한다.

(2) 교사의 의무

1 소극적 의무(수행금지사항)

① 정치활동금지(단 대학교수인 경우는 예외를 인정)

② 영리업무 및 겸직금지

2 적극적 의무(교사역할로서 수행해야 할 의무)

① 교육 및 연구활동의 의무

② 품위유지의의무

③ 선서, 성실, 복종의 의무

④ 비밀엄수의 의무

제2부

교육의 학문적 기초

제3장

교육의 철학 · 역사적 기초

Ⅰ. 교육철학의 개념

1. 교육의 철학과 교육적 철학

교육의 철학(philosophy of education)은 전통적인 관점으로서 「철학적 지식을 교육의 분야에 응용하는 것」을 말한다. 철학적 지식인 존재론, 인식론, 가치론, 논리학 등을 교육의 분야에 응용하여 교육의 가능성, 교육과 지식, 교육학의 개념과 논리적 근거 등을 연구하는 관점이다.

교육적 철학(education philosophy)은 교육현상을 철학적으로 탐구하여 독자적인 교육철학을 제시한 것이다. 풀어보면, 교육의 개념 · 목적 등에 관한 원리나 교육과 관련된 문제를 철학적 방법으로 연구하는 학문이라고 규정할 수 있다. 흔히 이상주의, 실용주의, 진보주의, 본질주의, 항존주의, 재건주의, 실존주의, 분석주의 등 기존 철학과는 구별되는 교육철학을 제시하였으며, 교육학의 인식론과 교육개념의 형이상학을 포함한다.

2. 학문으로서의 교육철학과 교육관으로서의 교육철학

이것은 개인이 가지고 있는 바람직한 교육에 대한 소신과 견해, 즉 개인의 교육관으로서 교육철학과는 구분되는 개념이다. 이러한 두 견해에 대해 전자는 '학문으로서의 교육철학', 후자는 '교육관으로서의 교육철학' 이라 할 수 있다.

먼저 학문으로서의 교육철학에 대해 살펴보면 다음과 같다.

학문으로서의 교육철학은 오랫동안 독립적인 학문분야로서 인정받지 못했으며, 20세기 중반에 이르러서야 비로소 독자적인 학문으로 대두되기 시작하였다. 19세기 중반까지만 해도 교육학이 일반적으로 사변적(思辨的)·철학적이었기 때문에, 교육철학이라는 분야가 따로 존재하지 않았다. 그러나 19세기 말부터 교육의 경험과학적 연구가 일어나 교육심리학과 교육사회학을 비롯한 여러 교육과학이 분화되자, 교육을 철학적으로 생각하고, 교육의 본질적 의미와 기본적인 문제를 전체적·체계적으로 구명(究明)하려는 노력이 교육학 연구의 내부에서 일어나게 되었다. 교육철학은 이러한 노력으로 이루어진 것이다.

학문으로서의 교육철학은 교육철학이 갖는 주관성과 특수성을 뛰어넘어 교육의 보편적인 문제를 보다 일반적인 이론으로 설명하려고 한다. 교육관으로서의 교육철학이 구체적·실제적·특수적·주관적이라고 한다면, 학문으로서의 교육철학은 추상적·이론적·일반적·객관적이라는 특성을 지닌다.

II. 교육사상의 철학적 이해

교육에 크게 영향을 끼치는 교육철학을 열거하면 다음과 같다.

전통적 교육철학으로서 이상주의, 자연주의, 실용주의를 들 수 있으며, 현대교육철학으로서 미국을 중심으로 한 진보주의, 본질주의, 항존주의, 문화재건주의와 유럽을 중심으로 한 자유주의, 실존주의, 신자유주의를 들 수 있다.

1. 전통적 교육철학

1) 이상주의

이상주의(idealism) 교육철학은 세계의 실체를 정신적인 것으로 보아, 모든 현상을 정신적인 작용에 의하여 설명하려고 한다. 특히 플라톤(Platon)에 의하면 정신적 가치란 영구 불변한 것이며, 만유성(萬有性)을 가진 것이라 본다. 헤겔(Hegel)은 이상주의를 신의 사고 과정으로 보았다. 그러므로 이상주의를 때로는 관념론 혹은 유심론(唯心論)이라고도 부른다.

이상주의 철학자들은 가치체계의 고정성을 주장하고, 그러한 가치 체계에서는 물질적 가치보다는 정신적 가치가 최고의 가치가 된다고 한다. 따라서 이상주의자들은 종교적 가치를 높이 평가하는데, 그것은 종교적 가치가 인간의 궁극적 목적과 정신적 질서의 조화를 실현하는 데 도움을 주기 때문이라고 한다.

그러기에 이상주의 교육철학에 의하면, 인간성의 종국적인 가치란 인간이 만드는 것이지만, 그 가치의 성격은 신에 의해서 표현되는 초자연적인 것이라고 본다. 따라서 이상주의의 교육목적은 환경에 순응하는 것이지만 근본적인 것은 불변하는 것이다. 다시 말하면 이것은 종교적인 교리에 입각한 것이고, 역사적으로 보면 플라톤의 교육에서 나타나고 있다. 그의 교육은 개인으로 하여금 최고(最高)의 자아(自我), 지선(至善)의 자아(自我)를 가지게 하는 것이다. 이에 이상주의자들은 믿기를 교육을 통해서 자아를 실현하자면, 자기 자아를 지금 현실의 일시적인 자기 자아에 연결시켜야 한다고 주장한다.

그러므로 이상주의는 교육목적을 어디까지나 인간의 본성인 영적 성질, 인격의 도야, 미덕, 자아실현 등을 찾는 데 두고 있다.

20세기에 있어 가장 많은 활동을 한 관념론 교육철학자는 호른(H. H. Horne)이다. 그는 이상주의의 교육을 다음과 같이 정리하고 있다.

첫째, 산다는 것과 배운다는 것의 목적은 자연인으로 하여금 이상인(ideal man)이 되도록 발달시키는 일이다.

둘째, 학교는 이상인이 진실로 생활하고 있는 그 세계에 비추어 이상인과 사회가 가지고 있는 이상주의라는 개념을 실현할 수 있는 장소가 되어야 한다.

셋째, 교육의 유일한 목적은 아동·학생의 인격을 도야하는 일이다.

넷째, 헤겔(Hegel) 철학에서 말하는 최선이란 교육을 통한 자아실현에서 찾을 수 있다.

2) 자연주의

자연만이 유일한 실재(reality)이며 변화는 모든 존재의 일반적 특징이라고 보는 관점이다. 대표적인 학자로서 루소(Rousseau), 페스탈로치(Pestalozzi), 스펜스(Spencer) 등을 들 수 있다. 인간은 가소성, 우연성을 지닌 존재이며 타당한 지식은 경험으로부터 획득 가능하다고 보았다. 이러한 자연주의 인식론은 과학으로서의 교육발달에 공헌하였다.

자연주의의 교육원리는 다음과 같다.

첫째, 기존의 이상주의 교육이 지적지능을 강조한 데 반해 자연주의 교육은 성선설에 기초하여 전인교육을 강조하였다.

둘째, 모든 교육은 자연적 요소로부터 파생되어야 하며, 모든 교육활동은 아동에게 즐거운 것이어야 한다.

셋째, 경험을 통한 교육활동을 강조하며, 아동의 자연적 성장발달과 자기활동, 관찰, 발견을 중시한다.

자연주의 교육은 특히 아동교육에 기여한 바가 큰데 구체적으로 교육에 공헌한 바를 살펴보면 다음과 같다.

① 교육심리학의 발달을 촉진함으로써 교육의 과학화에 이바지하였다.

② 교육의 목적과 내용에 아동의 흥미와 욕구를 반영하는 데 노력한 점은 아동존중 사상을 발전시켰다.

③ 아동의 성장과 유형에 맞는 교육내용과 방법을 추구함으로써 교수-학습에 대한 준비성의 개념을 중시하였다.

④ 경험을 통한 학습(learning by doing)의 교육적 가치를 제고시켰다.

자연주의 교육철학의 한계점은 인간 본성에 대한 지나친 낙관으로 최소한의 기본적인 질서훈련에 소홀했다는 점과 지식 인식의 범위를 경험으로 한정함으로써 다른 영역을 배제한 점을 들 수 있다.

3) 실용주의

실용주의(pragmatism)는 미국의 산물로서 experimentalism, instrumentalism, functionalism이라는 여러 가지 이름으로 불리어진다. pragmatism이라는 말은 희랍어 pragma(행동, 실행)에서 유래됐다. 따라서 실용주의란 행동을 본위로 하는 철학 실행에 중점을 두는 철학, 더 나아가서는 실용을 중히 여기는 철학이라는 뜻이 된다.

실용주의 교육철학은 사변적 절대주의 즉 이상주의 교육에 반대하여 경험적 상대주의에 기초하고 있다. 따라서 실용주의는 관념이나 지식의 기능을 구체적인 생활사실과 직접 관계짓고 있다.

그러므로 실용주의 교육철학은 이상주의 교육철학이 목적으로 하고 있는 영원한 정신적 가치에 대한 무의미한 추구를 하지 않는다. 듀이(J. Dewey)에 의하면 개인적 생명은 사멸하나 사회적 생명은 영속되는 것이다. 따라서 사회지속을 위해서는 아동이 사회의 지식, 감정, 행동의 습관을 획득해야 한다고 주장한다.

실용주의의 교육은 일찍이 희랍의 헤라클레이토스(Herakleitos)가 "같은 사람이 같은 강물을 두 번 건널 수 없다"고 한 사회유전설(社會流轉說)과 같이 사회라는 것은 역사적으로 보아 계속적으로 변화되는 상태에 있어왔기 때문에 교육이 일정한 목적을 구성한다는 것은 사회변천의 법칙을 위반하게 되는 것이라고 본다.

실용주의 교육철학은 주장하기를 과학적인 파악을 초월한 어떠한 가치나 목적의 문제도 불필요한 것이라 한다. 그리하여 실용주의 교육철학은 실제의 효과를 강조하는 점에 있어서 공리주의(utilitarianism)와 일치하고, 말로만 하는 해결이나, 부질없는 의문이나, 형이상학적 추상을 배격하는 점에 있어서는 실증주의(positivism)와 일치한다. 따라서 실용주의에 있어서 교육의 유일한 목적은 인간의 무한한 잠재적 가능성을 개발하여 자주적 지성과 풍성한 창의성을 갖춘 인간을 육성, 사회진보에 기여하게 하는 데 있다.

〈공리주의〉

영국의 경험론을 바탕으로 하여 주로 19세기에 발전한 사상으로서 개인의 이기적 쾌락주의를 비판하고 사회적 차원에서 인간의 행복을 추구하려는 공중적 쾌락주의(公衆的快樂主義)를 말하는데, 창시자는 벤덤(J. Bentham)이고, 이를 완성한 학자는 밀(J. S. Mill)이다. 벤덤은 양적인 쾌락을 생각하여 '最大多數의 最大幸福'이라는 원리에 의해 개인의 행복과 사회의 행복을 조화시키려 했고, 밀(Mill)은 쾌락의 질을 중요시했다.

〈실증주의〉

실증주의라는 이름은 자연과학의 방법을 철학에 적용하려고 했던 생시몽에서 비롯되었고 A.콩트가 실증철학으로 확립하였다. 그 연원(淵源)은 영국의 경험론과 프랑스의 계몽주의 유물론(唯物論)에 있지만, 그 배경에는 자연과학의 급속한 발달과 공업 사회의 성립이 있다. 실증철학은 프랑스 혁명기의 대표적인 철학이 되었다. 또 마하, 아베나리우스 등의 과학철학도 인식론에서 실증주의의 대표적인 것으로 꼽히지만, 19세기의 실증주의에서는 논리학이나 수학의 역할에 대해 충분한 고려를 하지 못하였다.

1920년대부터 빈 학단(學團) 사람들을 중심으로 제창되기 시작한 새로운 실증주의는 이 점의 결함을 보충하고, 논리학이나 수학의 역할을 높이 평가하는 한편, 이들 학문이 경험과학과 다르고, 세계에서의 정보를 주지 않음을 지적하였다. 여기에서 이 새로운 실증주의를 논리실증주의라고 한다.

현재는 논리실증주의도 또 얼마간 비판을 받아 분석철학(分析哲學)이라 불리는 것으로 변신(變身)하고 있지만, 이것은 이미 실증주의라고는 불려지지 않는다. 일상 생활에서는 형이상학이나 종교를 그다지 중요시하지 않고, 오로지 검증이 가능한 증거에 의지하여 여러 가지 문제를 풀려고 하는 사람을 실증주의적인 사람이라고 한다.

2. 현대교육철학

1) 진보주의

진보주의 교육철학의 사상적 배경은 루소(J. J. Rousseau)의 성선적 아동관과 실용주의 교육철학이다. 실용주의의 근본사상은 변화에 대한 관념에서 출발한다. 진보주의의 교육사상의 선구자격인 희랍의 헤라클레이토스(Herakleitos)의 '모든 것은 흐른다' 라는 유수(流水)의 예화에서처럼, 이 세상에서 변하지 않는 것이란 없으며 영구적인 것이 있다면 그것은 '세상은 변하고 있다' 는 변화의 법칙 뿐이라는 것이다. 따라서 실용주의는 변화를 우주와 인생의 기본원리로 세우는 것에서 성립한다. 이러한 생각은 금세기에 들어와서 급격하게 발달한 생물학 · 심리학 · 사회학 등 여러 과학의 연구결과가 잘 뒷받침하여 주고 있다. 실용주의가 변화라는 사실을 그 철학적 기본개념으로 삼고 있는 것은 쉽게 이해할 수 있다. 진보주의 교육을 뒷받침하고 있는 기본원리중의 또 다른 하나는 경험이라는 개념이다. 듀이(Dewey)가 경험이라는 용어를 즐겨 사용한 것도 이 때문일 것이다.

진보주의 교육사상가들은 실제로서 경험을 내세워 실제적인 경험의 세계를 상조하고 있다. 이것은 형이상학자들이 인간의 실제생활과 관계없는 실제에 대하여 논란을 거듭하고 있는 것과 퍽 대조적인 현상이다. 그래서 진보주의자들은 생활이라는 말과 경험이라는 말을 동의어로 보고, 경험을 통하지 않은 이론은 공허하다고 비난한다. 경험에 의하지 않는 지식 · 진리 · 가치관이란 생각할 수 없다고 단정하는 것도 이 때문이다. 피어스(Peirce)가 "경험에 의해서 검증되지 않은 희망은 엉뚱한 낙관주의와 같다." 고 한 말은 바로 이러한 의미를 내포하고 있는 것이다.

미국에 있어서 진보주의 교육운동의 조직적 활동은 쿠브(Coobe)의 지도하에 1918년 「진보주의 교육협회(The Progressive Education Association)」를 조직하고 기관지 「진보주의 교육(The Progressive Education)」을 발간한 데서 시작된다. 이 협회는 듀이 및 킬래트릭(Kilpatric)의 진보주의 교육사상을 지지하고 이를 보급함으로써 전통적 교육에 대한 하나의 교육개조운동을 전개하였는데 그 활동은 그 후 약 30년 동안 국내외로 퍼져나갔다. 그 결과 1920년대부터 1930년대에 걸친 이 운동은 미국교육계의 일대 세력이 되어 교육계를 풍미하기에 이르렀다.

진보주의자들은 교육의 원리를 다음과 같이 제시하고 있다.

첫째, 모든 아동에게 자연적으로 발달할 수 있는 자유를 허용할 것.

둘째, 아동의 흥미를 모든 학습활동의 동기가 되게 할 것.

셋째, 교사는 엄한 감독자가 되기보다는 친절한 지도자로서 학생을 대할 것.

넷째, 아동의 발달이란 단지 학교성적의 향상뿐만이 아니고 신체적 · 지적 · 도덕적 · 사회적 발달이며, 이를 과학적으로 연구하고 기록하여 지도의 중점을 학생 개개인의 전체적 발달에 둘 것.

다섯째, 아동의 신체적 발달에 영향을 미치는 모든 조건에 유의하여 교육의 제1목표를 건강증진에 둘 것.

여섯째, 학교는 가정과 협력하여 아동생활의 여러 가지 요구에 응할 수 있도록 노력할 것.

일곱째, 진보적 학교는 새 교육의 실험적 연구를 증진시켜 신교육운동이 지향하는 바대로 노력할 것.

이상에서 살펴본 바와 같이 진보주의 교육자들은 교육이란 미래의 생활을 준비시키기 위한 것만도 아니고 아동에게 필요하다고 어른들이 생각하는 것을 주입시키는 것도 아니며 아동의 성장을 도와주기 위한 것이라고 보고 있다. 이들에 의하면 아동의 성장과 발달이란 경험의 계속적인 재구성에 의해서 이루어진다고 한다. 경험의 계속적인 재구성이란 단순히 아동에게 여러 가지 경험을 제공하고 그들의 자발적이며 창조적인 활동에의 참여를 보장해 주는 것만으로 이루어지는 것이 아니다. 아동이 자신의 활동성과를 스스로의 비평적 사고과정을 통해 검토하고, 이러한 과정을 통해 이때까지 자신이 소유하고 있던 생각을 재구성함으로써 보다 새롭고 확실한 개념을 형성하게 되면서 가능하게 되는 것이다. 듀이는 이러한 검토과정을 '반사적 사고' 라고 하는데, 진보주의교육은 그들의 본래 의도와는 달리 실제교육에 있어서 이러한 반사적 사고를 효과적으로 가능하게 하는 일에 미진했던 것으로 평가되고 있다.

진보주의 교육철학자들은 각기 정도의 차이는 있지만 모두 지금까지의 억압적, 성인중심적, 지식 중심적이며 획일적 교육인 전통적 교육에 반대하고, 그 대신 아동의 개성과 존엄성을 중시함으로써 아동의 자연스러운 성장을 조성하는 개발주의적이고 인격주의적인 아동중심교육을 강조한다.

2) 본질주의

본질주의란 현대문화가 물려받은 전통적인 신조라든가 제도는 실질적일 뿐만 아니라 진리이며 동시에 선하다는 생각 위에 서서, 교육의 목표로 인류가 체험한 과거의 핵심적 경험 즉 문화유산 중에서 가장 본질적인 것을 학교교육을 통해서 조직적으로 다음 세대에 계승시키자는 교육이념을 받아들이는 교육이상이다.

본질주의 교육철학을 이렇게 정의한다면 플라톤이나 로크(J. Locke)등도 본질주의

자이어야 할 것이다. 그러나 여기에서 논의하고 있는 본질주의는 1930년대에 절정을 이룬 진보주의 교육관에 반기를 들고 이에 대항한 배글리(W.C. Bagley)를 중심으로 출발된 교육운동 및 이념을 말한다. 따라서 본질주의는 일정한 철학에서 유도된 교육학설이 아니라, 여러 철학적 계보에 속하는 사람들의 반 진보주의운동이라고 할 수 있다. 본질주의 교육운동의 본격적인 추진은 1936년 배글리(Bagley)를 중심으로 '미국교육향상을 위한 본질파위원회' (The Essentialist committee for the Advancement of American Education)를 창설하고 1938년에 소위 본질파 선언을 하면서부터 시작되었다.

본질주의의 교육의 사상적 배경은 멀리 객관적 이상주의자인 플라톤까지 소급할 수 있으나 정확히는 문예부흥 이후 찬란히 열매를 맺은 현대철학에 근거하고 있다고 할 수 있다. 따라서 본질주의 교육의 이론적 근원은 에라스무스(Erasmus)의 사상에서 출발하였다고 보는 것이 타당하다.

본질주의자들에 의하면 교육의 일차적 목적은 과거의 문화적 유산 중에서 가장 본질적인 것들을 다음 세대에 전달하여 주는 일이다. 진보주의자들은 변화와 발전을 중요시하였으므로 과거의 문화적 유산이란 보존되어야 할 것이라기보다는 극복되어야 할 것으로 알려졌다. 반면에 본질주의자들은 변화되어야 할 것과 변화되어서는 안 될 가치로운 것이 있음을 구별하고, 교육이 바로 이러한 가치로운 것들을 아동들에게 습득시킴으로써 그들로 하여금 개인적으로나 사회적으로 성숙하고 유용한 사람이 되도록 해야 한다고 주장하고 있다. 그리고 그러한 가치로운 것들은 인류가 여러 세대에 걸쳐 실험하고 입증한 결과로서 우리에게 남겨진 문화적 전통이라는 것이다. 아동은 어디까지나 미성숙자이므로 무엇이 가치있고 무엇이 무가치한 것인가를 구별할 능력이 부족하다. 따라서 교육에 있어서 아동의 흥미와 자발성은 충분히 존중되어야 하지만 교육의 주도권은 역시 교사에게 있어야 하며 인내와 노력, 통제와 훈련도 또한 중요한 것이라고 주장한다.

본질주의의 교육을 분석해 보면 그 원리는 다음과 같다.

첫째, 당장의 흥미보다는 장래의 목표에 충실할 것을 강조한다. 즉 교과에 대한 흥미가 그 습득에 필요한 에너지를 창출해 내는 데 큰 역할을 한다는 주장에 동의하면서도, 보다 고차원적이고 오래 지속될 수 있는 흥미는 학습초기에는 잘 나타나지 않으며 학습초기부터 힘들여 공부해 나가는 동안에 일어 나게 된다는 것이다.

둘째, 교육에 있어서의 주도권은 학생이 아니라 교사가 가져야 한다. 교사의 역할은 성인의 세계와 아동의 세계를 연결시켜 중개해 주는 일이며, 교사는 이 일을 위하여 준비해 왔기 때문에 아동의 성장을 돕는 일에 있어서 어린이보다는 훨씬 더 많은 자격을 갖추고 있기 때문이다.

셋째, 교육과정의 중심은 지정된 교과를 이해하고 소화시키는 데 있다. 이러한 관점은 인간에게 삶의 방식을 정해주는 것이 그를 둘러싸고 있는 물리적 · 사회적 환경이라고 주장하는 실재론자들의 관점과 일치한다. 본질주의자들은 교육이 인간의 자기실현을 도와 줘야 한다는 생각에 동의하면서도 그 자기실현이란 인간이 법칙에 복종해야 하는 세계, 즉 개인을 넘어서서 존재하는 세계 속에서 이루어진다고 주장한다. 왜냐하면 본질주의자들은 개인의 경험보다는 인류의 경험, 즉 사회적 유산을 더욱 중요시하기 때문이다.

넷째, 문제해결을 강조하는 진보주의적 교육방법의 장점을 인정하지만 그 방법을 모든 학습과정에 통용시킬 수는 없다는 입장을 취한다. 즉, 지식은 그 본질상 추상적이며 여러 가지로 단절된 구체적인 문제로 갈라놓을 수 없다는 것이다.

인류의 문화적 유산을 이해한다는 측면에서 어린이의 지적(知的) 능력을 중요시하는 모든 주장들은 아동중심적인 진보주의 교육자들의 주장과 상반되는 것이다. 본질주의는 진보주의교육에서 나타나기 쉬운 방종과 무정부상태를 경계하고 교과의 지식을 체계적으로 발전시키는 데 공헌하였으나, 주지주의적인 교육 때문에 어린이들의 자유로운 발달과 창의성을 억압한다는 비판을 받았다.

3) 항존주의

항존주의는 반과학주의, 탈세속주의, 정신주의적 성격을 띠고 있다. 이러한 항존주의자들은 현대문명이 가지는 물질주의, 과학이기주의 등을 지적하면서 항구적인 가치를 중시해야 함을 역설하였다.

항존주의는 실재론을 철학적 배경으로 가지고 독립적으로 존재하는 객관적 실재(reality)를 중요시한다. 따라서 교육에 있어서 진리의 절대성이 중요하다고 본다. 영속적이고 절대적 원리가 있음을 가정하며, 이러한 것에 근거하여 전통과 고전의 원리를 교육의 중요한 부분으로 여기는 보수적 성향을 띠고 있다.

이러한 항존주의의 교육을 분석해보면 다음과 같다.

첫째, 인간의 이성적 본성을 중시한다. 즉 인간은 다양한 환경에도 불구하고, 본성은 동질성을 가지는 실재가 있다고 본다. 따라서 교육의 내용에 있어서도 동일한 그 무언가가 있음을 강조한다.

둘째, 교육은 영원한 진리와 불변하는 실재에 적응되는 과정이다. 다양하게 변화하는 환경에 따라 다양성을 가지는 적응이 아니라 진리에 적응하는 과정이어야 한다고 본다.

셋째, 교육에서 학습자는 기본과목을 통해 이성과 지성의 훈련이 필요하다고 본다. 이는 불변하는 전통과 고전의 교양 및 진리를 통해 교육이 이루어져야 함을 드러내는 것이다.

4) 재건주의

재건주의는 브라멜드(Brameld)에 의해 제창되어 1960년대에 체계화된 교육이론으로서 현재의 문화를 재검토함으로써 새 문화에 대한 전망을 내놓고자 하는 입장이다. 재건주의는 진보주의, 본질주의, 항존주의의 장점과 단점을 검토 분석하여 사회와 문화의 개조에 관심을 두었다. 이러한 재건주의는 현실에 대한 비판과 미래의 전망을 함께 드러내며, 교육을 통한 민주적 세계질서를 만들고자 한다.

이러한 재건주의의 교육 원리는 다음과 같다.

첫째, 재건주의가 바라는 새로운 사회는 민주적 사회로서, 국민 스스로가 통제하는 사회체제를 민주적 방법으로 실현해야 한다고 본다.

둘째, 재건주의는 파멸 위기의 현대 사회 문명을 바꿀 수 있는 유일한 힘이 교육이라고 본다. 따라서 교육은 문화의 기본 가치를 실현하게끔 사회질서와 조화를 갖출 수 있도록 이루어져야 한다고 주장한다.

셋째, 교육은 새로운 사회 건설의 필요성에 근거하여 '사회적 자아실현' 을 추구하면서 재건의 필요성을 인식할 수 있도록 해야 한다고 하였다.

5) 자유주의

자유주의는 19세기 후반에 나타난 획일적 주지주의 교육의 반등으로 나타난 사조로 루소의 영향을 받았다. 집단에 의한 통제보다는 개인의 자발성을 우선시하며, 국가와 사회제도는 개인의 자유를 보장하고 개성을 꽃피우기 위해 존재한다고 보는 철학사조이다.

엘랜케이(Ellen Key), 몬테소리(Montessori), 닐(Neill)등에 의해 발전된 이 사상은 개인의 자유는 보호되어야 하며 확대되어야 한다고 주장하며, 개인의 자유는 사회적 자유임을 강조한다. 자신 이외의 다른 사람으로부터 침해를 받거나 국가나 사회로부터 제한, 강제, 억압 받는 것에 대해 반대한다.

자유주의 교육철학의 교육원리는 다음과 같다.

첫째, 교육목적은 자유스러운 활동을 통한 개인 능력의 향상에 둔다.

둘째, 교육내용은 자아실현 (self-actulization)을 할 수 있는 전인지향적인 것을 추구한다.

셋째, 교육방법으로 아동중심교육, 아동자발적 교육, 능동적 학습을 강조한다.

넷째, 개인주의 교육을 추구하며, 자유스러운 교육환경을 조성한다.

자유주의 교육은 교육의 인간화, 교육의 개별화에 많은 공헌을 하였지만 개인적 측면을 강조한 나머지 사회적 측면을 무시한 경향이 크다.

6) 실존주의 교육철학

실존주의(existentialism)라는 말은 사르트르(Jean Paul Sartre)가 그의 저서 '실존주의는 휴머니즘이다' 에서 쓰기 시작하였고, 실존철학이라는 말은 야스퍼스(Karl T. Jaspers)가 그의 저서 실존철학에서 쓰기 시작하였다.

실존주의는 인간이 그 자신의 존재에 대한 근본적 진리를 발견할 수 있다고 주장함으로써 회의철학에 반대한다. 또한 전통적 형이상학에 반대하여 실제는 인간이 경험하는 것이라고 한다. 실존주의자들은 실제는 생명적인 실재로서 실재를 설명키 위하여 인간상황을 초월한 것이 아니고, 인간의 상황 속에서 실재를 설명하여야 한다고 주장한다.

19세기에 뿌리를 두고 있는 이 철학은 제2차 세계대전의 전쟁기간과 그 직후에 대중적 인기를 지녔다. 이 인기는 실존주의자들이 인간의 상태를 고독과 불안한 존재로 봤기 때문에 당연한 것이었다. 실제로 전쟁이 있든 없든 인간은 그의 존재의 상실을 두려워한다.

실존주의는 그 이름이 표현하는 바대로 존재, 특히 인간존재에 관한 철학이다. 그러나 다른 많은 철학이 그러한 바와 같이, 실존주의도 이를 주장하는 사람에 따라 그 학설이 일치하지 않으며, 그 강조하는 바도 많은 차이가 있다.

요컨대 실존주의 철학의 관심은 전통적인 철학들처럼 광대한 우주의 원리를 탐색하는 데 있는 것이 아니고, 우리에게 좀 더 절실한 관계가 있는 인간자신의 존재와 그 의의에 대한 문제에 있으며, 또한 개인의 무제한 한 자유와 책임을 중요시한다는 사실에서 독특한 의의를 찾을 수 있다.

실존주의는 교육적인 체계를 갖춘 철학이라고는 할 수 없다. 그러므로 교육에 대해서 어떤 조직된 원리나 규범을 제공하여 그 실천을 요구하지는 않았다. 결국 실존주의 철학이 교육에 주는 교훈에서 우리는 그 교육철학적인 의의를 찾아야 하는데, 그것은 바로 교육에 임하는 정신과 태도인 것이다. 다시 말해서 우리가 교육에 대해서 가져야 할 정신적 태도가 중요하다.

실존주의자들의 교육에 대한 입장을 정리해 보면 다음과 같다.

첫째, 개인의 중요성을 강조한다. 실존주의는 무엇보다도 사람의 철학이다. 전통적 철학을 우주의 원리를 탐구하는 철학 또는 인간성을 잃은 냉엄한 이성의 철학이라 하고, 실용주의를 인간의 경험을 중시하면서도 그 사회성을 강조한 사회참여의 철학이라고 한다면 실존주의는 고립된 인간, 고독한 인간으로서 자신의 운명을 스스로의 선택된 행동으로써 실천하고자 하는 인간의 철학이라고 하겠다. 따라서 교육의 가장 중요한 주체는 인간 자신이라는 것을 강조하는 것이다.

둘째, 사회적 적응을 강조한다. 개인을 존중한다는 말은 개성을 소중히 함을 의미한다. 사회적 규범에 복종하는 예속적 개인으로서가 아니라, 사회가 부과하는 모든 규범과 표준에 맞추는 인간으로서가 아니라, 이로부터 독립하여 창조적으로 자신의 생활을 만들어 나아가는 적극적, 창조적 사회적응의 인간교육을 말한다.

셋째, 전인교육을 강조한다. 전인교육사상은 현대교육의 특징이라고 할 만큼 많은 교육자들이 주장하고 있으나, 실제에 있어서 수행되고 있는 것은 주지적 교육이며, 지식의 주입이 교육의 주임무가 되어 있다는 것이다. 실존주의는 철저한 전인교육을 강조한다. 인간의 지적 정서적 생활을 포함한 모든 방면의 생활이 인간의 존재를 의미하므로, 실존주의에 기초를 둔 교육목표는 개인이 처해있는 상황 속에서 자아 전부를 실현하고 스스로의 잠재력을 계발하는 것이다.

넷째, 인격교육을 강조한다. 실존주의가 보는 바람직한 교육은 결국 인격교육이라고 하겠다. 인간가치의 기초는 자유이므로 선택의 자유가 없는 가치는 무의미하다. 인간은 자유의사에 의해서 여러 가지 가능성 중의 하나를 선택하기 때문에 자기 아닌 타인이 선택하여 부과하는 가치는 이러한 자유의 원리를 부정하는 것이고 진정한 의미의 가치라고 할 수 없다. 여기에 실존주의자가 교육을 인격교육 도덕교육으로 보는 까닭이 있는 것이다. 실존주의자는 개인의 자유를 절대적인 것으로 믿는다. 따라서 도덕은 인간이 자신의 자유로운 선택에 의해 결정한 가치들로 구성된다. 그러므로 도덕적 가치는 외부로부터 강요될 수 없다. 그 대신 가치가 자신의 자유의사에 의해서 선택된 것이니 만큼 그것에 대하여 스스로 책임을 져야 한다.

다섯째, 자아인식을 위한 교육과정을 강조한다. 실존주의자는 교과목에 들어 있는 지식을 학생에게 가르침으로써 그의 마음을 해방시키고 자신의 존재에 대한 이해를 촉진시키려 한다. 왜냐하면 지식은 인간이 자신을 발견하고 자유를 행사하여 세계가 갖고 있는 여건을 이해하는 데 필요한 자료가 되기 때문이다. 진리가 인간을 자유롭게 만든다는 말은 바로 이러한 의미이다. 해방된 정신을 가진 사람은 진리에서 이탈된 사람이 아니고 진정 자유로운 존재인 것이다. 자신의 사고와 관찰과 통찰력의 자원이 되는 교과목 안으로 자신을 몰입시키면 시킬수록 그만큼 인간은 더욱 자유스러워진다는 것이다.

7) 신자유주의

신자유주의(neo-liberalism)란 2차 세계대전 이후 나타난 국가의 실패를 비판하여

1970년대 말 이후 구미의 선진 민주국가에서 본격적으로 부활한 자유주의 정책과 그 사상 및 이론이다. 경제원리에 입각하여 국가의 역할을 축소시키고 시장기제를 확산시키려는 정책의 패러다임을 의미한다.

신자유주의자들은 시장경제의 원리를 국가를 대신하여 당면 문제를 해결해 줄 수 있는 것으로 본다. 국가의 시장에 대한 과도한 개입이 위기를 초래했고, 관료제의 비효율이 국가경쟁력을 저하시켰다고 보았기에 관료화된 공공부분의 구조조정이 개혁의 핵심의제로 강조되었다. 시장 매커니즘은 이를 실현시켜 줄 최적의 원리이며 국가관료제에 대한 비판이 대중에게 호소력을 지닌 만큼 시장의 우위를 강조하는 신자유주의 개혁논리가 대중의 마음을 사로잡았다.

신자유주의는 시장원리를 적용하여 공교육의 틀 자체를 변화시키고 비용-수익의 효율성을 극대화하려고 한다. 이를 위해 학교선택권, 단위학교책임경영, 철저한 평가를 통한 차등지원 등이 개혁의 핵심 정책으로 대두되었다.

1970년대 말부터 미국, 영국, 뉴질랜드 등 대부분의 선진국에서는 신자유주의 이데올로기에 기초하여 교육개혁을 추진해 오고 있으며, 한국에서도 제 7차교육과정부터 적극적으로 반영하고 교육정책에 있어서도 신자유주의의 관점을 내세우고 있다.

신자유주의가 교육에 미친 주요 영향은 다음과 같다.

첫째, 교육체제에 시장경쟁매커니즘이 도입되고 교육정신은 '수요자 중심주의'로 대체되었다.

둘째, 자립형 사립학교의 시행 및 대학부속학교의 자율학교 운영 허용 정책을 유발하였다.

신자유주의는 일부 나태한 점이 있었던 공교육에 시장경쟁체제를 도입함으로써 활력을 불어넣었다는 장점이 있는 반면 다음과 같은 부작용을 야기하였다.

첫째, 차등 지원을 위한 평가지상주의를 이루었으며, 평가의 준거 자체가 시장원리를 철저히 반영하지 못하고 정치적 목적의 국가정책기조의 순응을 바라는 역기능을 초래하기도 하였다.

둘째, 정치적인 관점에서의 교육정책을 평가의 가산점으로 활용하여 궁극적으로 교육의 정치적 중립성을 훼손하였다.

셋째, 시장경제의 잣대를 교육에 그대로 반영하는 것 자체가 교육의 공공성과 특수성을 훼손하고 있다는 지적을 받고 있다.

이상의 지적들은 한국, 미국을 비롯한 신자유주의를 도입한 수많은 나라에서 시급히 개선해야 할 사안이다.

8) 생태주의

생태주의는 비교적 최근에 부각된 사조로서 생명주의, 자연주의, 생명사상 등의 말과 혼용하여 쓰이기도 한다. 이러한 생태주의는 심각한 환경문제를 해결하기 위한 인간중심적 사고에서 출발하였으며, 교육, 사회, 문화 등으로 확대되고 있다.

생태주의의 확장개념인 생태주의 교육철학의 교육관은 다음과 같다.

첫째, 인간에 대한 이해를 자연과 우주적 차원에서 관계와 순환의 관계로 이해하고자 한다. 즉 인간 본성에 대한 이해를 맥락 및 관계적 측면에서 이해하려고 하는 노력에서 출발한다.

둘째, 교육에서 동태적이며 실천적 과정을 추구한다. 교육의 결과를 강조하는 신자유주의적 시장경제의 접근에 대한 비판에서 출발하며, 교육의 결과에 대한 비교 분석보다는 생명과 관계를 중시하는 삶의 과정을 중시한다.

셋째, 교육적 지식은 삶의 일부분에 불과하며, 개인의 탁월한 인식능력에 의해 생산된 것이 아니라 사회적, 역사적 산물이어야 한다고 본다. 따라서 교육에 있어서 지식은 현상적이고, 실제적인 부분으로 해석되어진다.

넷째, 선악의 판단기준과 인생의 유의미성을 보는 기준은 절대적인 기준이 아니라 삶을 영위하는 지구상의 모든 유기체와의 관련 속에서 상대적으로 추구해야 한다.

다섯째, 인간과 자연에 대한 이원론적 접근을 비판하고, 일원론적 세계관에 근거하여 조화와 공존의 개념을 중시한다. 이는 교육에 있어서 생태적 조화와 자연적 흐름을 중시하는 교육 실제를 제시하고자 하는 것이다.

이상의 생태주의 교육철학은 교육뿐 아니라 문화, 의학, 사회학 등의 다양한 영역에서 공동으로 논의되어지고 있는데, 이러한 생태주의가 주는 교육적 의미는 현대사회 경쟁체제 속에서 나타나는 교육 실제와의 분리나 분석적 인간 해석에 대해 의구점을 제시했다는 것과 조화와 공존을 지향하는 새로운 교육의 패러다임을 제공하고 있다는 의미를 가진다.

Ⅲ. 교육의 역사적 의의

현존하고 있는 모든 것은 그것이 사람이건, 사회이건, 자연이건 막론하고 과거없이 이루어진 것은 없다. 역사란 바로 그 모든 존재들의 과거를 살피는 연구라고 할 수 있다. 그러나 역사에서 말하는 과거란 단지 지나간 시간에 있었던 모든 사실을 뜻하는 것은 아니다. 역사의 연구 대상과 영역은 다음과 같이 결정된다.

첫째, 모든 과거 중에서도 인간이 관계한 것만을 역사연구의 대상으로 한다.

둘째로, 인간이 관계한 역사 중에서도 역사를 보는 학자의 사관에 따라서 의미가 있는 과거라고 선택된 것이라야 역사연구의 영역이 되는 것이다. 왜냐하면 과거에 있었던 많은 사실들 중에서 역사적으로 중요한 의미가 있다고 판정된 것, 즉 현재의 안목에서 의미를 부여할 수 있는 과거라야 역사적 가치가 있기 때문이다.

1. 교육사 연구의 목적

인간은 일차적으로 현재를 의식하면서 살아가고, 나아가서 미래를 기다리면서 살아간다. 그런데 과거 없는 현재, 현재 없는 미래는 존재할 수 없다. 즉 역사는 현재를 바르게 인식하고 미래를 희망적으로 설계하는 데 자료와 지혜를 제공해 준다. 여기에 역사연구의 목적이 있는 것이다.

사람은 과거보다는 현재가 중요하고 현재보다는 미래의 희망 때문에 존재의 가치를 인식한다. 그런데 역사, 즉 과거의 사실과 그 결과는 사람에게 무엇보다도 미래에 어떻게 될 것인가 어떻게 되어야 할 것인가에 대한 질문에 대답을 할 수 있는 최소한의 지혜를 제공한다. 그것은 역사를 살피고 분석함으로써 현재를 더 잘 이해할 수 있고, 미래에 대한 과학적인 예측을 할 수 있게 되어 행위의 선택과 결단을 올바르게 내릴 수 있도록 돕기 때문이다.

그렇기 때문에 "과거를 모르는 사람에게는 미래의 설계는 물론 현재의 운명도 맡기지 말라"는 교훈까지 있는 것이다. 그것은 의사가 환자의 과거 습관과 성격, 기호품과 음식물 그리고 운동상태와 성장환경을 조사한 토대 위에서 약을 처방하고 치료방법을 결정해야 바른 처방, 효과적인 치료가 될 수 있는 것과 마찬가지이다.

2. 교육사 연구의 방법

역사연구는 역사학이란 과거에 있었던 일을 과거로 돌아가서 살펴보는 학문이 아니라는 것을 아는 것에서부터 출발해야 한다. 그 이유는 역사연구란 현재라고 하는 상황 속에서 살고 있는 사람이 현재의 안목으로 과거나 미래를 보면서 진행하기 때문이다. 따라서 과거에 대한 이해도 역시 현재적 상황 속에서만 가능한 것이다.

이 문제에 대하여 이탈리아의 역사학자 크로스(B. Croce)는 "모든 과거는 현재의 역사다. 서술되는 사건이 아무리 먼 시대의 것이라 할지라도 역사가 실제로 반영하는 것은 현재의 요구 및 현재의 상황이며, 사건은 다만 그 속에서 메아리칠 따름이다."라고 주장한다. 이 말은 역사란 본질적으로 현재의 눈을 통하여 현재적인 관점에서 과거를 보는 일이며 역사가의 주요임무는 사건을 기록하는 데에 있는 것이 아니라 현재의 기준으로 과거사건의 가치를 재평가하는 데에 있다는 뜻이다. 따라서 과거에 대한 우리의 해석은 늘 새로워진다. 이에 대하여 영국의 역사철학자 콜링우드(R. G. Collingwood)는 "모든 새로운 세대는 그 자체의 방법으로 역사를 다시 써야 하는 것이며, 모든 미래의 역사가는 옛 질문에 대해 새로운 대답을 주는 것으로 만족할 것이 아니라 질문 자체를 개정해 가야 한다"고 주장한다. 역사연구방법의 원리란 바로 이처럼 현재의 눈으로 과거를 새롭게 본다는 데에 있다고 하겠다.

그리고 역사 연구가 이렇게 현재의 상황에서 진행될 수 있게 하기 위해서는 다음과 같은 두 가지 기준에서 이탈되지 말아야 한다.

첫째, 역사란 오늘의 안목으로 볼 때는 실패의 거울일 뿐이라는 점이다. 따라서 답습되어서는 안 되고 오히려 왜 실패했나 하는 이유를 찾아야 한다. 역사를 배우는 가장 중요한 의미가 바로 여기에 있기 때문이다.

둘째, 과거에 어떤 성공이 있었다고 할지라도 그것은 과거라는 상황 속에서의 성공이라는 점이다. 현재는 과거가 아니다. 따라서 그 상황도 다르다. 꼭 같아 보이는 종류의 사건이라 할지라도 상황이 달라지면 의미도 달라지기 때문에 과거와 같은 방법으로는 되지 않는다.

그러므로 우리는 역사 속에 나타나는 성공의 예들조차도 답습해서는 안 된다. 오직 그들은 그들의 상황 속에서 어떻게 성공했으며 오늘의 우리상황은 그들의 상황과 어떻게 다른가를 배울 수 있을 뿐이다.

그렇다면 교육의 역사인 교육사 연구의 의의와 목적 및 방법은 무엇인가. 이에 대한 대답은 지금까지 서술한 역사연구의 의의와 목적 및 방법이 그대로 응용되어 설명될 수 있는 성질인 것이다. 즉 교육사는 지나간 역사적 현상 중에서 교육학적으로 의미 있는 현상만을 학문적으로 연구하는 것이며, 그 의의는 오늘의 교육을 올바로 이해하기 위한 자료와 근거를 찾을 수 있다는 데 있고, 그 목적은 현재의 교육이 미래에 어떻게 되어 갈 것인가를 예측하고 그에 대한 대책을 수립하기 위한 준비를 하자는 데에 있다고 하겠다.

교육사 연구의 방법 역시 위에서 논의한 것처럼, 현재의 상황 속에서 과거의 교육적 사건을 조명한 후 그 의미를 부여하고 해석한다는 기준에서 빗나가지 말아야 할 것이다.

Ⅳ. 고대의 교육

1. 그리스(희랍:希臘) 교육

고전적 스타일이긴 하지만 고대 그리스에는 자유와 평등이 실현된 민주주의가 발달해 있었고, 아름다운 시와 깊이 있는 철학적 사색들은 오늘날에도 향기를 풍기고 있다. 아테네 시민들의 정열, 스파르타인의 의지, 알렉산더의 투혼은 현세의 우리에게 주는 의미가 강하기도 하다.

고대 그리스 형성의 특징은 기원전 1300년경 그리스 반도 북방에서부터 마치 핵분열 식으로 일기 시작한 여러 종족의 대이동에서 시작된다. 종족이 이동을 거치는 동안 기원전 800년경에 그리스의 국가 · 사회 · 신앙 · 사고의 기본적인 원형 같은 것이 생겨나기 시작했는데 이 시기를 그리스 문화기로 간주한다. 기원전 3000년경부터 크레타 섬을 중심으로 하여 그리스 본토와 소아시아의 서해안에서 일어나기 시작하여, 기원전 2000년경에 그리스인들은 황금시대를 일으킨 바 있는 에게문명의 한 분파인 미케네 문명을 파괴하고 새로이 정착하기 시작했고 그리스 본토인 미케네(Mycenae), 티린스(Tyrins), 트로이(Troy) 등을 중심으로 새로운 문화시대의 서장을 펼쳤다.

그리스인들은 우선 정치와 문화와 생활과 안보의 수단으로 3개 혹은 4개의 부족들이 연합한 작은 영토의 도시국가 즉 폴리스(polis)를 형성하기 시작하였다. 그들의 도시국가는 각기 세력을 확장하고 식민지까지 운영하여 기원전 500년경에는 그리스 본토와 지중해, 흑해, 그리고 아프리카 북부에까지 약 1,000여 개에 이르게 되었다.

그리스가 도시국가로 발전한 이유는 그리스 반도의 해안선이 복잡하고 산지가 많아서 커다란 도시가 형성되기 힘들었기 때문이었다. 그래서 폴리스라고 하는 작은 도시국가들이 많이 나타나게 되었다.

이들 그리스인 도시국가는 민족적 통일을 이루지 못하고 무수한 도시국가로 나뉘어져 있었으나, 혈연, 언어, 종교, 문화를 같이 한다는 동족의식이 강하여 올림피아의 제우스신의 대제 때는 4년마다 폴리스의 대표들이 모여 올림픽경기(B.C. 776)를 열었고 우승자는 소속된 도시국가를 초월하여 민족적 영웅으로 존경받았다. 또 아폴로신을 수호신으로 하는 델포이(Delpoi)의 신전에서는 여러 부강한 도시국가들이 공동으로 헌납한 물건을 모아두는 봉납(奉納)품 저장 창고가 운영되기도 하였다.

그리스의 문화가 일찍부터 꽃 피울 수 있었던 기초는, 강한 민족적 공동체의식을 바탕으로 한 자유시민정신, 아름다운 자연환경, 정복자 피정복자로 구성된 엄격한 계급주의 사회의 균형을 유지하기에 유리한 인간육성의 필요증대, 인간의 자각 속에서 인간의 가치와 행복을 추구할 수 있다는 인본주의적 신념 등이라 하겠다.

문화는 교육에 의하여 창조, 계승, 발달된다고 볼 때 문화는 곧 교육의 이상이며 내용이다. 그리스의 문화가 인문주의적 자유민을 위한 정신적인 문화라는 특이성을 감안할 때, 교육의 이상과 내용도 어디까지나 귀족 남자 위주의 인문적이고 자유교육적 성향이었으므로, 실생활의 준비를 목적으로 하는 직업교육과 서민교육과는 완전히 구별

된다는 점은 유의해야 할 것이다.

그리스에서는 군대에 나갈 자격을 갖춘 모든 남자는 시민권을 가지고 정치에 직접 참여할 수 있었다. 그러나 여자, 노예, 외국인들은 시민이 될 수 없었다. 그리스의 수많은 폴리스 중 오늘날 교육에 지대한 영향을 끼친 곳은 아테네와 스파르타가 대표적이다.

아테네는 페르시아와의 전쟁에서 승리하였고, 페리클레스는 델로스 동맹의 맹주가 되어 전성기를 누리고 민주주의 황금기를 맞이하게 되었다. 아테네와 함께 그리스의 패권을 다툰 폴리스는 스파르타였다. 스파르타는 군사국가였으며 끊임없는 정복 전쟁으로 영토를 넓혔다. 이 두 폴리스가 이끄는 동맹이 있었는데 아테네는 델로스 동맹이고 스파르타는 펠로폰네소스 동맹이다. 스파르타는 펠로폰네소스 전쟁을 일으켜 아테네를 물리치고 그리스의 패권을 쥐었다. 그 후 그리스 세계는 잦은 전쟁으로 쇠퇴하였으며, 결국 마케도니아에 의해 정복당했다.

1) 아테네(Athens)의 교육

아테네는 이오니아(Ionia)족이 아티카(Attica)지방에 세운 도시국가이다. 기원전 6세기 초까지 아테네의 정치는 귀족들에 의한 통치였으나, 기원전 6세기 중엽에 이르러 점차로 민주주의 정치 형태로 변화되었다. 전통적으로 솔론(Solon)은 아테네 민주제의 창설자로 간주되고, 이 이름은 현명한 입법가의 대명사처럼 되었다. 그는 교육을 장려하고 민주정치를 확립하였다.

그러나 엄격한 의미의 아테네 민주정치는 실제로 페르시아 대전(기원전 5세기 초) 이후부터 일어났다. 이 시기 아테네에서는 무역과 상공업을 통해 부유해진 평민들이 많이 나타났다. 그래서 평민들은 전쟁에 스스로 무장해서 참전하였다. 평민들은 지위와 역할에 맞게 정치적인 발언권을 요구했다. 솔론은 재산 소유 정도에 따라 평민도 정치에 참여할 수 있는 제도를 마련하였고, 좀 더 후에 클레이스테네스가 혈연이나 재산, 직업에 관계업이 시민들에게 참정권을 부여하였으며, 도편(도자기조각)추방제를 만들어 민주주의의 기틀을 다졌다.

아테네의 교육은 스파르타와는 달리 인간성의 다방면에 능력을 가진 조화로운 발전을 이상으로 하였다. 아테네의 교육은 부유층의 자제에 국한된 교육이었다. 교육의 목적은 고상하고 선한 사람을 양성하는 데 있었다. 아테네 사람들은 심신과 영혼의 우아

한 미를 구하려고 노력하였다. 그리고 이들은 또한 시민의 자격을 얻기 위하여 가장 필요한 것은 개인의 교양이라고 믿었다. 그래서 아테네의 교육은 개성을 전면적으로 발전시켜 개인의 교양을 쌓고 그럼으로써 시민으로서의 자기 책임을 완수할 수 있는 인간을 만드는 데 목적을 두었다고 할 수 있다.

그렇기 때문에 아테네의 자유민은 노예나 상인의 직업교육에서 멀리 떠나 자유인으로서의 교양을 목적하였다. 원래 학교(school)라는 말의 어원은 여가(schole)라는 뜻이다. 그들이 노예를 갖는 것도 자유로운 여가를 갖기 위한 것이었다. 따라서 아테네의 학교는 여가를 가진 자유인이 이용하는 곳이었다 대체로 이때의 자유인은 여가를 이용하여 선미(善美)로운 인간생활과 교양을 위한 지식을 추구하였다.

아테네의 있어서 교육의 내용을 보면 출생에서 7세까지는 두 종류의 학교에서 시간을 보내게 되었는데, 소년들은 언제나 노예인 교복(教僕:paidagogos)을 따라 학교에 갔다. 음악학교에서는 읽기 쓰기 셈하기 그리고 시와 음악을, 체육학교에서는 체조와 운동경기를 위한 훈련을 받았다. 그리고 16세에서 18세 까지는 국립경기장에서 운동경기와 군사훈련 및 도덕적 훈련을 받고, 2년간 군복무에 종사한 후, 20세가 되면 완전한 시민의 특권을 얻고 자유로운 시민생활을 영위할 수 있었다.

2) 스파르타(Sparta)의 教育

스파르타는 기원전 12세기 경 북방에서 이주해 온 도리아(Doria)족이 펠로폰네소스(Peloponnesos)반도의 라코니아(Laconia)평원에 세운 대표적 도시국가의 하나이다. 스파르타는 기원전 7세기 경에 이르러 메세니아(Messenia)지방까지 점령하고, 기원전 6세기 이후에는 최고 강력한 도시국가가 되었다.

스파르타의 사회구조는 세 계급으로 구성되는 데, 제1계급은 귀족(sparta), 제2계급은 반자유민이자 평민인 페리오이코이(perioikoi), 제3계급은 노예인 헬로트(helots)였다.

귀족계급에 비하여 노예계급과 평민계급의 수가 30배나 되었기 때문에 스파르타가 정복자의 영예를 누리기 위해서는 고도의 군국주의 국가를 건설하는 것 이외에 다른 도리가 없었다. 군국주의 국가의 정당성을 뒷받침하기 위하여 그들은 리쿠르고스(Lycurgos)헌법을 만들고 이 법에 입각하여 스파르타식의 통제와 군사교육을 실시했다.

교육의 목적은 강인한 신체의 완성으로부터 시작하여 힘·용기·인내·기율·봉사·희생·애국정신을 갖춘 용감한 무사양성에 있었다. 이러한 교육의 목적을 달성하기 위한 교육의 형태는 한 마디로 생애군사훈련 체제를 유지하는 것이었으며, 주된 교육의 내용이라면 기초 체력증강을 위한 신체적 단련과 국가에 절대 복종함을 윤리로 하는 정신무장에 있었다. 따라서 그들은 어린아이가 출생하면 국가기관으로부터 신체검사를 받게 했고 이 신체검사에 불합격하면 제거해버렸던 것이다. 강하고 튼튼한 아이만을 그 어머니가 7세까지 집에서 길렀다. 8세가 되면 아이들은 부모에게서 떨어져 엄격한 육체적 훈련과 애국적 교육을 받게 되었다. 즉 8세에서 18세까지의 청소년은 병영에 수용되어 엄격한 신체훈련을 받았다. 그리고 18세에서 20세까지는 전문적인 군사교육을 받았고 다시 30세까지는 전방에서 복무하게 된다.

그리하여 30세에 이르면 국가가 정해주는 배필을 만나 결혼을 하고, 50세가 되면 군에서 은퇴를 하여 자기 생활을 즐길 수 있었다.

이와 같이 스파르타는 가정생활의 내부에 이르기까지 국가가 간섭을 하였고, 좋은 시민이란 훌륭한 군인을 의미하였다. 따라서 그들의 교육방법은 교육이라기보다 일종의 군사훈련으로 나타나지 않을 수 없었다. 그들은 체력을 국력이라고 했고, 그리하여 무자비한 체벌을 동반한 군대식 훈련방법을 사용한 것이다.

스파르타의 교육은 이처럼 군사교육에 전심하였기 때문에 문화적인 면에서는 후세에 기여한 바가 거의 없었다. 오늘날 단기간에 집중적으로 성과를 거양하기 위해 쓰이는 방법이기도 하다.

2. 로마의 교육

1) 로마교육의 문화적 기초

그리스를 정복한 마케도니아는 필립포스 2세와 올림피아스의 아들인 알렉산더대왕(알렉산드로스 3세)에 이르러 그리스 ·페르시아 ·인도에 이르는 대제국을 건설하였다. 알렉산드로스는 그리스의 언어와 이념을 세계각지에 퍼뜨렸고, 이로써 그리스문화와 동방문화가 융합된 헬레니즘세계가 이루어졌다. 이는 그 후 로마제국에 의해 서양의 모든 나라들에게 퍼지게 되었다. 한편 헬레니즘 문화는 인도에 전해져 간다라 미술을 탄생시켰다. 그가 죽은 뒤로 제국은 시리아, 이집트, 마케도니아로 나뉘어 대립하다가, 이탈리아 반도에서 일어난 로마가 세력을 떨치면서 쇠퇴하게 되었다.

로마(Rome)는 기원전 8세기경 티베르(Tiber)강 언덕 위에 세워진 조그마한 도시국가였으나 기원전 27년 이탈리아 반도 전부를 평정한 뒤 다시 지중해로 나가 3차에 걸친 포에니(Poeni)전쟁(기원전 264에서 164년)을 거쳐 동은 메소포다미아에서, 서는 스페인, 북은 도나우(Donau)강과 라인(Rehin)강에서, 남은 아프리카 북단에 이르는 광대한 지역을 지배하에 두고 세계적 보편국가를 건설했다. 그러나 이 번영을 자랑한 대제국도 서기 395년에 이르러 동서 두 제국으로 분리되고 476년 서 로마제국이 멸망하면서 쇠퇴의 길을 가게 된다.

로마는 이민족을 잘 포섭하고 다스리는 천재적인 정치 수완과 민족성을 가진 민족이다. 피정복민족을 동화시키고, 조그만 도시국가에서 "모든 길은 로마로 통한다"는 세계적인 대국으로 발전시키고, 자기들의 식민지에서 발생한 크리스트교를 자기들의 국교로 제정하고 세계적 종교로 발전시킨 일 등은 모두가 천재적인 정치 수완을 가진 로마인이 아니면 이룰 수 없는 일이다.

로마의 긴 역사를 살펴보면, 정치 경제적으로는 국수주의와 세계시민주의, 공화정과 제정, 소토지 소유제와 대토지 소유제의 갈등, 정치권력과 종교세력과의 갈등 등 파란만장한 문화를 안고 있었고, 교육면에서는 가정교육과 학교교육, 도덕교육과 지식교육, 교육이상으로서의 인간상의 변천 등 오늘을 사는 우리에게도 매우 흥미 있는 문제들이 담겨져 있다.

2) 로마의 교육

① 전기 로마시대의 교육(공화정 시대)

초기의 로마교육(기원전 146년 그리스 정복이전까지의 교육, 공화정시대라고도 함)은 대부분 가정이 담당하였다. 가정은 법률상에 있어서 사회의 단위가 되었을 뿐 아니라 교육의 수단으로도 중요한 위치를 차지하였다. 이에 부모가 책임을 지고 자제의 교육을 담당하였다. 십이동판법(十二銅版法)에서의 부권의 규정에 의하면, 아버지는 불구아나 기형아를 나면 죽일 권리를 가지며, 또 어린이의 일생을 통해 감독하고, 편달하고, 살해하고, 매매할 권리를 가지고 있는 반면에 어린이의 교육과 훈련에 관한 의무도 명백히 과해져 있었다.

로마인은 자녀의 교육을 노예에게 또는 어떤 집단이나 다른 사람에게 일임하기를 꺼렸다. 부권을 가진 귀족은 자기 아들을 동반하여 연회나 토론회에 참석했으며 국사에 관한 토론을 듣고 배우게 하는 것이 일반적이었다. 평민은 농장과 상점에서 부친과 같이 일을 하였다. 무예도 아버지가 직접 자녀들에게 가르쳤다. 그렇게 하여 신에 대한 경건, 조국애, 아버지에 대한 의무의식, 용감한 기상과 덕성을 기르게 하였다.

전기 로마의 교육에 있어서 딸에 대한 교육은 어머니들의 몫이었다. 로마의 어머니가 딸의 교육에 있어서 가장 중요시 한 것은 국가에 대한 봉사였다. 어머니들은 권위를 가지고 존경을 받아가며 경건한 도덕심으로 자녀를 가르쳤다.

전기의 로마에는 공립학교가 없었기 때문에 병사(兵舍)나 공회당 또는 농장 등이 아동교육의 중요한 장소가 되기도 하였다. 그 후 일반시민들은 그들의 자녀에게 초보적인 지식을 가르치기 위하여 시가 네거리에 사설학교를 세웠다. 그리고 BC 449년경에는 루두스(Ludus)라는 공립학교가 세워졌다고는 하나 조직화된 학교교육은 후기 로마시대(제정시대)에 실시되었다.

② 후기 로마시대의 교육(제정시대)

후기 로마시대의 교육의 목적은 주로 지적 발전을 지도하는 데 있었다. 언어적 능력과 공적 담화 및 토론의 성공이 교육의 목적이었다. 그러나 처음에는 덕성을 강조한 순수 로마인의 경향을 보존하였다. 이상적으로 교육된 남자로 생각되었던 연설가는 우선 선량한 시민이 되지 않으면 안 되었다. 그 후에야 비로소 숙련된 연설가가 되는 것이다. 교육의 기능은 연설에 능숙해서 국가에 실제적 봉사를 할 선량한 사람을 양성하는 데 있었다.

교육기관과 교육내용을 살펴보면 중등교육과 초등교육은 발달되었었으나, 상대적으로 초등교육이 미진한 편이었다. 초등교육기관으로는 루두스(Ludus)가 있었는데 교육내용은 읽기, 셈하기, 쓰기 등의 기초 지적능력의 배양이었으며, 그리스의 교과서를 사용하였다. 중등교육기관으로는 그라마티쿠스(Grammaticus)라는 학교가 있었는데 이 학교는 두 가지 형태를 띠고 있었다. 하나는 그리스의 문법과 문학을 가르치는 그리스 문법학교이며, 다른 하나는 라틴(Latin)문법과 문학을 가르치는 라틴 문법학교이다.

이들 학교에서는 문법, 수사학(修辭學), 변증법, 산술, 기하, 음악, 천문학 등(7 자유교과라고 함)과 변론의 훈련을 최고 형식의 교과로 삼았다. 고등교육기관으로는 주로 말하는 법 즉 웅변을 가르치는 수사(修辭)학교인 레토르(Rhetor School)가 있었는데 이 학교의 입학자격은 7자유교과에 의한 예비적 교양을 습득한 지배계급의 자제들로 한정되었다. 이 학교는 그리스인들이 세운 것으로 사립학교였다. 주로 16세에서 18세까지의 청소년들에게 수사법을 중심으로 웅변술을 가르치는 것을 목적으로 하였다.

교육내용은 그리스나 로마의 유명한 시인, 역사가, 철학자, 웅변가의 작품들이었다. 교육 방법 면에서는 먼저 문장표현을 연습시켜 위인을 찬미하고 저열한 인물을 공격하는 논문이나 여러 인물들의 비교 논평이었다. 이 단계가 끝나면 개개의 구체적 문제에 대한 논문작성을 연습시켰다. 실지 변론에 들어가면 설득연습, 탄핵, 변호 연설 등을 연습했고, 최후에 거치게 되는 최고의 과정은 즉석연설이었다.

V. 중세의 교육

교육사에서 중세라 함은 일반적으로 기독교의 교육활동을 주축으로 해서 고대말기에서 문예부흥에 이르는 한 시기를 의미한다. 이 시기에 유럽의 역사는 게르만족의 이동과 서로마제국의 멸망으로 인해 새로운 국면을 맞이하게 되었다. 로마에 의해 하나의 문명세계로 통합되었던 유럽은 유럽세계, 동로마제국, 이슬람세계의 3대 문화권으로 나누어지게 되었다.

11세기까지의 상황을 보면 유럽세계는 비잔틴 세계나 이슬람 세계에 비하여 문화적으로 훨씬 뒤떨어져 있었고, 특히 민족 이동기나 그 직후에는 혼란과 무질서가 심했기 때문에 이때를 유럽의 암흑시대라고 부른다. 서로마제국의 멸망 후 유럽에는 봉건 영주들이 정권을 장악하면서 봉건제도가 정착되었다. 중세의 문화는 그리스 로마 문화, 기독교 문화, 게르만 문화의 3요소가 서로 어우러져 형성된 것이지만 이 중 기독교가 지배적인 지위를 차지하였다. 중세 사회는 로마 교황을 중심으로 한 기독교 세력과 민족적인 봉건국가에 의하여 새로운 질서를 확립하게 되었다.

중세 교육의 사회 문화적 배경을 살펴보면 다음과 같다.

첫째, 기독교의 성립과 발달을 들 수 있다. 중세는 철저한 기독교사회로 교회가 왕권을 통제하고, 사회생활에 전반적으로 영향을 미쳤다.

둘째, 사라센제국을 기반으로 하는 이슬람문화 형성의 영향이 있다. 예를 들어 아라비아숫자 등이 유입되어 영향을 끼쳤다.

셋째, 프랑크 왕국의 통일과 카알대제 치세를 거쳐 민법적 봉건제 성립의 영향이 있다.

넷째, 11세기 말부터 200여년에 걸친 십자군원정의 실패도 영향을 끼쳤다. 십자군원정의 실패는 교황권의 실추를 가져왔고, 봉건제 몰락, 도시발달을 통해 세속적 교육의 팽창으로 이어졌다.

1. 중세교육의 특징

중세의 교육은 한마디로 기독교 교육을 의미한다. 기독교는 중세 인간생활의 모든 면을 지배하고, 교육도 이 밑에 있었다고 말할 수 있다. 실로 중세사회의 새 질서를 건설한 것이 바로 기독교였고, 계몽사업, 교화사업, 교육사업을 벌인 것도 역시 기독교였다.

중세의 교육은 종래와는 성격이 크게 달랐다. 신체적, 수사(修辭)적 방면의 훈련을 대신하여 행위 면에 있어서 엄격한 훈련이 행해졌다. 자연적 흥미는 억압당하고 개성의 발전과 미적, 지적 방면의 계몽에 대한 배려는 오히려 죄악시 되었다. 지적 요소는 교육으로부터 제외되고 그것이 다시 도입될 때도 단련적 개념으로 받아들였다. 교육은 다만 도덕적 성격을 가지고 내세에 대한 준비를 목적으로 하였다. 이리하여 그리스의 자유적, 개성적 교육, 로마의 실제적, 사회적 교육과는 전연 다른 도덕적 교육이 출연하게 된 것이다.

중세인은 사회와 자연에 대하여 너무나 무력하였고, 문화 정도가 낮아 무지와 미신에 사로잡혀 있었던 관계로 인간계와 자연계의 모든 사상을 신에 관련시키고 신의 섭리로써 설명하였다. 이로써 중세의 문화는 신중심의 문화가 된 것이다.

오늘날의 과학자들은 중세를 자연과학 분야에서 업적이 없는 시대라고 한다. 오로지 중세사상은 초자연주의, 영혼주의, 내세주의로 나타나 이에 대한 준비로서 인간의 생리적 욕구를 부정하고 금욕주의 사상을 발달시켰다. 따라서 국가세력은 쇠퇴하고 교회의 세력이 커졌다. 즉 교회는 종교적 신념과 사회적 정치적, 환경을 긴밀히 관련시켰다. 따라서 교육에 있어서도 중세교회는 단순히 중세의 지적 생활의 중심이 되었을 뿐 아니라 실제로 공식적인 교육을 독점하고 있었다. 즉, 교육은 우주의 신적 질서와 세속적 질서에 대한 이론적인 기초를 제공하려고 하였다. 특히 수도원과 교회는 성직자에게 교육을 제공할 의무를 가진 것으로 생각되었다.

그러나 중세의 후반이 되면 과학적 문제에 대한 흥미가 일어나고 논리학과 철학이 기독교의 이론적 지지를 위해서 사용되고 그 결과 스콜라철학(Scholasticism)이 발생하였다. 이어서 세속적이고 종교적인 교육기관으로 봉건제도를 뒷받침하는 기사교육이 발생하게 되었으며, 이 봉건제도가 붕괴되면서 시민사회가 열리게 되자 거기에 조합교육과 대학이 출현하게 된다.

이상에서 살펴본 중세의 교육사상을 종합하여 보면 다음과 같이 정리할 수 있다.

① 현세는 내세를 위한 준비기로 보는 시각이 팽배했으며 원죄설에 입각하여 성악적인 관점에서 현세는 고행과 금욕을 주로 강조하게 되었다.
② 교육의 내용은 신중심주의였으며 신에 순종하는 인간양성교육을 주로하였다.
③ 지식을 멀리하는 주정주의에서 후반기로 접어들면서 주지주의적인 스콜라철학이 발달하였다.

2. 크리스트교 교육

중세 유럽의 교육은 기독교 중심의 교육으로 발달하였으며 크리스트교는 예수의 가르침과 그 제자들의 신앙적 정열과 사도 바울(Paul)의 희생적인 전도사업에 힘입어 훌륭한 교회조직으로 발달하게 된다.

크리스트교의 이상은 생멸기복(生滅起伏)하는 현실에 대립하는 영원불멸의 신을 신앙에 의하여 인식하는 것이 그 근본이다. 따라서 크리스트교 사상의 핵심은 천국의 복음, 신과의 교통, 박애이다.

1) 크리스트교 교육

크리스트교는 내세적 초자연주의에 입각하여 인간의 현실생활은 내세의 천국에 도달하는 준비기간으로 생각하였다. 여기에서 교육에 있어서의 주정주의(主情主義) 사상이 나오고, 신중심주의 사상이 나타난 것이다.

크리스트교 교육의 목적은 인간을 신앙으로 이끌어 신에 대한 순종과 크리스트교적 완전성에로 인도하는 사랑의 사업이었다. 주요 교육사상은 인간은 신 앞에 평등한 가치임을 인정하며, 개인주의, 세계주의, 사해동포주의를 기반으로 하고, 현세를 미래생활의 준비로 보고 있기 때문에 내세주의 교육이다. 또한 시민적인 사회생활에 필요한 지식 기능은 배척되고 성서를 중심으로 박애, 경건, 극기, 복종 등의 종교적 도덕이 교육되었다. 영혼을 존중하고 육체를 천하게 여기고 따라서 체육을 경시하였으며, 철저한 금욕주의를 주장하였다.

교육기관으로는 문답학교, 고급문답학교, 사원학교로 나누어지며, 교회의 교육이 주가 되기 때문에 교회의 이상에 따라서 학교를 건설하였다.

① 문답학교

초등교육기관에 해당되며 몽매한 민중과 이교도를 크리스트교도화 하는 교육을 주로 담당하였다. 주로 2~3년간의 교육을 시켰으며 교리문답, 찬송가, 3R' s가 주된 교육내용이었다.

② 고급문답학교(문답교사학교)

성직자 자제들을 주로 입학시켰으며, 교회지도자나 문답학교의 교사를 양성시켰다. 최초 교사양성기관으로 볼 수도 있으며 교육내용은 신학, 철학, 수사학, 천문학, 수학, 문학 등이었다.

③ 사원학교(본산학교, 감독학교)

최고고등교육기관으로서 신부나 교구장 등의 성직자를 양성하는 기관이었다. 교육내용은 성서, 신학, 수학, 과학, 그리스 문학이었으며, 개별적 분단수업 방식으로 진행되었다. 뒤에 스콜라 철학(Scholaticism) 발달의 온상이 되기도 하였으며 가난한 가정의 자제나 사회적 지위가 없는 여자의 입학은 제한되었다.

2) 수도원 교육

수도원에 속하는 학교로 수도사업을 하는 수도사 양성을 그 목적으로 하였다. 순결, 청빈, 복종을 약속하고 금욕생활을 하였으며 성베네딕트 수도원이 이후 전유럽에 보급되었다. 주로 수사들의 필사에 의해 고전학문이 보전되었으며 도덕적 도야교육에 큰 도움을 주었다.

교육은 엄격한 규율에 의해 시행되었고, 교육수준별 내용으로는 초등 영역은 말하기, 쓰기, 셈하기의 3R' s였으며, 중등영역은 7자유교과의 3학(문법, 수사(修辭), 논리)과 4과(수학, 기하, 음악, 천문)를 시행하였다.

3) 스콜라철학의 교육

십자군전쟁의 실패로 추락한 교회의 권위와 교리를 합리적이고 이성적으로 옹호하기 위하여 안셀무스에 의해 일어난 스콜라 철학은 중세 후반에 접어들어 토마스 아퀴나스에 의해 그 절정기에 접어들게 되었다.

스콜라철학(Scholasticism)이란 크리스트교의 교리를 진리로 삼고 이를 전제로 하여 철학적 기초를 확립하고자 한 것이라 할 수 있다. 다시 말하면 크리스트교 교리에 학문적 체계와 철학적 근거를 부여하고 나아가 지금까지의 크리스트교의 독단적 신앙을 합리적으로 전환시켜 크리스트교의 신앙적 권위를 회복하자는 사상이다. 그러므로 이 사상은 아리스토텔레스(Aristoteles)의 철학을 토대로 해서 교회교리를 변증하려고 하는 점에 근본적인 특징이 있다.

이 철학의 목적은 신앙과 이성의 합치점을 찾는 데 있었다. 즉 이성에 의한 신앙의 지지에 있었다. 이론에 의하여 신앙을 변호하고, 철학에 의하여 교회를 옹호하며, 논의에 의하여 이단을 없애자는 것이다. 즉 신앙사이에 기본적 조화를 기도하려는 것이다. 따라서 연역법을 그 주요방법으로 하였다. 이는 일반적, 원리적인 것을 전제로 하고 이것을 특수한 사례에 적용하여 거기서 결론을 얻으려는 방법이다. 3단 논법이 그 대표적 예이다. 예컨대 신의 본체를 증명하는 데 있어서, 신은 완전한 것이다. 완전한 것은 존재한다. 그러므로 신은 존재한다고 증명하였다. 이처럼 Schola철학이 지적 훈련과 논리적 사고를 훈련시킨 것은 그 공적이라 하겠으나 관찰, 실험, 실증과 같은 근대 과학적 방법을 등한시 한 것을 단점이라 할 수 있다.

스콜라철학의 교육적 영향은 다음과 같다.

학생들에게 변증법적 훈련과 지적인 훈련을 행했고, 중세에 맹목적인 교권주의를 탈피하고, 불합리하게 사상을 억누르려는 크리스트교에 의심을 갖게 하였다. 지적교육에 치중하여 후대 어학의 발달과 중세대학 발달의 원동력이 되었다. 이 철학의 영향은 문예부흥기의 직접적인 동기가 되었으며, 이후의 인문주의 교육과 실학주의 교육에 영향을 미쳤다.

스콜라 철학을 시기별로 간략히 정의하면 다음과 같다.

제1기(10~11C) : 안셀무스, 신앙의 의의 강조, 3단논법
제2기(12~13C) : 토마스 아퀴나스, 신앙과 지식의 조화 및 결정론 주장, 변증법과 지적훈련의 강조로 맹목적 신앙주의 탈피
제3기(14C이후) : 둔스 스코투스, 결정론 반대

2. 세속교육

200여년에 걸친 십자군원정 실패는 기존의 크리스트교 위주의 중세 교육의 형태를 바꾸는 계기가 되었다. 추락한 크리스트교의 교권과 교리를 보호하기 위하여 스콜라철학이 크게 왕성하였으며, 전쟁으로 힘과 부를 얻은 세속왕권과 시민사회의 세속교육이 강화되었다.

1) 카알대제(Karl, Carles) 교육

카알 대제는 아버지 피핀왕의 사후 동생 칼만과 프랑크왕국을 나누어 통치하다가 동생의 죽음 이후 전 프랑크 왕국을 다스리게 되었다. 그의 빛나는 치적은 영토의 확장에

있었다. 그는 광대한 영토를 지배하기 위해 각 부족의 법전을 성문화하여 독립성을 인정하고 관리를 파견하여 중앙집권체제를 정비하였으며, 자유농민을 보호하고, 유럽의 민족들을 크리스트교로 개종시켰다. 로마교황인 레오 3세는 서기 800년 크리스마스 미사 참석한 그의 머리에 서로마제국의 황제관을 씌어주었다.

또한 문예부흥에도 힘을 기울였는데, 유명한 학자들을 초빙하고 수도원과 대성당에서는 고전연구가 활발히 진행되도록 하였으며 부속학교를 설립하도록 했고, 일반 사람들의 교육에도 힘썼다. 따라서 이러한 카를 대제의 활동을 가르켜 암흑의 중세에 빛을 던져준 일이라 하여 '카롤링 르네상스' 라고 부르기도 하였다.

궁정학교를 설립하여 대제 자제는 물론 왕족의 교육을 장려하였다. 교육의 일반적 보급에도 힘써 일반서민의 기초교육을 위해 노력하였다. 특히 실천에까지 이르지는 못하였으나 802년에는 "국민으로서 모든 아동은 교육을 받지 않으면 안된다" 라며 세계 최초로 의무교육제도를 포고하였고 이는 주목할 만한 일이었다.

2) 기사도교육

크리스트교는 원래 평화주의이며 로마정부가 그 당시 크리스트교도를 박해한 이유의 하나는 그들이 군역을 거부했기 때문이었다. 콘스탄티누스(Constantinus) 황제의 개종 후 로마의 군사력은 크리스트교의 보호와 포교에 쓰이게 이르렀다. 이러한 경향에 결정적인 단서를 제기한 것은 사라센(Saracen)의 발흥이다. 크리스트교 측은 한 손에는 칼, 다른 한 손에는 Koran을 든 신흥세력에 대항하여 같은 수단으로서 무력을 쓰지 않으면 안 되게 되었다. 이러한 크리스트교와 무력과의 융합의 정점이 된 것이 클레르몽(Clerumont)종교회의였다. 이 회의에서의 결의에 의해서 십자군이 발족하게 됐고 기사도의 정형이 이루어지게 되었다.

기사도(Chivalry)란 말은 불어의 말(Cheval)에서 유래된 것으로, 본래는 소년이라든가 종자(從者)의 뜻으로 무기를 가진 청소년을 말하는 것이었다. 그리고 기사의 교육은 기사학교가 따로 있어서 그곳에서 행해지는 것이 아니었으며 기사도에 대한 훈련의 형태로 이루어졌고, 중세에 있어서는 세속적인 방면의 교육을 대표하는 동시에 상류사회의 교육이라는 점에서 특징을 가진다.

기사의 교육목적은 다음과 같았다.

첫째, 근본적으로 야만성을 지니고 있는 무사에게 크리스트교적 정신을 습득케 하게 한다.

둘째, 약자와 숙녀에 대한 보호를 추구한다.

셋째, 만사에 정직할 것에 대한 목적을 가진다.

넷째, 교회와 군주 및 상사에게 충성과 봉사를 한다.

3) 도제교육

중세후반 상공인들의 조합에서 직업기술을 습득케 하기 위해 도제교육이 성행하였다. 도제교육의 목적은 후계자의 영성을 위한 직업교육 제도화에 있었다. 이러한 도제교육의 단계는 도제(견습)→직공→마스터(장인)의 단계를 거쳤다. 도제교육은 자신의 직업에 자신감과 긍지를 가지고 직업을 세습하는 데 그 교육적 의의가 있으며 제도적인 공장교육으로 유럽의 산업발전에 토대를 제공하게 되었다.

4) 대학교육

11세기 이후부터 유럽의 세계는 시민사회가 발달하고 인구가 증가하고 자치제의 시정부가 활발해지면서 직업도 전문적으로 분화되고 또 조합사회의 성립에 따라 시민정신이 생기고 시민문화가 발생하게 되었다. 이에 따라 학생들은 종래 본산학교와 수도원의 교육보다 한층 더 높은 학문을 요구하게 되었다.

대학의 발흥은 11세기 유럽사회를 휩쓸던 조합(Guild)운동의 하나의 파동이었다. 여기에 십자군 원정과 동방문화의 접촉에 의한 영향으로 대학의 발전은 더욱 자극되었다.

그리하여 11세기말에 이르러 이탈리아의 볼로냐(법학, 1088)대학과 살레르노(의학, 1096)대학, 프랑스 파리(신학/철학, 1109), 영국 옥스퍼드(영국최초의 종합대학, 1167), 케임브리지(1209), 프라하(1348) 그리고 뒤이어 16세기 말에 100여개의 대학이 설립되게 된다.

중세대학의 교육목적은 학문연구소로서 법학, 신학, 철학의 전문분야에서 활동하기 위한 준비를 시키는 것과 대학교수의 양성에 있었으며, 교육연한은 일정하지가 않았으나 대체적으로 4년에서 7년 정도였다.

VI. 근세의 교육

1. 문예부흥과 인문주의 교육

1) 문예부흥의 특징

14 · 5세기경 유럽에서는 봉건사회가 붕괴되었고 또 십자군 원정의 실패로 교회의 세력이 쇠퇴함에 따라 시민계급이 대두하였다. 이러한 시기에 새로운 문화가 일어나는 것은 당연한 일이었다. 이에 이탈리아나 프랑스에서는 중세의 낡은 것을 의심하고 새로운 것을 찾으려고 했다. 즉, 중세의 신 중심주의에서 인간 중심주의로 변화하여 인간성을 존중하고 인간의 주체성을 회복하려 한 인문주의가 일어나 진전하기 시작하였다. 이와 같은 인간해방의 운동을 문예부흥(Renaissance)이라고 한다.

인간은 문예부흥 운동을 통하여 종교적 속박에서 해방될 수 있었고 신 중심주의 세계에서 인간 중심주의 세계로, 내세주의에서 현세주의로, 금욕주의에서 자연주의로, 권위주의에서 이성주의로, 억압주의에서 자유주의로, 교회중심주의에서 개인주의로 나아갈 수 있게 되었다.

2) 인문주의 교육

문예부흥운동의 근본정신이 인간성을 존중하는 인문주의의 확립에 있으니만큼 교육의 근본사상도 인문주의를 중심으로 조화적인 인간상을 형성하는 데 있었다. 즉, 인권을 존중하고 자유를 사랑하며, 개인의 교양을 높이기 위한 자유학예를 습득하는 것을 비롯하여 자기표현, 자기창조의 활동을 교육의 모토로 하였다.

일반적으로 문예부흥을 이탈리아의 초기 문예부흥과 북 유럽의 후기 문예부흥으로 구별한다. 전자는 개인적 인문주의로 풍부한 생활을 지향하는 개인적 교양 및 개인적 자유와 발전을 강조하는 것이다. 이에 대해 북유럽의 문예부흥은 사회적 인문주의를 대표하는 것으로 그것은 풍부한 생활을 준비하는 가장 좋은 수단으로 사회적 도덕적 혁신을 강조하는 것이었다. 그래서 문예부흥기의 인문주의 교육은 개인적 인문주의와 사회적 인문주의 그리고 키케로주의(Ciceronianism)로 나뉘어진다.

(1) 개인적 인문주의 교육

개인적 인문주의 교육에 있어서 사고의 자유, 자기표현, 창조적 활동의 자유가 교육의 목적이었다. 문예부흥기의 이 자기표현 및 사고의 자유는 현대교육사상의 기본이 되었다. 따라서 개인적 인문주의 교육은 지성, 육체, 덕성의 조화로운 발달을 기도한 그리스인의 자유교육을 이상으로 하였다.

교육내용으로는 중세 학문을 지배하였던 신학 대신에 인문학과와 과학에 치중하였다. 또한 다방면에 걸친 흥미와 광명에 대한 동경이 있었다. 즉 그리스와 로마의 고전문학, 고전예술을 중심으로 하여 라틴어, 도덕, 체육, 음악, 무용에 관한 교육이 포함되었다.

(2) 사회적 인문주의 교육

사회적 인문주의 교육의 목적은 개인적이 아니고 사회적이었다. 그리하여 개인행복의 달성보다 사회개혁과 인간관계의 개량을 목적으로 한 것이다. 따라서 이들은 개인적 인문주의의 미적 문학적 교육보다도 사회적, 종교적, 도덕적 교육을 중시하였다. 사회적 인문주의 교육은 도덕과 종교를 중시하여 때로는 교회의 도덕적 부패를 통박하였기 때문에 이것이 뒤에 종교개혁의 선구자적 역할을 담당하게 되었다.

사회적 인문주의의 교육내용은 고전과 성서문학의 연합으로, 성서, 라틴어, 그리스어, 히브리어, 키케로(Cicero) 문장번역 등이었다.

(3) 키케로주의 교육

인문주의 교육사상도 시일이 지남에 따라 초기의 넓은 인문주의에서 좁은 형식적 인문주의로 변해갔다. 이 협의적 형식의 경향을 키케로주의라고 부른다. 키케로주의는 그리스, 로마의 철학, 문학 등의 문체서한, 연설, 논문에 있어서의 문장 구성 형식을 교육에서 강조하였다. 따라서 교육의 목적은 완전한 라틴어의 문체와 키케로의 문체를 사표로 생각하여 배우는 데 있었다.

교육내용은 고대문학의 광범위한 독서 대신에 선정된 소수의 고전에 제한되었다. 그래서 대체로 키케로의 작품을 연구하는 것에 한정되었다.

2. 종교개혁과 교육

1) 종교개혁과 그 사상

문예부흥이 이탈리아를 중심으로 일어나 학문, 예술, 교육 등에 새로운 기운을 불러 일으킨 뒤, 그 뒤를 이어 또 하나의 새로운 운동이 독일을 중심으로 일어나 유럽인들의 정신을 뒤흔들었다. 이것이 종교개혁(Reformation)이다.

문예부흥이 그리스 로마 고전정신의 부활이라면 종교개혁은 원시기독교의 재부흥을 통하여 신과 인간의 중개자인 교회의 권위를 거부하고 오직 신과 인간과의 직접 교섭을 통해서만 참된 신앙을 얻으려는 직접신앙에로의 복귀운동이다. 이 운동은 루터(M. Ruther)에 의해서 이루어진다.

그의 교회와의 투쟁은 가톨릭교회가 종교의 미명하에 실시한 경제적 부정사실에 대한 반항으로부터 시작한 것이다. 부력(富力)은 수 세기 동안 교회, 수도원, 종교적 궁정에 집중되었다. 이것은 극히 효과적인 금품징수의 계획에 의하여 가능하였다. 영혼구제는 자선사업에서 온다는 교의(教義)에 의거하여 10분의 1세금 즉 일명 십일조(十一租)가 교회에 흘러 들어와서 독일 부력(富力)의 3분의 2가 교회에 들어가기에 이르렀던 것이다. 특히 당시의 교황 레오 10세(1513~1521)에 의해 행해졌던 성 피터(Peter)사원의 건축비를 마련키 위한 면죄부 판매사건은 성실한 성직자와 신자들로부터 불만을 사기에 이르렀다. 이에 루터는 가톨릭 교회의 여러 의식과 패습에 회의의 화살을 던졌다. 특히 면죄부에 관한 교리 전반을 반대하였다. 그리하여 그는 당시의 학풍에 따라 학자의 일반적 토론을 환기시키기 위하여 의문점을 라틴어로 작성하여 1517년 10월 31일 항의문을 비텐베르그(Wittenberg) 성당의 대문에 게시하였고 이는 곧 유럽 전역으로 퍼져 교회개혁운동을 일으키게 된 것이다.

종교개혁은 단순한 종교개혁이 아니라 정치적, 경제적, 도덕적, 철학적, 문학적으로, 또한 제도상 전체적 성격의 사회개혁운동으로서 현대 자본주의 정신의 문화 형성에 원동력이 되었다.

2) 신교의 교육

종교개혁은 교육시행에 있어서 교육과 문화의 기본요소인 종교의 중요한 위치를 재강조하였다. 교육은 자유획득과 종교이념의 달성 이 두 가지 방향으로 움직이고 있는데 양자는 상호 보완적인 관계에 있다. 이와 같이 종교와 교육의 결합은 종교개혁운동에서 외쳐진 강조점이었고, 또한 기독교 교육을 위한 불멸의 공헌이었다. 그래서 종교개혁의 선구자들은 교육을 발달시키는 것과 학문 연구를 독려하는 것에 그치지 않고 공교육제도나 의무교육제도의 수립을 강제하는 등 열의를 가지고 교육에 힘썼던 것이다.

신교의 교육목적은 항상 내세의 영광에 빛나는 생활의 보증으로서 현재 생활을 가치 있게 하는 데 있었다. 신을 믿고 신을 두려워하는 마음을 길러주는 데 있었고 개인의 영혼 구제를 위한 인간교육에 있었다.

종교개혁은 오늘날 교육에 다음과 같은 영향을 끼치게 되었다.

첫째, 교육에 있어서 합리적인 이성의 개발이다. 이것이 이성주의로 발전하였고, 이 이성주의는 주지주의의 발달을 자극한 것이다.

둘째, 종교개혁에 의하여 성서가 일반 평민에게까지 보급되었고, 이에 따라 참된 기독교를 알리기 위하여 교육 보급의 필요성이 대두되어 결국 보통교육의 진흥이 시작되었다.

셋째, 종교개혁에 의한 신교의 새로운 직업윤리 때문에 교육내용에 있어 실과교육이 강조되었다.

넷째, 종교개혁운동을 통하여 모든 사람은 하나님 앞에서 동등하다는 사상이 더욱 확고해 졌고 이에 따라 종교개혁에서 이루어진 교육은 민주적 특색을 가지게 되었다.

3. 17세기 실학주의의 교육

1) 실학주의의 개관

유럽사회에서 16세기 중엽부터 17세기 중엽까지 약 100년 동안에 걸쳐 일어난 종교적, 정치적, 경제적, 사회적 변동은 곧 사회혁명을 일으켰으며, 이 사회변혁을 계기로 유럽은 근대사회의 새 질서와 새 가치관을 형성하는 과정으로 나아가게 되었다. 이러한 사회변혁은 한편으로 자연과학의 발달을 가져왔다.

자연과학의 싹은 이미 문예부흥기부터 태동되었으나 본격적인 과학사상과 경험주의 사상은 17세기에 이르러 활발해졌다. 그리고 17세기의 과학연구를 촉진시키는 데에는 두 개의 중요한 기관이 있었다. 하나는 자연지식의 향상을 위해 1662년에 창설된 영국의 왕실협회이며, 다른 하나는 1666년에 창설된 프랑스의 과학원이다.

이와 같이 17세기에 나타난 새로운 과학, 새로운 기술은 드디어 진보에 대한 신념, 물질적인 자원에 대한 인간의 지배력에 대한 신념을 가능하게 했을 뿐만 아니라 사상면에서 합리주의를 불러 일으켰다. 이에 따라 17세기의 기독교는 이 진보사상의 새로운 정신 앞에 가장 엄숙한 도전을 받게 되었다.

이와 같이 과학의 발달은 철학에 중요한 영향을 미쳤을 뿐만 아니라 교육의 발달에도 큰 영향을 미쳤다. 즉 교육과 교육방법의 합리적 지지로 합자연주의가 나왔으며, 이 합자연주의 사상에 의하여 실학주의 교육사상이 일어났고, 경험주의와 혼합하여 직관교수, 실물교수, 감각적 교육, 과학적 실학주의 교육으로 전개되는 교육혁명이 일어나게 되었다.

2) 실학주의 교육

실학주의 교육은 인문주의 교육이 지나치게 키케로주의만을 암기하고 암송하는 데 대한 반동으로 즉, 다분히 형식적인 고전 중심 교육에 대한 반동으로 일어난 일종의 교육혁신운동이다. 실학주의 교육은 형식주의 교육을 배제하고 현실성을 존중하는 교육내용과 교육방법으로 개선해야 된다는 교육개혁사상에서 일어난 것이다.

따라서 실학주의는 인문주의자와 종교개혁자들의 편협성에 대한 반항에서 일어난 것이라 할 수 있다. 인문주의자는 개별적 개인적이었기 때문에 문학적 심미적 업적달성에 그들의 노력을 경주했고, 종교개혁자는 사회적 정치적이었기 때문에 그들의 노력을 종교적 도덕적 방향에 쏟았다.

교육에서의 실학주의는 철학이나 예술, 문학평론에서 실제론, 사실주의와 비교할 수 있다. 실학주의는 구체적인 지식, 실제적 직업적 기술, 언어의 문학적 사용보다도, 상업이나 외교를 위하여 언어를 학습하며, 역사, 정치, 법학 및 과학을 학습할 것을 의미한다.

실학주의 교육의 특징은

첫째, 실용성 실천성을 교육의 궁극적인 목표로 삼았다. 이에 따라 구체적 사물과 실용적 지식을 존중하였다.

둘째, 교육과정이 매우 광범위하였다. 17세기 실학주의자들은 보통 25과목 내지 30과목을 학교에서 가르쳐야 한다고 주장한다.

셋째, 16세기까지 신학과 고전어 및 고전중심의 교육과정이 이루어졌던 데 반해 자연과학, 근대외국어, 모국어 등의 교육과정을 중시하였다.

넷째, 교육방법으로는 암기나 기억보다 이해와 경험을 요구하였고, 새 교수법으로 직관교수, 실물교수, 시청각교육이 중시되었다.

다섯째, 실학주의 교육개념은 본질적으로 귀족적이었다. 특히 사회적 실학주의 자인 몽테뉴(Montaigne) 같은 이는 상류계급의 교육에만 관심이 있었지 다른 계급에는 관심이 없었다.

4. 18세기의 계몽사조와 교육

1) 계몽주의의 특징

전통의 속박에서 벗어나 자유로운 지식을 보급시키고, 사회를 무지한 상태로부터 탈각시키려 했던 합리주의적인 유럽사상을 우리는 계몽주의(Enlightenment) 또는 계몽사상이라고 부른다.

계몽사상은 인간 이성의 주체적 활동에 의한 무한한 진보의 가능성을 믿었다. 그것은 과거에 집착하는 보수주의가 아니라 미래로 도약하려는 진보주의였다. 상징된 과거의 전통은 파기되어야 할 것이고 구속력을 갖는 것이 아니라고 주장했다. 극언하면 역사를 부정하고 오로지 합리적인 것만을 추구하는 입장, 따라서 영원한 것, 보편타당한 것에 의존하려 한 것이 계몽사조의 입장이었던 것이다. 따라서 이 사조는 민족의 특성이나 그 역사적 배경을 존중하지 않고 오히려 단적으로 인류의 입장, 세계 시민적 입장에 섰던 것이다.

계몽운동은 불합리한 구질서와 옳지 못한 권위를 불신하고 새로운 사회 질서와 가치관을 확립하기 위한 운동으로 전개되었다. 실로 계몽운동은 인권을 존중하는 운동이었고 근대사회를 확립하기 위한 기초 작업을 하는 운동이었다. 계몽주의는 인간의 지성을 해방하며 인간의 지성적 자율을 수립하려고 하는 경향 및 운동인 것이다. 그리고 이성과 오성에 의해서 진리의 영역을 개척하려는 인간정신과 그 실천 노력은 중세 이래의 전통과 인습의 사회제도나, 혁신적 계급주의의 숙명적 인간관, 또는 비과학적인 세계관의 불합리를 비판하고 타파하고 철저하게 배척하면서, 개인의 이성, 국가의 정의, 종교적 신앙에 있어서의 관용, 정치활동의 자유, 인간권리의 절대적 신뢰라는 새 방향으로 나타나게 되었다.

계몽주의 사상을 요약하면, 첫째, 문예부흥시대의 유기적 자연관에 대해서 기계적 자연관이 압도적인 지지를 얻게 된 것이며, 이는 주로 근대 자연과학의 발흥에 영향을 미쳤다. 둘째, 종교적으로는 이신론(Deism)의 입장을 가지고 있으며, 셋째, 인간중심주의 성격을 가지고 있다.

2) 계몽주의의 교육

계몽시대의 교육은 근대교육의 발달에 특별한 공헌을 하였다. 이때의 사상가들은 인간을 교육에 의해서 개명될 수 있고 개명된 모양에 따라 구습을 타파하고 그렇게 함으로써 사회를 밝게 하는 동시에 보다 합리적인 사회로 진보시킬 수 있는 존재라고 믿었다. 교육의 가능성과 교육에 의한 사회개조 및 역사적 진보의 가능성을 확신한 것은 그들 계몽사상가의 공통된 특색이었다. 그들은 사회개조나 역사적 진전의 근원은 인간의 이성을 발달시키는 데 있다고 굳게 믿었다. 주정주의자이자 자연주의자인 루소(J.J. Rousseau), 비판주의자인 칸트(I. Kant), 경험론자인 로크(J. Locke)의 철학적 입장마저도 인간형성의 요인을 후천적 영향에서 구한다는 것이었는데 이로써 교육의 가능성을 강조하였다.

계몽주의의 교육관은 대체로 낙관주의적이며 그 대표적인 표현이 칸트의 교육만능설이다. 따라서 계몽주의 교육관은 개인의 행복과 사회개혁을 중시하고 그렇게 하기 위해서 인간이 타고난 소질, 능력을 발달시키고 이성을 개발시키는 것이라고 보았으며 이런 면에서 교육의 힘을 높이 평가하였다. 계몽주의의 교육의 목적은 추리능력을 길러 이성의 자유를 속박하는 종교, 정치, 사회 등의 모든 권력구조를 제거할 수 있게 하는 데 있다. 즉, 사람들이 자기 스스로 생각하고, 인간적 또는 신학적인 모든 사물을 그네들 자신의 이성의 힘으로 따질 수 있게 하는 데 목표를 두었으며, 궁극적 목적은 모든 속박으로부터 이성을 해방시키는 데 있었다.

계몽주의는 교육내용을 합리적인 것만으로 구성하였고 이치에 맞지 않는 것은 무엇이든 배제하였다. 그러므로 철학과 과학이 가장 가치로운 과목으로 인정되었다. 따라서 철학, 과학, 정치, 경제, 미술, 문학, 사교상의 예법 등을 중요한 교육내용으로 하는 대신에 종교나 실제생활에 도움이 되는 것에는 별 관심이 없었다. 세련된 태도, 형식적이고 인위적인 예법, 이기적인 행동 등이 윤리나 도덕을 대신하게 되었다. 그 반동으로 옛날의 도덕 대신에, 기지와 우미한 것으로 가장된 불성실 불근신 등이 성행하게 되었다.

계몽주의의 교육방법은 계시, 상상, 또는 감정을 위한 것은 찾아볼 수 없고 비판적, 분석적인 냉정한 태도만이 용납되었다. 그들의 방법의 주요한 특징은 냉정한 추리력과 지식을 인간생활과 제도의 모든 면에 적용하고, 그 시련에 이겨내지 못하는 것은 모두 부정하려는 데 있었다. 그러므로 그들은 이지적인 면에만 특별한 관심을 가졌고 감정적인 면은 완전히 무시하였다.

5. 19세기 신인문주의 교육

18세기 계몽운동에 반발하여 18세기 말에서 19세기에 걸쳐 독일에서 일어난 교육운동으로, 교육의 정의적 측면과 역사, 인간성, 민족을 중심으로 한 사조이다. 신인문주의는 고대 그리스의 문화를 동경, 또 다시 그 이상적 생활을 실현해보자는 동기를 가진다.

신인문주의 교육철학의 특징을 살펴보면 다음과 같다.

첫째, 계몽사조의 주지주의를 반대하였다.

둘째, 고전주의에 대한 자각적인 비판과 선택을 중시하였다.
셋째, 역사주의, 민족주의, 국가주의의 앙양에 기여하였다.

15세기의 인문주의와 19세기의 신인문주의를 비교하면 다음과 같다.

첫째, 인문주의가 로마의 고전을 강조했다면 신인문주의는 그리스 고전의 부활을 강조했다.
둘째, 인문주의가 모방적이고 이상적이었다면 신인문주의는 자각적이고, 비판적이고, 현실적이다.
셋째, 인문주의가 문학, 낭만, 사상, 철학과 같은 인간정신의 내면적 생활을 부활시키려 했다면 신인문주의는 언어, 문장, 생활양식과 같은 형식면의 부활을 꾀했다.
넷째, 인문주의가 에라스무스, 비토리느를 대표학자로 내세운다면, 신인문주의는 헤겔, 페스탈로치, 게스너를 내세운다.

Ⅶ. 근대의 교육

1. 19세기의 국가주의 교육

국가주의 교육이론은 교육제도, 교육체제 등 외부조직에 영향을 미쳤다. 국가주의 교육(nationalistic education)은 교육의 궁극적 목적을 국가이익과 발전에 기여하는 인간의 육성에 두는 교육이다. 고대 아테네 교육과 스파르타 교육은 모두 국가주의에 입각한 것으로, 전자는 각 개인의 자유로운 발전이 국가에 유용하다고 보고 자유로운 시민 육성에 중점을 두었고, 후자는 국가와 개인의 발전을 상호 대립적 관계로 보아 개인의 발전보다 국가이익을 우선하는 강압적 교육을 실시하였다.
정치상의 국가주의는 교육상의 국민주의와 동의어이다. 국가는 국민 전체에 의해서 형성되고 운영되는 것으로 국가가 행하는 교육은 국민전체가 행하는 교육이 아니면 안된다.
근대를 특징지우는 역사상의 가장 큰 특징은 민족단위의 독립국가 형성이다. 이들

민족국가들은 군사적, 경제적으로 치열한 경쟁을 벌였고, 모든 국가에서는 학교를 설립하여 국가에 충성스러운 봉사를 할 수 있는 국민을 양성하려는 노력이 경주되었고, 이로 인하여 학교는 국가의 이상과 목적을 실현하는 기관으로 인식되기 시작하였다.

19세기에 이르러 나폴레옹의 침략주의에 굴복한 많은 국가들은 국민주의 사상이 고조되어 국민교육의 필요성을 더욱 고조시키기에 이른다. 그리하여 국민주의 사상은 교육의 국가관리, 국가적 교육제도의 조직, 그리고 의무교육 제도의 발달과 촉진 등 주로 교육체제에 많은 영향을 주게 된 것이다. 그 결과 세계 각국은 국체의 여하를 막론하고 국가와 관련이 있는 공교육기관을 가지게 되었으며, 그 기관을 통해서 국가의 보전과 번영을 꾀하였다. 국가주의에 입각하여 교육면에 있어서 선구적 역할을 한 국가가 프랑스, 영국, 독일, 미국이다.

2. 계발주의 교육

계발주의 교육이론은 주로 학교 내부에 그 영향을 끼쳤다. 18세기말과 19세기에 국가주의자들이 그들의 국가적 이상을 달성시키는 데 유효한 교육기관의 조직에 종사하고 있는 동안, 여러 교육사상가들은 인간발달의 법칙에 합치하도록 교육과정 그 자체를 개혁하는 데 헌신하고 있었다. 이러한 운동을 일반적으로 심리학적 운동이라고 부른다. 그것은 이 운동이 주로 마음의 본성과 그 작용을 취급하고 있기 때문이다. 이것은 아동중심의 견해에 기초를 둔 것으로서 교육의 성과는 아동을 주의 깊게 연구하는 데서 나온다는 것이다. 이 운동은 뒤에 다윈(C. Darwin)등에 의해서 발달한 진화론의 자극을 크게 받았기 때문에 가끔 진화주의라고도 부른다.

그러나 이 운동의 주요한 특성에 의하면, 교육은 외부로부터 성인의 표준을 주입하는 대신에 내부로부터 아동의 발달을 조정하는 것이기 때문에 계발주의라고도 부른다. 루소(Rousseau)의 자연주의는 개인의 자연의 힘과 경향을 자유스럽게 구속하지 않고 발달시키는 것이라는 것을 선언한 점에 있어서 계발주의의 선구자가 된다.

그렇기 때문에 이 계발주의는 교육을 인간양육으로 보는 합리주의 또는 형식도야주의와, 자연성장으로 보는 자연주의 교육사상을 종합 · 절충하려는 성격을 지니고 있다. 이것은 아동연구에서 얻은 심리학적 지식을 기초로 하여 아동내부의 제 능력의 계발을 지도 조성하는 것을 강조하고, 머리와 손과 마음 등의 제 능력의 조화적 계발, 도덕적 품성의 계발, 아동의 선천적 능력의 계발 등을 교육의 목적으로 한다.

교육내용으로는 활동중심의 교육과정을 요구하며, 교과로는 독서, 습자, 산수, 과학, 지리, 역사, 어학, 문학, 유희, 음악, 미술 등이 강조되었다. 또한 교육방법으로는 아동 활동의 원칙, 흥미의 원칙, 창작활동의 원칙 등에 주안점을 두었다.

제4장

교육심리학의 기초

Ⅰ. 교육심리학의 배경

교육심리학은 교육학의 하위영역에서 가장 과학적인 부분이라 볼 수 있으며, 학습자의 발달과정이나 학습방법과 관련된 법칙정립이 그 핵심이 된다. 심리학의 교육문제 적용의 범위에 따라 광의의 의미의 교육심리학과 협의의 의미의 교육심리학으로 나누는 경우도 있다. 전자의 경우는 심리학적 지식, 즉 심리학적 개념, 법칙, 가설, 이론과 방법을 응용하여 교육의 제문제(諸問題)를 연구하는 학문으로 보는 시각이며, 후자의 경우는 심리학적 지식을 이용하여 교육의 중핵인 교수–학습과정을 연구하는 학문으로 보는 견해이다. 오늘날 교육심리학은 주로 협의의 의미로 받아들이고 있으며, 독자적 연구영역을 가지고 대단히 빠른 속도로 발달하고 있다.

Ⅱ. 교육심리학의 발달

1. 교육심리학의 태동기

교육심리학은 아리스토텔레스의 저작물 등 고전에서부터 그 기원을 찾아볼 수 있으나, 현대적 의미의 교육심리학의 태동은 18세기 말에서 19세기 중반에 걸쳐 나타나게 된다.

교육심리학의 태동의 의미를 고전적으로 정신능력심리학과 연합주의적 관점, 그리고 아동중심주의로 구분하여 살펴보면 다음과 같다.

1) 정신능력심리학(요소심리학)과 연합주의적 관점

교육심리학은 정신능력심리학에서 그 기원을 찾아볼 수 있다. 교육을 인간의 본성이나 학습자의 심리와 관련시켜 서술한 것은 고대 그리스의 아리스토텔레스의 저작이나 동양의 고전, 중세의 스콜라철학 등에서도 쉽게 발견할 수 있다. 이들이 주장한 핵심은 인간은 정신적인 능력(지각, 기억, 상상, 추리, 감정 그리고 의지의 6가지 능력)을 타고났는데, 이 능력에 의해서 지식을 획득할 수 있고, 이를 효율적으로 발전시키는 것이 교육이라고 하는 것이다. 이것을 능력심리학(faculty psychology)이라고 한다. 이러한 심리학의 영향을 받은 교육이론을 형식도야설(formal discipline theory)이라 한다.

이에 비하여 17세기의 J.로크는 인간은 경험에 의해서, 즉 학습에 의해서 지식을 획득할 수 있다고 하였는데, 이것이 연합주의(associationism)의 주장이다. 이들 두 전통의 논쟁은 지금까지도 계속되고 있다.

2) 아동중심주의

강압적이고 제도적인 기존 교육에 대하여 교육의 혁신을 주장한 인물은 프랑스의 루소(J. J. Rousseau), 스위스의 페스탈로치(J. H. Pestalozzi), 독일의 헤르바르트(J. F. Herbart)와 프뢰벨(F. Fröbel)을 꼽을 수 있다.

루소(1712~1778)는 그의 유명한 저서 「에밀」(1762)에서 자연론적 교육관을 제안하였다. 그는 아동에 대하여 성선설적 관점을 가지고 있었으며, 발달의 자연성을 인정하고 아이들은 스스로 훌륭하게 자랄 수 있는 성질을 타고난다고 보았다. 아동은 어른의 축소판이 아니라 그들 자신의 느낌, 생각, 능력을 가진 독자적 개체이며 이것이 이해되고 존중되어지며 부모와 사회로부터 간섭과 방해를 받지 않는다면 아동은 자연의 계획에 따라 순조롭게 성인으로 발달해 갈 수 있다는 것이다. 이러한 루소의 사상은 인본주의 교육에 영향을 미치게 된다.

스위스의 교육자인 페스탈로치(1746~1827)는 실질적인 아동훈련에 관한 방안을 제안하였다. 그는 지식습득이 아닌 성장으로서의 교육을 주장하며 행동의 가치와 학교교육과 연결된 사업훈련의 중요성을 강조하였다. 또한 바른 지성의 힘을 체질화하기 위해서 형(形) · 수(數) · 어(語)의 개념을 직관적 경험을 통해서 부여해야 함을 강조하였는데, 이는 인간에게 내재하는 자발성 · 자기활동에 의해 가능하다고 해석하였다. 학교의 체제는 아동의 특수한 욕구와 능력에 적절하게 반응할 수 있어야 하며 공포보다는 사랑과 친밀감, 이해의 분위기를 조성하여야 한다고 하였다.

특히 헤르바르트(1776~1841)는 "교육목적은 윤리학에서, 교육방법은 심리학의 기초에서 연구되어야 한다"고 주장함으로써 교육의 심리학적 연구의 중요성을 역설하고 심리주의 교육학설의 체계를 세우는 데 공헌하였다. 그는 교육의 실천 단계로 ① 준비, ② 제시, ③ 결합과 비교, ④ 일반화, ⑤ 실제 적용의 다섯 단계를 제안하였다. 우선 학습해야 할 새로운 개념을 이미 아동들이 가지고 있는 친숙한 개념들과 연관지어 흥미를 유발하고 새로운 학습을 할 준비를 한다. 다음으로 새로운 학습자료는 아동에게 기존의 것과 비교 · 결합을 통하여 일반화시키고 마지막으로 학습한 것을 실제로 적용하게 하여 일상생활에 유용하게 쓸 수 있어야 한다는 것이다. 그러나 그의 연구를 포함하여 지금까지의 연구는 실험을 기초로 하는 과학적인 것은 아니었다.

유치원 운동의 창시자로 알려진 프뢰벨(1782~1852)도 협동적인 삶을 위한 훈련에 있어서 아동기의 역할을 강조하였다. 그는 특히 생산적이고 창의적인 행동을 교육의 근원으로 주장하였다.

2. 교육심리학의 성립기

19세기의 교육과 심리학의 관계에 대한 연구 및 심리현상에 대한 과학적 연구들은 독립된 과학으로서 교육심리학의 성립배경이 되었고, 20세기에 들어서면서 교육심리학은 미국의 심리학자들을 중심으로 독자적인 학문으로서의 체계를 갖추기 시작하였다. 이와 관련하여 제임스(W. James), 듀이(J. Dewey), 엔젤(J.R.Angell)과 같은 기능주의자, 그리고 러시아의 파블로브의 영향을 받은 왓슨(J. Watson)과 같은 행동주의자들 또한 심리학의 발달에 일조하였다.

그러나 교육심리학을 독자적인 학문 분야로 발전시킨 사람은 손다이크(E. L. Thorndike)라고 할 수 있다. '교육심리학의 아버지'라 일컬어지는 손다이크는 교육심리학을 기초과학 또는 실험과학으로 보았다.

1) 실험주의

헤르바르트의 영향을 받아 실험심리학의 체계를 세운 독일의 분트(W. Wundt)는 처음으로 라이프찌히(Leibzig)에 실험실을 세우고 심리학을 과학적으로 접근하기 시작했다. 그 당시의 방법론은 내관법(introspection)이었고, 분트는 이를 통해 반응시간, 정서적 반응 등을 자세히 측정하려고 하였다.

1905년에 처음으로 지능검사를 개발한 프랑스의 비네와 이 연구를 기초로 16년 미국에서 지능검사를 개발한 스탠퍼드대학의 터먼 등에 의해서 촉진되었다. 특히 분트의 제자인 모이만(E. Meuman)은 「학습경제 및 기술에 관하여」와 「실험교육학 입문강의」 I II III을 저술하였다. 이는 아동의 신체발달, 정신발달, 개인차 교과에 따른 교수법이 아동의 학습에 미치는 효과를 다룬 내용으로 실험심리학의 방법을 교육에 적용하여 교육심리학의 기초를 닦았다. 미국의 홀(G. S. Hall), 카텔(J. M. Cattle), 저드(C. Judd) 등이 이러한 이론을 유학하여 배우고 돌아가 미국의 심리학의 발달에 많은 공헌을 하였다.

2) 손다이크의 시행착오설

다시 본격적인 과학적 연구는 미국의 손다이크(E.L.Thondike)에 의해서 이루어졌다. 그는 1903년 「교육심리학 : Educational Psychology」을 최초로 체계적으로 저술하였고, 1910년에 창간된 「교육심리학 학술지 : Journal of Educational Psychology」에 논문 「교육에 대한 심리학의 공헌」을 기고하였다. 그는 실험을 통해 학습은 자극에 대한 반응이며 강화에 의해서 촉진된다는 결론을 얻고 자극-반응이론(S-R이론)을 주장하여 학습방법의 발전에 크게 공헌하였다. 시행착오설을 통한 그의 주장을 결합주의(connectionism)라고도 한다. 이 이론은 스키너, 헐 등의 연구와 함께 더욱 발전하여 오늘날도 가장 중요한 학습이론의 하나로 되어 있다.

3) 스키너(B. F. Skinner)의 행동주의 강화원리

손다이크와 더불어 교육심리학의 발전에 크게 공헌한 사람으로서 행동주의의 강화

원리를 제시한 스키너(B. F. Skinner)가 있다. 그는 학습에 있어서의 강화원리에 근거하여 프로그램 학습자료와 교수기계를 발명하여 교육을 공학화하려고 했다. 또 학습법칙에 따라 문제행동을 제거하고 바람직한 행동으로 바꾸는 행동수정의 원리를 제안하여 교육에 많은 도움을 주었다.

이외에도 가네(R. Gagne), 블룸(B. S. Bloom), 글레이저(R. Glaser) 등도 이 무렵에 교육심리학의 발달에 많은 공헌을 하였다. 그들은 주로 교수개발 및 설계 분야에 두드러진 업적을 남겼다.

3. 교육심리학의 개혁발전기

그런데 1970년대에 들어와 심리학의 주도권이 행동주의로부터 인지이론(cognitive theory)이나 인간주의(humanism)로 바뀌게 되자 교육심리학도 자연히 그 영향을 받게 되었다.

1) 인지이론의 영향

과거의 행동주의는 인간을 포함한 유기체가 보이는 외형적인 반응에 초점을 둔다. 따라서 학습의 설명이 피상적일 수밖에 없다. 그런데 인지이론은 인간의 두뇌 속에서 일어나는 정보처리의 과정에 초점을 둔다. 이러한 인지적 접근을 취할 때 인간의 학습, 즉 지식의 획득에 관해 더욱 설득력 있는 설명을 할 수 있다는 것이 인지이론의 주장이다.

이러한 접근은 일찍이 스위스의 피아제 (J. Piaget) 등에 의해 시작되었는데 미국의 브루너(J. S. Bruner)등이 더욱 발전시켰다. 최근에는 앤더슨(J. Anderson) 등의 정보처리 이론가들이 교과 지식의 획득과 관련하여 이러한 접근을 하고 있다.

2) 인간주의(humanism)

인간주의는 심리학이 과학적 접근이라는 미명 아래 너무 자연과학적 접근방법을 추종한다고 비판하고 인간에 대한 주관적, 실존적 접근을 강조하였다. 매슬로우(A. H. Maslow), 로저스(C. Rogers), 콤스(A. Combs) 등은 이를 교육에 적용하여 학생중심의 인간교육을 실시할 것을 주장하였다.

따라서 인간주의에서는 전통적으로 교육에서 강조되어 온 지적 측면 외에 인간의 감정 등 정의적 측면도 강조된다. 이와 같이 최근의 교육심리학은 인간의 지적 · 정의적 측면의 교육에 대한 심리학적 접근에 초점을 둔다.

Ⅲ. 교육심리학의 분야

1. 인간발달과 교육

인간발달(development)이란 인간이 수태될 때부터 죽음에 이르기까지의 전 생애에 걸쳐서 진행되는 모든 변화의 양상과 과정이라고 할 수 있다. 발달적 변화의 과정에는 신체 · 운동적 기능, 지능, 사고, 언어, 성격, 사회성, 정서, 도덕성 등 인간의 모든 특성들이 포함된다.

발달과 밀접하게 관련된 개념으로 성숙(maturation)과 학습이 있다. 성숙은 대체적으로 유전자에 의해 짜여진 프로그램에 따라 발생하는 변화를 말한다. 즉 성숙은 환경의 영향을 받지 않는 유전적 특성에 의해 이루어지는 발달적 변화이다. 이와 반대로, 학습은 연습과 경험의 결과로써 일어나는 영속적인 변화, 즉 일정한 경험과 훈련에 의해 행동이나 일정 능력이 변화되며, 주어진 생활 공간 내에서 적절하게 반응하고 보다 향상되고 진보된 행동을 지니면서 경험을 재구성해 가는 부단한 과정이다. 다만 성장 · 성숙으로 인한 자연적인 변화 및 피로나 약물 등의 효과의 일시적이고 물리적인 변화를 제외한, 비교적 지속성이 있는 것을 전제로 한다(이병진, 1997).

이러한 인간의 발달은 나이가 들수록 그 예측이 어려워지는 경향을 보인다. 인간의 발달은 어렸을 때는 자연적 성장인 성숙에 주로 의존하지만 나이가 들수록 경험 및 학습의 양이 많아지기 때문에 그 예측이 더욱 어려워진다.

학령기를 포함한 그 이전의 아동들에게서 주로 볼 수 있는 발달의 원리들을 열거하면 다음과 같다.

첫째, 발달은 성숙과 학습의 상호작용이다. 전술한 바와 같이 발달의 모든 측면에서 성숙과 학습의 효과가 분명히 구분되지 않고, 상호작용 한다는 것이다. 예컨대, 아기가 혼자 서게 되는 것은 다리 근육의 성숙이 되어야 하지만, 가끔 어른이 손을 잡고 연습을 시키면 빨리 서게 된다. 이와 같이 성숙과 학습은 상호영향을 주는 것이다.

둘째, 발달의 초기단계는 일생에서 가장 중요한 시기이다. 초기 발달의 경험은 인간에게도 치명적이고 지속적인 영향을 남긴다. 아기가 발달 초기에 부모와 따뜻하고 적절한 대인관계를 형성하지 못하면 발달의 후기에서도 원만한 대인관계를 형성하지 못해서 적응곤란을 야기한다.

셋째, 발달은 연속적이고 점진적인 과정이다. 발달은 수태될 때부터 사망할 때까지 계속된다. 어떠한 측면에서 일시적으로 이루어지는 것이 아니라 신체의 부위와 정신적인 모든 측면에서 지속적으로 일어난다. 그러나 신체의 부위에 따라, 또 정신기능에 따라 발달의 속도는 각각 다르다.

넷째, 발달의 순서는 일정하다. 영유아의 발달과정을 보면 대단히 흥미롭다. 영아의 경우, 다른 신체기관에 비해 머리가 크며 이에 비해 손발이 현저히 작게 태어난다. 어린아이들의 신체 운동발달을 살펴보면, 앉기 전에 기어 다니며, 그 다음에 앉을 수 있게 되고, 앉을 수 있게 된 다음에 비로소 설 수 있게 되며, 설 수 있게 된 다음에 걸을 수 있게 된다. 이처럼 발달은 아무리 급하다 하여도 대체적으로 그 순서를 바꾸지 않는다.

다섯째, 발달의 각 영역은 서로 밀접히 상호 관련되어 있다. 신체적, 지적, 사회적, 정서적 영역의 발달은 각 기능 간에 아무런 연관성이 없는 것처럼 보이지만, 각 영역의 발달은 서로 밀접하게 연관되어 있다. 즉 인간의 발달은 다양한 영역이 서로 관계를 가지면서 역동적으로 발달해가게 된다는 것이다.

여섯째, 발달은 분화와 통합의 원리를 가진다. 신체의 각 부분이나 정신적인 측면이 각각 따로 나뉘어 발달한 후 이들이 다시 통합하여 완전한 기능을 발휘하게 된다. 예를 들면, 갓 태어난 아기가 물건을 잡으려고 허우적거리는 것은 눈의 기능(보는 것)과 손의 기능(잡는 것)이 통합을 이루지 못했기 때문이다. 눈과 손이 각각 제 기능을 발휘할 수 있도록 분화되어 발달한 다음에, 이 둘은 서로 통합되어 눈으로 보는 것을 손으로 잡게 된다.

일곱째, 발달은 주기성의 원리를 가진다. 발달의 단계에 따라 언어나 감정이나 운동면에서 어떤 측면이 특히 빠른 발달을 보이는 주기적 성향이 있다는 것이다. 어떤 단계에서는 어휘력이 급속히 발달하고, 어떤 단계에서는 지능이 빨리 발달하고, 또 어떤 단계에서는 신체 발달이 크게 이루어지는 것 등이 그 좋은 예이다.

여덟째, 발달에는 개인차를 드러내는 개별성이 있다는 것이다. 유전요인의 차이와 환경조건의 차이 때문에 모든 사람은 발달에 차이가 난다. 같은 나이라도 어떤 어린이는 키가 더 크고, 어떤 어린이는 말을 더 잘한다. 또한 어릴 때 여아가 남아보다 말을 더 잘하는 경우처럼 남녀간의 발달에 차이가 난다. 뿐만 아니라, 한 사람 내에서도 신체나 정신면을 보면 한쪽이 먼저 발달하고, 다른 쪽은 나중에 발달한다.

2. 발달이론

1) 성숙주의 이론

성숙주의 이론은 인간의 발달에 대한 생물학적 내재적 요인에 대한 영향력을 중시하는 입장이다. 이는 다윈, 홀 등이 주장한 발달의 예정론적 입장을 근원으로 하고 있다. 이 이론은 홀의 제자였던 게젤(Gesell)의 표준행동연구에 의해 확립되었는데, 그는 예정론적 입장을 발전시켜 성숙주의 이론으로 발전시켰다. 게젤은 아동의 성장 발달에서 표준되는 행동목록을 만들어 발달적 변화에 대한 규준적 접근(normative approach)을 설정하였다.

이러한 성숙주의 이론에서는 '준비도' 의 개념이 중요하다. 인간 발달은 내재적 성장의 영향을 받고 있기 때문에 자연적 시간표에 따른 성숙이 이루어지는 것이 중요하다. 따라서 성숙이라는 개념에 근거하여 어떤 것을 할 충분한 준비가 되어 있을 때까지 '기다림' 이 중요하다고 본다. 즉 성인이나 교사는 준비도를 갖출 때까지 기다리면서 안내하는 역할이 중요하다. 자연적 발달을 위해 충분한 환경과 자기 성장을 위한 터전을 마련해 주며 '준비도' 에 따른 교육적 실제를 중시하게 된다.

2) 행동주의 이론

행동주의 이론은 인간 발달에 있어서 인간 행동이 형성되는 과정을 분석함으로써 시작되었다. '행동분석(behavor analysis)' 이라고 불려지기도 했던 초기의 행동주의는 조건형성의 학습원리로부터 인간 행동의 발달과 변화를 해석하였다. 이러한 조건형성의 원리는 러시아의 생리학자인 파블로브(I. P. Pavlov, 1849~1936)에 의해 처음 발견되었는데 이는 행동주의 이론의 기초를 형성한 것이다. 파블로브는 개의 타액 분비에 대한 연구를 통해 고전적 조건 형성의 과정을 설명하였다. 고전적 조건형성은일정한 자극에 의해서 선척적으로 유발되는 반사를 처음에는 그것과 아무 관계없는 중립자극과 연합시킴으로써 그 중립자극이 선천적 반사반응을 유발시키게 되는 과정이다.

이러한 고전적 조건형성 원리를 아동의 발달에 적용시킨 학자가 왓슨(J. B. Watson, 1878~1958)이다. 왓슨은 이러한 조건형성이 인간 행동의 변화를 유발할 수 있을 뿐 아니라 정서적 행동까지도 변화시킬 수 있음을 입증하고자 하였다. 그의 유명한 Albert실험은 자극과 반응의 연합을 통해, 정서를 포함한 인간 행동 형성의 실제를 드러내었다. 여기서 유아는 수동적 존재로서 자극과 반응의 연합을 통해 원하는 방향으로 만들어질 수 있다고 믿음으로써 외부 환경의 영향을 극대화시킨 입장이었다.

이후 다양한 입장에서 행동주의 이론이 논의되고 연구되어졌고, 스키너(B. F. Skinner, 1904~1990)에 이르러 조작적 조건형성의 원리를 발견하고 강화이론으로 발전시켰다. 이것은 행동 뒤에 나타나는 결과에 의해서 그 행동이 학습될 수 있다고 보고, '강화' 의 중요성을 강조하였다. 어떤 행동에 있어서 어떤 강화를 받느냐에 따라 달라질 수 있다는 것이다. 조작적 조건형성 이론에서는 유기체의 자발적인 조작적 행동을 유발시키는 과정에 관심을 두게 된다. 즉 스키너의 실험상자에서 배고픈 쥐는 우연히 지렛대를 밟았고, 먹이가 제공되는 과정이 반복되자 지렛대를 계속 밟는 행동을 하게 됨을 보았다. 여기서 강화는 유기체가 스스로 반응을 할 때, 그러한 반응을 야기시키는 과정으로 설명될 수 있다.

1950년대에는 사회학습이론에 있어서 직접 행동의 학습과는 다른 사회적 관찰 학습에 대한 입장이 부각되었었다. 대표적인 학자 반두라(A. Bandura)는 모델을 통한 모델링(Modeling)의 과정을 통해 행동 학습의 과정을 설명하고자 하였다. 이러한 모방은 반복적 직접 행동이 아닌 단순한 관찰만으로도 행동이 형성될 수 있다는 '관찰학습' 의 개념을 제시하게 되었다.

즉 인간의 학습과정은 직접적인 강화에 의한 경험을 통해서 학습되기도 하지만 타인의 행동을 관찰만 하여도 이를 모방함으로써 새로운 행동을 학습할 수 있다고 주장하였다.

3) 정신분석이론

정신이론의 창시자인 프로이드(Freud)는 신경증 환자에 대한 임상적 연구를 통해 인간발달의 과정을 이해하고자 하였다. 그는 건전한 성격 발달에 있어서 중요한 요인을 다음과 같이 제시하고 있다.

첫째, 프로이드(Freud)에 의하면 인간의 성격은 id, ego, superego의 조화를 통해 발달된다고 보고 있다. 성격은 원초적인 쾌락원리가 지배하는 이드(id), 현실원리가 지배하는 자아(ego), 양심적인 도덕원리가 지배하는 초자아(superego)로 구성되어 있어, 그것들이 어떻게 상호작용하느냐에 따라 한 사람의 성격이 결정된다는 것이다. 예를 들어 오이디푸스적 동일시와 초자아의 발달이 미약한 사람은 그것이 미약한 만큼 이드(id)의 힘이 강하기 때문에 충동적이며 원시적인 성격을 가지게 되는 반면 초자아가 강한 사람은 도덕적인 성격을 가지게 된다는 것이다. 그러나 성격역동에서 자아가 초자아와의 별다른 마찰없이 이드를 만족시켜 세 요소간에 균형을 유지할 때, 이것이 정상인의 경우이다.

둘째, 프로이드(Freud)에 의하면 성격은 우리가 선천적으로 가지고 태어나는 심리성욕적 에너지라고 하는 리비도(libido)가 신체의 어느 부위에 집중되어 있느냐에 따라 사람의 성격이 결정된다고 하였다. 이때 리비도가 신체의 특정 부위에 집중되어 있는 것을 성감대라고 하며, 프로이드(Freud)는 이 성감대의 변화에 따라 구강기, 항문기, 남근기, 잠복기, 생식기로 단계를 구분하였다.

① 구강기(0-2세)

이 시기에는 심리성욕적 에너지인 리비도가 입, 입술, 구강, 혀 그리고 뺨 등에 집중되어 있어, 어린 유아는 이 신체 부위를 통해 성적쾌감을 얻는다. 따라서 어린 유아가 구강을 통해 성적쾌감을 얻을 때 지나친 충족을 하거나 지나친 좌절을 경험하게 되면, 그 다음 단계로 넘어가지 않고 현재의 단계에 계속적으로 머무르려고 하는 경향이 있는데, 이것을 고착(fixation)이라고 한다. 특히 이 때는 어린 유아가 수유를 하는 시기이기 때문에 부모의 수유방식은 자녀의 성격에 중대한 영향을 준다. 양육자가 어린 유아에게 지나친 충족의 수유를 할 경우에, 어린 유아는 낙천적이며 보살핌을 받고 싶은 욕구, 의존적, 수다떨기, 노래하기, 펴 마시기, 씹기, 사랑받으려고 애쓰기, 보호를 요구하기 등과 같은 성격을 형성한다. 또한 지나친 좌절을 경험하게 하면 어린 유아는 염세적이고 우울하며 불안하고 의심스러운 성격을 형성한다. 특히 젖니가 난 후 좌절을 하게 되면 어린 유아는 공격적인 요구와 빈정거리는 행동을 하게 된다.

② 항문기(2-3세)

이 시기는 심리 성욕적 에너지인 리비도가 항문에 집중되어 있은 시기이기 때문에 똥, 오줌 같은 배설물을 보유하고 그것을 배출하면서 쾌감을 느낀다. 따라서 부모의 용변 훈련 방법과 배설물을 대하는 어머니의 느낌에 따라 특정한 성격 및 가치관을 형성한다.

어머니의 훈련방법이 엄격하고 억압적이면 어린 유아의 반응은 두 가지 형태로 나타난다. 첫째는 대소변을 제 때에 하지 않고 어머니의 질타가 두려워 보유하려고만 하는 행동을 하게된다. 이런 아동의 성격을 보유적 성격 혹은 항문기 강박적 성격이라고 하며, 완고하고 인색한 경향을 나타낸다. 둘째는 마음대로 배설하지 못하는 분노를 바람직하지 못한 방법으로 발산하게 되는데, 이런 성격을 항문기 폭발적 성격(항문기 공격적 성격)이라 한다. 이 성격은 잔학하고 변덕스러우며, 파괴적이고, 급하고, 지저분한 경향을 나타낸다. 한편 어머니가 대소변 훈련을 즐겁게 또는 적절하게 칭찬을 하면서 할 때, 어린 유아는 배설물을 만들어 내는 일이 극히 중요하다는 생각을 가지게 되며, 이것은 창의성 및 생산성의 기본이 된다.

③ 남근기(3- 6세)

이 시기는 리비도가 성기에 집중되는 시기로, 아이들은 부모와의 성관계를 상상하고 자신의 성기를 만지작거리며 자위행위를 하면서 성적 쾌감을 얻는다. 특히 이시기의 아이들은 이성의 부모를 사랑하여 남자 어린이는 어머니를 좋아하게 되고 여자 어린이는 아버지를 좋아하게 된다. 그러나 현실적으로 남자 어린이는 아버지 때문에 어머니를 차지할 수 없음을 알고 아버지를 살해하려고 하는 적의를 품게 되는데, 이것을 오이디푸스 컴플렉스(Oedipus complex)라고 한다. 여자 어린이는 반대로 일렉트라 컴플렉스(Electra complex)라고 한다. 따라서 이시기의 남자 성격의 특징은 경솔하고 과장되며 야심적이며 여자 성격의 특징은 성관계에 있어서 순진해 보이지만 난잡하고 유혹적이고 경박하다.

④ 잠복기(6-12세)

이 시기는 심리 성욕적 에너지인 리비도가 사라졌기 때문에 아무런 특징이 나타나지 않는 것이 아니라, 그 동안에는 특정 신체의 부위에 집중되어 있기 때문에 각 단계마다 특징이 나타났던 것과는 달리 이 시기에는 리비도가 다만 온 몸에 고루 퍼져 있기 때문에 특정한 성감대를 형성하지 않는다. 그래서 리비도가 사라진 것처럼 보일 뿐이다.

⑤ 생식기(12세 이후)

잠재되어 있던 리비도가 사춘기가 시작되면서 다시 활성화되어 성기에 집중되는 시기이다. 이 시기에 리비도가 집중되는 신체의 부위는 남근기 때와 같으나, 남근기 때는 자기의 성기를 만지거나 자위행위, 부모와의 상상적인 성교를 통해 쾌감을 느끼지만, 성기기에는 이성과의 직접적인 성교를 추구하고 직접적인 성교를 통해 쾌감을 얻으려고 하는 것이 남근기와 다르다고 할 수 있다.

한편 성기에 집중된 리비도가 잘 해소되면 사회적으로 원만한 인간관계를 형성하고, 책임감이 발달하여 이성과의 사랑도 만족스럽지만, 반대로 그렇지 못할 경우에는 부적응적이고 반사회적 성격 특성을 나타낸다.

4) 인지이론

인지발달에서 대표적인 이론은 인간의 지적 능력의 발달과정에 대한 이해에 기초한 스위스의 생물학자이며 심리학자인 피아제(Piaget)의 인지발달이론이다. 피아제는 인간의 인지를 생물학적 적응의 한 형태로 보았다. 그의 주장에 의하면 인간은 태어날 때부터 환경과의 상호작용을 하여 끊임없이 인지구조를 변화시키기 위해서 가지고 나오는 것이 있는데, 그것이 바로 반사(reflex)이다. 대표적인 반사가 빨기 반사, 잡기 반사, 보기 반사 등이다. 이런 반사기능을 바탕으로 하여 환경과 상호작용을 함으로써 반사기능을 서로 통합하여 획득된 새로운 감각운동기능을 도식(scheme)이라고 한다.

2세를 전후하여 표상(representation)이 형성되어 내적 사고가 가능함에 따라 생애

초기의 도식은 감각 운동적 차원을 넘어 개념적 차원으로 확대되어 간다. 이 때의 개념적 차원의 도식을 생애 초기의 감각 운동적 도식과 구별하여 인지구조(cognitive structure)라고 한다.

피아제(Piaget)는 인간의 인지발달과정을 질적으로 상이한 네 개의 단계로 구분하고 있다. 이들 각 단계의 주요 발달적 특징을 살펴보면 다음과 같다.

① 감각운동기(0-2세)

첫 번째 단계는 감각운동기(0-2세)로서 지적발달의 최초의 단계로서 생득적인 반사(reflex)기능을 기초로 초보적인 감각적 도식에 의한 활동에 의존하는 단계이다. 즉 감각 운동의 행동적 도식을 형성해서 외부환경을 이해하고 적응해가는 시기이다. 시각, 청각, 촉각, 미각, 후각의 인간의 오관을 통해 감각적 경험을 하는 가운데 인지의 기초가 발달하는 단계로서 이후의 인지발달의 기초적인 역할을 하게 된다.

이러한 감각운동기 동안 아동들은 어떤 사물이나 사람이 눈앞에서 사라졌다 하더라도 계속 존재한다는 사실을 인식하는 대상영속성의 인지개념을 발달시키기 시작한다. 또한 어떤 사건은 다른 사건을 일으킨다는 인지관계를 인지하기 시작한다. 그러나 이런 능력은 다음 단계인 전조작기에 들어서야 비로서 완전히 발달하게 되어진다.

② 전조작기(2-7세)

두 번째 단계는 전조작기(2-7세)라 하여 약 2세에서 7세 사이의 입학전 아동기를 말한다. 이 때는 인지가 내면화되긴 하였으나 아직 그 작용에 한계가 많아 어른의 사고와 큰 차이를 보이는 시기이다. 전조작적 사고기의 인지발달의 두드러진 특징은 기호적기능(semiotic function), 자기중심성(ego-centrism), 중심화(centration)의 경향을 보이는 것과 더불어 보존성(conservation)의 개념을 갖고 있지 못하다는 점을 들 수 있다.

기호적 기능은 내재적으로 형성된 표상을 유아가 여러 형태의 상징 또는 기호로 표현하는 것을 말한다. 예를 들어서, 가상놀이나 그림 그리고 언어는 대표적인 기호적 기능이라고 할 수 있다. 자기중심성이란 타인의 생각, 감정, 지각, 관점 등이 자신과 동일한 것으로 가정하는 전조작적 사고의 특징을 말한다. 즉 다른 사람의 역할과 견해를 고려할 줄 모른다. 중심화란 대상물을 여러 관점에서 보지 못하고 한 가지 방식으로만 본다. 어떤 사물이 있을 때, 아동은 그것을 한정된 지각측면에 국한시켜서 생각하기 때문에 다른 모든 측면을 탐색할 수 없다. 또 이런 중심화로 인해서 아동은 어떠한 사물의 피상적인 측면만을 동화하는 경향성을 가진다.

전조작적 사고기의 아동들의 또 하나의 특징은 보존성의 개념을 갖고 있지 못하다는 점이다. 보존성이란 어떤 수, 길이, 질량, 면적, 부피 등을 그 형태나 순서를 바꾸어 여러 가지 다른 방식으로 제시한다 하더라도, 그것들은 변하지 않고 남아있다는 것을 아는 능력을 말한다. 이 시기의 아동들이 보존성이 없는 것은 사고가 감각과 밀접하게 관련되어 있기 때문이다.

③ 구체적 조작기(7-12세)

세 번째 단계는 구체적 조작기(7-12세)로서 전조작적 사고기와는 달리 중심화에서 벗어나는, 즉 탈중심화(decentration)가 이루어진다. 즉, 한 가지 차원만 고려하고 두 가지 이상의 차원을 동시에 고려하지 못하는 전조작적 사고기와는 달리 두 가지 이상의 차원을 동시에 고려할 줄 안다. 따라서 자기 중심성에서 벗어나게 되고 체계적이고 논리적인 사고가 발달하게 된다. 논리적 사고의 가장 대표적인 것이 가역적 사고(reversibility)이다. 구체적 조작기에 들어서게 되면 아동은 반환성과 상보성이 가능해짐으로써 가역적 사고가 가능하게 된다. 이 시기에 가역적 사고가 가장 잘 드러나는 대표적인 조작 형태가 보존개념, 분류조작, 그리고 서열 조작이다.

④ 형식적 조작기(12세 이후)

마지막 단계를 형식적 조작기(12세 이후)라 하는데, 대략 15세에 완전한 발달을 이룬다. 이 때에야 비로소 어른의 인지와 같아져 논리적 · 추상적 · 과학적 사고가 가능해진다. 이 시기에는 순전히 추상적이고 가설적인 수준에서도 체계적으로 사고할 수 있는 능력이 발달한다. 예를 들어서, A는 B보다 크고 B는 C보다 크면 A는 C보다 크다라는 사고가 구체물을 제시하지 않는 가설적인 수준에서도 가능하다는 것이다.

이와 같이 피아제의 인지발달이론은 아동의 인지작용에서 그 시기만의 특별한 무언가를 가지고 있음을 보여 주었다. 따라서 아동이 어떻게 사고하는지에 대한 체계적 이론을 제시하였다는 점에서 인지 발달에 중요한 시사점을 던져주고 있다.

3. 발달과 학습

인간은 그 행동양식에 있어서 많은 부분을 후천적인 학습에 의존한다. 이러한 학습 현상은 보는 학자마다 그 관점이 달라서 학습에 대한 정의 또한 다양하다고 하겠다.

학습은 "경험에 의한 인간행동의 변화 또는 변용"으로 보는 것이 가장 일반적이다. 게이츠(A. Gates)는 "학습을 경험과 훈련에 의한 행동의 진보적 변용"이라 하였고, 문(N. Mumn)은 "일정한 활동 · 훈련 · 관찰 · 경험 등의 결과로 행동이 다소라도 영속적 · 진보적 변용을 하는 것"이라 하였으며, 킹슬리(H. Kingsley)는 "심리적 기능을 지배하는 경향성의 발달과 변용"이라 하였다. 이러한 견해는 그 표현방법에 있어서 차이는 있을지라도 학습을 환경적 요인에 의한 변화로 보는 관점에 있어서는 같은 입장을 취하고 있다.

그러나 이러한 학습 또한 개인차에 의해 다양하게 고려되어야 한다. 개인차 변인 중에서 교육현장에서 일반적으로 고려되는 사항으로는 지능, 창의력, 학습유형, 학습 환경 등이 있을 수 있다.

이미 앞부분에서 다양한 발달이론에 대해 전체적인 윤곽을 다루었기 때문에 여기에서는 행동주의, 인지이론, 인간주의의 학습에 관한 접근을 중심으로 학습원리, 교육적 적용, 그리고 그 문제점에 대해서만 알아보기로 한다.

1)행동주의(behaviorism)의 학습

행동주의는 크게 파블로브(Pavlov)와 왓슨(Watson)의 고전적 조건 형성 이론에서 파생된 학습과 연관된 개념들과 손다이크(Thorndike)의 시행착오 학습이론, 스키너(Skinner)의 조작적 조건형성이론에서 파생된 개념들로 나누어 생각해 볼 수 있다.

행동주의 학습 원리에서 가장 대표적인 것으로는 강화(reinforcement)가 있다. 강화는 조건형성의 학습에서 자극과 반응의 결부를 촉진하는 수단, 또는 그 수단으로써 결부가 촉진되는 작용을 일컫는 말로서 보강(補强)이라고도 한다.

파블로브가 조건반사 실험에서 쓴 용어인데, 고전적 조건형성에서는 조건자극에 이어 무조건자극을 주는 것을 말한다. 예를 들면, 벨소리를 내면서 개에게 고기를 줌으로써 벨소리와 타액분비의 결부가 쉬워지게 하는 것이다. 조작적 조건형성에서는 한 번

반응이 있은 뒤에 다시 그러한 반응을 일으키도록 자극을 주는 것이다. 예를 들면, 스키너 상자(Skinner box) 안에서 쥐가 바(bar)를 누르면 먹이를 주어서 바를 누르는 반응을 촉진하는 것을 말한다.

강화는 일반적으로 정적강화와 부적강화를 포함하게 된다. 이때 정적강화란 어떤 반응 다음에 긍정적 자극이 제시되었을 때, 그 반응의 재현 확률을 증가시키는 것을 말한다. 그러나 부적강화는 어떤 반응 다음에 부정적 자극(혐오자극)이 제거되었을 때, 그 반응의 재현 확률을 증가시키는 것을 말한다. 예를 들어 자녀가 평소에 행동빈도가 낮은 바람직한 특정 행동을 했을 경우, 예를 들어 자신이 해야 할 걸레 빨기에서 빼 주었을 때 다음에도 계속적으로 바람직한 특정행동이 증가하도록 하는 경우이다. 또 시끄러운 소리를 제거해 주었을 때 공부가 더 잘 되는 경우 등을 들 수 있다.

그러나 강화는 일정한 상태에 있는 사람이나 동물의 반응을 강하게 만들거나 바꾸는 것을 말하지만, 일정한 강화자극이 항상 반응을 강하게 만드는 것은 아니다. 음식물을 주는 것은 보통 강화이지만, 배가 부를 때에는 공복 때처럼 반응을 강하게 하거나 바꿀 수 없을 수도 있다. 이러한 강화는 강화 스케쥴에 따라 학습의 효과를 변화시킬 수 있다.

강화의 절차 상 강화스케쥴의 형태를 보면 반응이 있을 때마다 반드시 강화하는 절차를 연속적 강화(連續的 强化: continuous reinforcement: CR)라 하고, 불규칙적으로 강화하는 절차를 간헐적 강화(間歇的 强化: intermittent reinforcement: IR)또는 부분적 강화(部分的 强化: partial reinforcement)라고 한다. 간헐강화에는 반응의 회수와 시간에 따라 각각 정률적(定率的: fixed ratio: FR)강화, 주기적(週期的: fixed interval: FI) 강화, 난율적(亂率的: variable ratio: VR)강화, 비주기적(非週期的: variable interval: VI)강화가 있다.

간헐적 강화는 연속강화에 비하여 일반적으로 조건반응이 증가하고, 소거저항도 크다. 정률적 강화와 주기적 강화에서는 강화 후에 잠깐 반응이 중지되었다가 다시 상승하는 물결 모양의 경과를 볼 수 있다. 난율적 강화와 비주기적 강화는 이와는 다르지만 강화의 회수와 간격에 따라서 모두 안정된 경과를 밟는다. 예를 들어 개가 주인이 부르는 소리를 듣고 머리를 돌려 목소리의 임자를 찾는 것은 연속강화이며, 낚싯줄을 드리웠을 경우 물고기가 낚이기도 하고 낚이지 않기도 하는 것은 간헐강화이다.

강화 외에 각 조건 형성 이론의 주요 개념들을 살펴보면 다음과 같다. 우선 고전적 조건 형성 이론의 주요 개념들을 살펴보면, 「소거와 자연적 회복」을 들 수 있는데, 파블로브의 실험에서 개가 벨소리를 반복하여 들었는데 먹이를 얻지 못하게 되면 종소리에 대한 개의 반응(타액분비)이 점차 감소하여 결국 개는 종소리를 들어도 더 이상 타액을 분비하지 않게 된다. 이것을 소거 또는 소멸(extinction)이라고 한다. 즉 이는 강화를 계속해 주지 않았을 때, 학습된 행동이 사라지는 것을 말한다. 한편 「자연적 회복(spontaneous recovery)」은 일단 소거된 반응이 어느 정도 시간이 지난 뒤 강화를 하지 않아도 저절로 다시 나타나는 현상을 말한다.

다음으로 「일반화와 변별」을 들 수 있는데 파블로브는 개가 벨소리를 들을 때 타액을 분비하도록 조건화되고 나면 부저소리나 메트로놈의 소리를 들을 때도 가끔씩 입에서 침을 흘린다는 것을 알았다. 이처럼 벨소리와 비슷한 소리에도 반응을 하는 것을 일반화(generalization)라고 한다. 즉 일반화란 비슷한 자극에 대해 똑같은 반응을 보이는 것을 말한다. 이런 일반화의 역현상을 변별(distinction), 식별 또는 차별이라 한다. 즉 서로 다른 자극에 대해 서로 다른 반응을 보이는 것이다. 스키너의 조작적 조건형성이론의 주요 개념들은 강화, 벌, 도피와 회피 등을 들 수 있다. 여기서 강화는 앞에서 언급했으므로 제외하기로 한다.

「벌」은 부적강화 또는 소극적 강화와 비슷한 개념으로 보이기도 하나 소극적 강화처럼 혐오자극을 없애는 것이 아니라 오히려 그것을 주어서 문제행동의 빈도를 줄이는 것이다. 강화는 바람직한 행동을 증가시키는 반면 벌은 바람직하지 못한 행동을 감소시키는 것을 말한다. 따라서 벌은 강화의 대조되는 개념이다. 이러한 벌의 종류에는 체벌과 격리(time-out) 등이 있다. 체벌은 신체적 고통을 줌으로써 아동으로 하여금 바람직하지 못한 행동을 감소시키는 것이고, 격리는 그릇된 행동을 한 아동을 잠시 동안 격리시키는 방법이다.

행동주의 학습이론은 이외에도 켈러(Keller)의 개별화 수업체제(PSI), 글레이서(Glaser)의 개인 처방식 수업(IPI), 플러네이건(Flanagan)의 욕구 대응 학습프로그램(PLAN)이 행동주의 학습원리를 이용하여 개발된 것이다. 또한 반듀라(Bandura)의 사회학습이론도 모방학습과 관찰학습이라는 학습원리를 제공하였다. 이러한 사회학습이론은 행동주의의 입장에서 인지주의론을 가미하여 발전된 것으로 직접 경험이 아니더라도 관찰과 모방을 통하여 학습된다는 원리를 교육과정에 활용하여 모델과 모방 과정의 중요성을 제시한 바 있다.

2) 인지발달(Cognitive development)의 학습

인지이론은 감각」지각」기억」상상」판단」추리 등 모든 정신적 사고작용을 통해 주변에서 일어나는 현상과 대상에 대한 의미를 이해하는 과정에서 이루어지는 학습을 의미하며 장이론, 발견학습이론, 수용학습이론, 정보처리이론 등으로 분류된다.

인지학습의 기본원리는 '학습이란 우리가 이미 알고 있는 것에 의해 영향을 받고 형성된다.' 는 것이다. 이 원리는 20세기 초 형태심리학자들이 발전시킨 장이론으로부터 연유된 것이다. 장이론은 지각과 학습을 연구한 독일 심리학자들에 의해 이루어졌다. 이들은 실험을 통해 동일한 자극이라도 사람에 따라 다르게 볼 수 있다는 결론을 도출했다. 즉 우리가 지각하는 것은 우리의 흥미나 태도, 사전 경험, 인지구조 등에 달려있다는 것이다.

장이론의 대표자는 독일의 퀼러(W. Kohler)이며 그는 침팬지 실험을 통해 침팬지가 행동에 나타낸 것이 시행착오가 아니라 예측을 세워놓고 행동한 것이라 보고 이러한 현상을 통찰(insight)이라고 주장하였다. 즉 퀼러는 학습은 유기체의 인지구조가 변하는 것이며, 그 결과가 행동으로 나타난다고 설명하고 있다. 그 후 레빈(K. Lewin)이나 미국의 톨맨(E. Tolman)의 학습이론에 많은 영향을 주었다.

발견학습이론의 대표자 브루너(Bruner)는 1960년대에 탐구나 발견 위주의 수업이론을 내놓았다. 마시알라스(Massialas)의 사회과 탐구교수모형이 그 대표적 예 중의 하나이다. 그는 인지학습에 기초한 수업에 관심을 가졌으며, 학생이 스스로 교과의 구조를 발견할 수 있도록 자극하는 문제사태를 마련해 주어야 한다는 데 착안하였다.

정보처리이론가들은 환경으로부터 자극을 받아들이고, 의미 있는 정보를 변형시키고, 기억 속에 저장하고, 필요시에 인출하며, 또 관찰 가능한 행동으로 번역되는 방법을 연구함으로써 학습을 이해하려고 노력했다. 정보처리이론에서는 인간은 정보를 처리하는 무수한 내적인 정신구조를 가지고 있다는 기본적인 가정을 하고 있다. 이러한 정신구조들이 지각과 정보의 부호화와 기억과 같은 처리를 수행하는 것이다.

3) 인간주의(humanism)의 학습

인간주의 학습이론은 다분히 성선설적인 관점에서 인간의 자유 의지를 믿고 학습에 있어서도 행위의 주체인 학생이 자기주도형 학습을 해나가야 한다고 보는 입장이다.

인간주의 학습은 인간의 본성을 긍정적으로 파악하여 타고난 자연성을 계발하는 자연주의 교육철학에서부터 그 유래를 찾아볼 수 있다. 현대의 인간주의 학습은 현대 산업사회의 물질만능주의, 규격화된 제도에 따르는 인간소외현상을 비판하고, 다른 한편으로는 전통교육의 강한 영향을 받고 있는 지식 중심의 교육을 반대하면서 나타났다. 학교교육의 목적이 산업발달을 위해 교육의 효율성을 높이는 데 치중하는 것이어서는 안 되고, 인간다운 사회를 창조해 갈 수 있는 인간교육에 주목해야 한다는 것이다.

인간주의 학습의 궁극적 목표는 조화로운 전인교육을 하는 데 있으며 전인이 되기 위해서는 지적 성장뿐 아니라 정의적 측면과 행동적 측면의 조화된 성장이 필요하다고 본다. 따라서 교사는 아동 성장의 촉진자로서 아동의 자발성을 존중하고 적극적으로 돕는 조력자 내지는 안내자가 되어야 한다고 본다.

인간주의의 대표자인 로저스(Rogers)는 자아실현을 전인교육의 중요한 개념으로 제시했다. 내담자 중심의 상담이나 교육도 인간주의 방식의 대표적인 경우이다. 교육 심리학자인 매슬로우(Maslow)는 개인의 재능, 능력, 가능성을 최대한 사용하고 계발하는 교육을 주장했다.

제5장

교육의 사회학적 기초

Ⅰ. 교육사회학의 발달

1. 교육사회학의 발달

교육사회학은 초창기의 교육적 사회학에서 교육의 사회학 그리고 신교육사회학으로 진화되었다.

1) 교육사회학의 태동

교육사회학을 하나의 학문으로 태동시킨 인물은 뒤르켐이다. 뒤르켐(E. Durkheim)이 교육학과의 교수로서 대학 강단에 섰던 1890년대의 교육학은 이미 교직활동의 필요성에 따라 강좌로 자리 잡고 있었지만 교육사회학은 하나의 학문으로 인정받지 못하던 시기였다. 교육학에 대한 사회학적 탐구가 필요하다고 생각한 뒤르켐은 교육에 대한 교육학 연구의 접근 방법으로서 과학적 연구에 그 중점을 두어야 함을 강조하였다. 그는 교육을 사회적 실재로 평가하고 사회구조의 한 부분으로서 교육의 사회적 기능을 밝히는 것이 교육연구의 핵심이라고 본 것이다.

뒤르켐은 교육사회학의 연구영역에 다음과 같은 내용이 포함되어야 한다고 보았다.

첫째, 교육에 대한 사회적 사실들과 그것들의 사회적 기능을 밝히는 일이다.

둘째, 교육과 사회 및 문화변화간의 관계를 밝히는 일이 포함되어야 한다.

셋째, 교육체제의 여러 유형을 비교문화적 내지 비교학적으로 밝히는 일이다.

넷째, 열린 사회체제로서의 학급과 학교를 탐구하는 일이 포함되어야 한다.

19세기 말에 제기되었던 뒤르켐의 교육사회학 연구영역은 현재에도 매우 의의있는 연구범주라고 평가할 수 있지만, 뒤르켐의 주장이 실제 활발한 관심과 열의를 유발시킨 것은 1950년대에 이르러서야 두드러지게 된다.

2) 교육적 사회학

교육적 사회학(educational sociology)은 실천 지향적 교육학으로 교육사회학 발달의 초기인 1907년 스잘로(Suzzalo. H)가 미국의 콜롬비아 대학교에서 'Educational Sociology' 라는 강좌를 개설하면서 명명되었다. 1920년대에 관련학회가 개설되고 전문학술지 「Educational Sociology」가 창간되었다.

도덕적 · 철학적 이론을 중시하고 교육체제에 사회학의 원리를 적용하려고 시도하였다. 실제적이고 실천적인 관점에서 교육체제에 사회학의 원리를 적용할 것을 도입하였으며, 교육문제와 관련이 있거나 연결고리가 있는 사회학 및 사회심리학 연구결과들을 교육문제에 적용하였다. 이 시기 미국의 교육사회학에서는 학교의 여러 가지 문제를 해결하고 학습을 지도하는 데 필요한 사회문화적 지식이 중시되었다. 1940년대에 와서 지역사회학교(community school) 운동 또는 사회중심교육(society centered education) 운동의 영향을 받아 학교와 지역사회의 관계가 핵심으로 등장하였다.

교육적 사회학의 입장을 대변하는 학자들은 스잘로(Suzzalo), 스미스(Smyth), 페인(Payne), 워드(Ward) 나토르프(Natrop), 듀이(Dewey) 등이다.

3) 교육의 사회학

교육의 사회학(sociology of education)은 사회학 지향적 교육사회학으로 1950년대 이후의 경향이며, 경험 과학적 방법을 중시하며 교육체제의 사회적 과정을 분석 연구하는 관점으로 19세기 말의 뒤르켐의 주장을 본격적으로 실현한 입장이라고 볼 수 있다.

국가발전과 교육기회의 평등에 공헌하는 연구가 장려되면서 교육의 기능 및 효과를 경제적, 정치적, 사회적 발전으로 나누어 설명하는 연구들이 쏟아져 나오게 된다.

이러한 교육의 사회학을 프리처드(K. W. Prichard)는 "교육에 대한 사회학적 연구로서 교육체제와 교육의 과정에서 발생하는 집단관계를 사회학적인 연구에서 이룩된 지식과 기술 및 방법 등으로 연구하는 것"이라 정의하였다.

이 시기에 보고된 "교육기회와 평등"이라는 막대한 분량의 콜맨(J. S. Colemen) 보고서는 이러한 시대상을 반영하면서 학교교육이 얼마나 평등에 기여하고 있는지를 검증하고자 하는 대표적인 연구이다. '학생의 지적 성취 정도는 학교의 시설이나 역량에 상관없이 학생 자신의 사회경제적 배경에 의해 좌우된다'는 콜맨의 연구결과는 수많은 논란을 불러일으키기도 하였다. 즉 이 연구의 결과는 학교교육을 개혁하고 학교교육현실을 개선하기 위해 수많은 교육비의 투입이 불가피하다고 주장해온 수많은 학자들의 공격대상이 되기도 하였다.

그러나 이런 비판에도 불구하고 콜맨의 보고서 결과를 완전히 뒤집는 결과는 제출되지 않았다. 이러한 결과는 영국 학자들을 중심으로 신교육사회학을 태동시키게 된다.

4) 신교육사회학

신교육사회학은 1970년대 갈등이론이 교육사회학에 등장한 시기와 동일한 시기에 대두되었다. 종전의 교육사회학은 학교 밖의 정치, 경제, 사회계층의 사회구조와 학교와의 관련성을 다루는 거시적 입장을 취한 데 반해서 신교육사회학은 학교 안에서 무엇이 일어나고 있는가에 집중하는 미시적 입장을 취했다.

신교육사회학의 주된 관심은 학교 내부에서의 교사와 학생의 상호관계, 교사가 규정짓는 학생에 대한 평가기준 및 고정관념, 교육과정 등이다. 교육과정에 대해서는 각별한 관심을 두어 교육과정의 사회학(the sociology of curriculum)을 이론적으로 발전시켰다. 신교육사회학자들은 교육과정을 기존 사회지배계층의 이해관계를 반영하여 지배집단의 이권을 세대에 걸쳐 유지시켜주는 도구로 인식하였기 때문이다.

1950년대와 1960년대 소위 교육사회학의 시대에 영국에서는 사회평등구현의 수단으로 학교교육에 관심을 갖고 교육의 불평등을 초래하는 요인들을 제거하기 위하여 조기 선발시험제도를 없애고, 복선제를 단선제로 하고, 교육기회를 개방하는 교육개혁을 단행하였지만 여전히 영국사회는 교육의 불평등이 지속됨을 경험했다. 이유를 연구한 결과 교육불평등은 교육 그 자체의 잘못 때문이 아니라 전체 사회의 구조적 불평등이 교육과정에 그대로 반영되고 그 교육과정으로 교육을 진행하였기 때문이라는 결론에 이른다.

신교육사회학자들은 학교교육의 구조적인 규정성보다는 학교에서 다루는 교육과정이 어떤 과정을 통해 마련된 것인지, 거기에서 지식은 어떻게 정의되고 행사되고 있는 것인지, 교과의 정통성은 어떻게 확보된 것인지 등에 관심을 가지는 것이다. 대표적인 신교육사회학자 영(M. Young)은 종래의 교육사회학이 사회계층과 교육기회의 분배문제에만 집착한 나머지 학교 내부의 현상에 등한하였음을 지적하면서, 교육사회학은 교육기관에서 가르치고 있는 지식의 사회성에 대해 탐구할 것을 주장하기도 하였다.

신교육사회학자들은 기존의 거시적 관점의 교육사회학의 접근으로는 교육의 불평등적인 요인을 제거하기 어렵다고 판단하고, 사회경제적 배경이 구체화되는 과정인 교육장면 내부 즉 교육과정으로 시각을 돌리게 되었다. 교육에 관한 제반문제를 해명하기 위해서는 교육내용의 성격과 그것이 전수되는 과정을 명백히 이해해야 한다고 생각하였다.

교육과정에 대한 관점은 지식의 사회성에 바탕을 두고 있다. 학교 교육내용은 사회적으로 통제된 문화전수의 한 방편이기 때문에 그것은 보편적인 것도 절대적인 것도 아니며 단지 사회적, 정치적 산물일 뿐이라고 보는 관점을 취한다.

2. 교육사회학의 이론적 배경

교육사회학은 거시적 접근 방법으로서의 기능주의적 관점과 갈등주의적 관점으로 나눌 수 있으며, 미시적 접근 방법으로서 해석학적 관점을 들 수 있다.

1) 거시적 접근 방법

(1) 기능주의적 관점

1950년대까지 주류를 이루었던 이론이다. 사회의 속성을 기능사회인 동시에 전문자 지배사회로 이해하였기 때문에 사회를 안정지향적인 입장에서 보고 있다. 이러한 사회에서 각 제도는 구성원의 합의에 기초하는 것으로 각 제도는 각각의 기능을 수행하며 상호연관성을 가지는 것으로 파악하였다.

능력에 따른 사회적 신분지위의 분배를 강조하였다.

사회 내에서 학교의 기능을 낙관함으로써 교육의 양적 팽창을 정당화하였다.

① 합리론적 기능주의

사회화 기능론을 주장하였으며 뒤르켐(E. Durkheim), 파슨스(T. Parsons), 드리번(S. Dreeben) 등이 대표학자이다.

② 인간자본론

인간을 자본으로 보고 교육을 통해 사회경제발전에 필요한 인적 자본을 생산할 것을 주장하였으며, 슐츠(T. Schultz), 워크(S. Walker), 바턴(Barton) 등이 대표학자이다.

③ 근대화이론

사회심리학적 측면에서 교육을 통한 근대적 가치관을 형성하였다. 대표적인 학자로는 스미스(D. C. Smith), 잉클레스(A. Inkeles), 멕클리렌드(D. C. McClelland)등이 있다.

(2) 갈등주의적 관점

1960년대의 시대적, 사회적 상황을 반영해서 각광을 받은 이론으로, 기능주의 이론의 기본전제인 사회의 안정성, 상호의존성, 합리성을 부인하고 사회의 속성을 변화, 불일치, 긴장, 갈등 등이 존재하는 것으로 이해하였다.

갈등주의의 등장은 기능주의 견해에 대한 비판에서 비롯된 것으로 기능주의의 전제를 근본적으로 부정하며 갈등이론의 갈등을 결코 비정상적인 것, 병리적인 것이 아닌 사회에 중요한 공헌을 하는 것으로 간주한다.

마르크스와 베버 등의 이론과 사상에서 연유하여 다렌도르프, 밀즈, 코저, 왈러, 보울즈, 긴티스 등에 의하여 발전되었다.

사회의 모든 요소는 분열과 변화에 이바지하며, 모든 사회는 강압에 의해서 유지되는 것으로 보았다. 이견과 변화, 불평등 등과 같은 개념을 교육현상과 관련시켜 논의하였다. 학교교육의 목표를 궁극적으로 인간성회복에 두어야 한다는 것도 강조하였다.

① 두 종류의 마르크시즘(과학과 비판)

마르크시즘은 대략 두가지 경향으로 분류된다. 하나는 마르크시즘을 사회에 적용되는 일종의 과학으로 보는 정통적 마르크시즘이며 다른 하나는 비판으로 인식하는 네오마르크시즘이다.

정통 마르크시즘은 경제적 하부구조가 이데올로기 및 국가를 포함하는 상부구조를 지배한다는 경제지상주의적 입장을 취한다. 인간을 사회구조의 산물로 보며 소극적이고 수동적 존재로 본다. 마르크스와 엥겔스의 정통마르크시즘을 과학적 사회주의라고 한다.

네오마르크시즘은 사회가 하부구조인 경제에 의해 상부구조가 결정된다는 경제결정론을 거부하고, 하부구조와 상부구조 사이의 상호작용을 강조하며, 교육, 정치, 이념, 문화, 예술 등의 상부구조는 상대적 자율성을 지니고 있는 것으로 본다.

네오마르크시즘은 수동성과 소극성을 배척하고 상대적 자율성과 인간능동성을 강조하며 과학과 기술보다는 비판과 철학이라는 인본주의적 가치를 강조한다. 비판이론, 프랑크푸르트학파, 신좌파이론으로 불리운다.

② 사회재생산이론

정통적 마르크시즘에 입각한 경제결정론적 입장에서 교육을 이해하였으며, 보울스(S. Bowles)와 긴티스(H. Gintis)가 대표학자이다.

보울스와 긴티스는 자본주의가 발달함에 따라 교육받은 노동자가 필요하게 되었으며, 학교는 자본가의 요구에 따라 노동에 필요한 기초지식과 주의력, 자립성, 질서의식, 단정함, 공손함, 예의바름, 시간엄수 등 사회적 행동의 형성에 기여하였다고 본다. 이들에 따르면 학교에서의 교수법과 교수내용은 공장의 운영자들이 필요로 하는 가치와 목표를 내면화시키는 데 적합한 것이었다고 보고, 학교에서 벌어지는 노동자 계급과 자본가 계급의 문화갈등을 지적한다.

③ 급진적 저항이론

교육을 통한 인간성 해방 및 의식화를 강조한다. 일리치(Illich), 라이머(Remier), 프레이리(Freire) 등이 대표학자이다.

2) 미시적 관점

거시적 관점의 교육사회학이 학교교육의 내적과정에 대한 설명을 black box 처리한 데 대하여 비판하면서 1970년대에 대두된 교육사회학이다. 지식 사회학적 관점에서 지식의 사회적 제도화에 비판을 가할 뿐 아니라 학교교육에 반영되고 있는 지식과 헤게모니 분석을 통하여 교육이 특권집단의 이데올로기를 문화적으로 재생산하고 있음을 지적한다.

(1) 상호작용이론

교육현상을 교사 · 학생, 학부모간의 상호작용관계에 대한 연구나 참여 관찰을 통하여 규명하려는 입장이다. 미드(Mead), 쿨리(Cooley), 화이트(White), 리핏(Lippit), 로젠탈(Rosenthal), 제콥슨(Jacobson), 플랜더즈(Flanedrs) 등이 대표학자이다.

(2) 교환이론

학생의 특성이나 배경, 학습집단의 성격과 교사의 수업활동, 학습보상, 규제, 벌을 주는 형태나 빈도 등에 대한 상호관련성 연구를 주로 하는 입장으로 호만스(Homans)와 블라우(Blau)가 대표학자이다.

(3) 민속방법론

개인이 일상생활에서 당면하게 되는 타인과의 관계를 규정짓는 기본원리에 대한 연구이며 가핑켈(garfinkel), 리스트(Rist), 코저(Coser), 짐멜(Simmel)등에 의해 발전되었다.

(4) 신교육사회학

신교육사회학은 새로운 방향으로서 현상학적접근과 해석학적인 관심을 지닌다. 교육의 내적 과정에 대한 분석을 강조하였다. 교육내용(지식)에 관심을 갖는 지식사회학, 즉 교육과정 사회학에 대한 연구에 초점을 두었다. 영(Young), 번스타인(Bernstein), 고버트(Gorbutt), 브라우디(Brourdieu)가 대표학자이다.

II. 사회화와 교육의 사회적 기능

1. 사회화의 개념

사회화(socialization)의 일반적정의를 살펴보면, "한 개인이 태어난 그 사회의 행동양식 또는 생활양식을 습득하면서 그 사회의 구성원이 되어가는 과정이다."

이를 구체적으로 세분화하면 다음과 같다.

첫째, 사회화란 한 개인이 자기가 속해 있는 또는 속하게 될 집단의 기술, 지식, 태도, 가치 및 동기 등을 선택적으로 습득하는 과정이다.

둘째, 사회화란 인간이 자기가 소속해 있는 사회집단의 행동양식, 가치관, 규범과 같은 문화를 학습하여 내면화하고, 자기 자신의 독특한 개성과 자아를 형성해 가는 과정이다.

셋째, 사회화란 발달 가능성을 가지고 태어난 아기가 사회의 한 구성원으로 성장하고 발달하는 과정에서 그 사회의 공인언어, 사고, 감정, 행동 등의 생활양식을 학습하는 과정이다.

2. 교육과 사회화

우리가 사회집단 속에서 생활을 영위하려면 사회화하는 것이 중요하다는 것을 이해하게 된다. 다시 말해서 사회존속과 사회문화와 교육과의 관계에서 이미 사회화의 작용이 이루어지고 있는 것이다. 교육적 사회과정 속에는 뜻있는 가치성이 이미 내포되고 있는 것이며, 보다 풍부하고 발전적인 생활을 영위하게 하려는 뜻이 있는 것이다.

인간은 선천적으로 생존하기 위한 활동력을 가지고 있다. 그러나 인간은 도야성과 함께 정신적 발전의 소지가 부여되어 있고, 그것을 발전시킴으로써 정신적 생활의 표현력이 나타나며 나아가서 정신적 생활능력이 생기고 사회 형성의 능력이 조성된다. 여기서 교육의 힘에 의하여 보다 나은 사회생활로 인도하고 육성하게 되는 것이다.

우리가 사회집단 내에서 생활하면서 사회생활을 영위하기 위해서는 성인세대의 정신적인 활동과 생활경험인 문화유산을 이해하고 체득하는 것이 필요하게 된다. 이와 같이 우리가 살고 있는 사회집단에 속하여서 얻게 된 모든 경험을 누적한 것이 그 사회 집단에의 사회문화의 과정이며 인간형성에 있어서의 중요한 조건인 것이다.

교육은 미숙한 아동과 학생의 개성을 존중하고 개발하여 생활경험과 문화재를 계승 전달하고 다시 새로운 생활 경험과 문화의 기반을 배양하는 것에 사명이 있는 것이다. 그리하여 교육은 자라나는 사회구성원의 잠재력을 개발하여 사회를 잘 이해시키고 사회화시켜 사회생활에 유용한 사회인으로 육성해 나아간다.

교육은 그 사회에 공통된 습관, 행동, 태도, 사고, 문화적 제 생활양식을 전달하고, 사회에 적응시키고, 동화시키며, 발전시키는 기능을 담당한다. 따라서 교육은 사회존속과 사회발전을 가져오는 긴요한 요건이 되는 것이다. 그러므로 교육은 사회구성원의 사회화를 완성시키는 과정이기도 하다.

3. 교육의 사회적 기능

1) 보수적 기능

교육의 사회적 기능 중에서 사회 안정화의 기능인 보수적 기능이 있는데 다음의 기능이 포함된다.

① 사회통합의 기능

구성원에게 사회에서 필요로 하는 공민성과 기술을 습득시켜서 사회통합을 이루려 하는 개인의 사회화 기능이다. 학교는 사회통제와 현존질서를 유지하기 위한 교육기능을 수행하여 사회에 부합되는 인간을 양성하고 사회에서 요구되는 방향으로 교육한다. 기능주의 학자들은 교육의 보수적 사회화 기능을 통해 개인을 사회에 합당한 인간으로 교육시킴으로써 사회가 안고 있는 문제와 개인의 부적응 문제를 감소시킬 수 있다고 본다.

② 문화전달 및 창조의 기능

사회의 존속을 위해 한 사회가 문화적으로 전승된 가치, 규범, 언어, 지식, 기술 및 행동양식을 구성원에게 계승발전 시키는 기능이다.

2) 진보적 기능

교육의 사회화 기능 중 사회 변화의 기능으로서 진보적 기능이 있다. 여기에는 사회개혁 및 변화의 기능, 사회적 이동의 기능 등이 있다.

① 사회 개혁 및 변화의 기능

발명과 기술개발, 새로운 가치추구를 통한 사회개혁과 혁신을 시도하는 기능이다. 보다 나은 사회로의 전환을 위한 개혁과 변화의 기능으로서 교육을 통해 사회성원의 인식과 가치 태도 등을 변화시킴으로써 사회개혁을 유도하는 기능을 말한다. 환경, 인구과잉 또는 인구감소, 소득분배, 불평등문제 같은 여러 사회문제를 교육을 통해 해결해야 한다는 입장으로 사회의 갈등과 고민을 해결하고 개인의 삶의 질을 향상시키는 기능이다.

② 사회적 이동의 기능

교육의 진보적 기능 중 사회적 지위이동과 사회변화의 기능을 말한다. 학교교육은 개인의 사회적 지위를 결정하는 중요한 기능을 수행하기도 한다. 사회적 이동기능이 건전하게 수행되면 능력중심의 평등사회, 즉 완전이동에 근접하게 된다.

3) 선발과 분배의 기능

제도적 교육을 통하여 사회가 필요로 하는 인력을 공급하는 기능을 말한다. 개인의 교육을 통한 상향적 사회이동은 성취동기나 기능 등의 복합적 배경에 의해 결정되지만 학교교육이 갖는 선발 및 분배의 기능이 가장 중요하게 작용한다.

Ⅲ. 사회변화와 교육

1. 사회변화의 의의

사회변화란 사회의 구조와 사회관계가 변화해 가는 것이다. 사회구조 혹은 사회관계는 사회를 구성하고 있는 여러 요인들이 서로 결합해 있는 유형으로 경제구조, 계급구조, 권력구조 등이 있다. 사회변화의 예로서는 핵가족의 출현에 따른 남편과 아내의 지위와 역할의 변화, 노동조합의 출현으로 노동자와 고용자의 관계 변화, 선호하고 존경받는 직업의 변화 등을 들 수 있다. 사회변화와 비슷한 용어로는 문화변화가 있다. 문화변화는 과학 · 철학 · 종교 · 예술 · 규범 · 가치관 등의 문화가 변하는 것을 말한다.

교육과 사회변화와의 관계는 대단히 밀접하다. 교육은 사회변화에 따라 교육의 목표와 교육과정 등을 개발하여 사회적 요구에 적응시켜 가야 한다. 이렇게 할 때 사회의 요구와 교육의 목표가 일치될 수 있다.

교육은 인간의 태도, 지식, 기능 등을 개발시켜서 사회변화의 동기를 이루고, 또, 사회변화를 촉진시키고 통제하는 역할을 한다. 학교는 사회변화를 반영하는 거울이다. 변화란 신체적, 정신적인 변모일 수도 있고, 물리적 · 화학적 변화일 수도 있고, 질적 · 양적인 변화일 수도 있다.

현대사회의 변화는 다음과 같은 세 가지 특징을 갖고 있다.

첫째, 현대사회의 변화는 급격하고, 빈번하며, 계속적이다.

둘째, 현대사회의 변화는 일시적 현상이 아니고 공간적으로 독립되어 나타나지 않는다.

셋째. 현대의 사회변화는 어느 곳에서나 발견할 수 있는 현상이며, 사회의 모든 부분에 영향을 미친다.

2. 사회변화의 요인

사회변화의 주요인은 사회 · 문화적 요인이라고 볼 수 있다. 즉 사회변화는 인구변화, 태도와 가치, 사회의 구조, 문화적 기초, 새로운 기술의 발명, 욕구와 긴장, 사회적 발명, 지도력과 대중, 정당화 등 여러 요인에 의해서 일어난다.

첫째, 인구밀도의 변화는 인간의 이동을 유발하며, 이동 그 자체가 변화를 동기화 한다고 볼 수 있다.

둘째, 사회변화에 대한 일반적 태도는 사회에 따라 다르게 나타난다. 과거 지향적이고 조상이나 전통우위의 정신이 강한 사회는 변화속도가 느리고 또 변화의욕이 없다. 반면에 변화에 민감한 사회에 있어서는 전통문화에 대하여 회의적이고 비판적인 동시에 개혁에 대한 의식이 강하게 작용한다. 이런 태도는 사회변화를 촉구하는 동기를 제공하게 된다. 태도와 가치는 사회변화의 양과 방향성에 큰 영향을 미치게 되는 것이다.

셋째, 사회구조의 형태에 따라 변화의 속도와 양상이 달라진다. 전통에 권위를 두거나 개인을 획일적으로 집단에 순응하도록 훈련을 강조하는 보수적 사회는 개인주의적이고 다양한 문화를 가진 사회보다 변화에 대한 감수성이 약하다고 볼 수 있다.

넷째, 문화적 기초는 한 사회에 있어서 유용한 지식과 기술의 누적을 의미한다. 문화적 기초가 성장해 감에 따라 발전과 발명의 수도 증가된다고 볼 수 있다. 문화적 기초의 가장 중요한 두 가지 원리는 한 분야의 발견이나 발명이 전적으로 상이한 분야에도 유용하다는 사실이다.

다섯째, 새로운 기술의 발명은 사회를 변화시키는 데 있어 매우 강력한 힘을 발휘한다. 발명의 사회적 영향에 대해서는 세 가지로 생각할 수 있다. 기술적 발명은 다양한 효과를 나타내게 된다. 한 가지 단일 발명에 의해서 영향을 받는 분야는 대단히 광범한데 이러한 발명은 파생효과를 나타낸다. 한 단일 발명이 어느 부문에 변화를 가져오게 되면 거기에 자극을 받아 계속적으로 파생적인 영향을 미치게 된다. 그리고 발명은 집중효과를 나타낸다. 여러 가지 종류의 발명이 그 효과를 한 곳에 집중하여 공통된 단일 현상을 나타나게 된다. 다시 말하면 몇 가지의 발명이 서로 영향을 미치면서 종합적으로 한 단일 효과를 낳게 한다.

여섯째, 항상 만족한 상태에서는 긴장이나 위기의식이 일어나지 않는다. 그래서 변화에 대한 의욕이 일어나지 않는다. 그러나 인간은 보다 나은 상태를 갈구하는 이상을 추구하기 때문에 현실에 오래 만족하여 있을 수 없다. 심리적으로 현재 상태에 불만이 생기거나 또는 새로운 욕구가 생겼을 때 긴장상태가 일어나게 된다. 긴장으로 인하여 심리적으로는 불균형 상태를 이루어 갈등이 생기게 되지만 사회변화를 위해서는 긴장상태가 전제 조건이 되는 것이다. 집단의 일부 구성원들이 현 상태에서 욕구 만족을 할 수 없다는 자각이 생기지 않는 한 사회적 변화는 일어나지 않는다.

일곱째, 사회적 변화에 영향을 미치는 요건으로서 사회적 발명은 기술적인 변천에서 이루어지기도 하지만 반대로 사회적 변화가 기술적 발명을 자극하기도 한다. 현대사회는 사회 각 분야가 상호관계를 가지고 작용하기 때문에 기술적, 사회적 발명의 효과가 서로 영향을 미치면서 사회변화의 복합된 요인을 이루어간다.

여덟째, 사회변화는 지도기관과 대중이 호흡이 맞을 때 효율적으로 일어난다. 변화를 가져오려고 시도하는 개인 혹은 조직을 변화기관이라고 할 때 이와 같은 변화기관과 변화의 대상 사이에 사회적, 문화적 격차가 심하게 되면 사회변화는 용이하게 일어나지 않는다.

아홉째, 정당화란 명망과 지위가 있는 사람이나 또는 전문적 지식이 있는 사람의 진취적인 행동에 의해서 변화가 인정될 때 그것을 정당화라고 한다. 후진사회의 변천과정에 있어서 이와 같은 사람들의 진보적인 역할은 매우 중요한 것이다.

3. 사회변화에 대한 교육의 역할

사회변화는 가치관의 갈등, 사회적 해체, 문화적 지체 등으로 안정적인 사회생활을 방해한다. 교육은 급격하게 변화하는 사회에서 어떻게 사회의 안정과, 발전에 기여할 수 있을 것인가? 교육은 급격한 사회변화로 인한 문화적 쇼크의 부작용을 약화시키고 더 나은 방향으로의 효율적 변화를 할 수 있게 할 것이다.

첫째, 교육은 과거로부터 내려오는 것과 새로운 것과의 균형을 취하면서 가르칠 수 있기에 사회변화의 충격을 줄이는 역할을 한다. 사회가 급격한 변화를 하게 되는 이 때 학교는 전통적인 가치관에서 변화를 추구하며 혁신을 받아들일 줄 알아야 한다. 만약 학교교육이 변화에 잘 적응하지 못하게 되면 사회의 구성원들끼리 서로 갈등이 생기게 되어 사회는 불안과 긴장에 쌓이게 된다. 전통적인 가치관이나 규범이 갑자기 급변해야 하는 위기에 처하여 점차적이고 안정적인 수정이 불가능하고 혁명과 반혁명의 연쇄적 악순환의 상태가 된다.

또 변화에 잘 적응하지 못하는 사회는 외부로부터 강제적으로 개방되었을 때 무너지기 쉽다. 학교는 과거의 전통적인 문화유산을 지켜야 하지만 사회화의 역할을 상실해서는 안 된다. 즉, 교육이 현재의 체제에서 점진적인 변화를 하는 데에는 학교가 전통적인 문화유산과 변화의 촉진 간에 적절하게 균형을 취하는 것이 도움이 된다.

둘째, 교육은 부분적으로 일어나는 변화를 전체적으로 일어나게 함으로써 변화의 충격을 줄일 수 있다. 갈등은 변화의 과정에서 일어나므로 과거의 전통적인 사회, 즉 변화가 일어나지 않던 사회나 이미 변화로 인하여 근대화가 이루어진 사회에서는 비교적 작다. 세계의 여러 나라들을 살펴보면 근대화의 문턱에 들어선 사회가 불안과 긴장이 많이 나타나고 아직 근대화하지 않는 전통적인 사회나 미국 등과 같은 선진서구사회는 안정적인 면을 나타내고 있다.

부분적으로 일어나는 변화를 전체적으로 하는 데에는 매스콤의 역할이 크다. 신문, 텔레비젼, 라디오 등은 사회에서 일어나고 있는 변화를 전 사회에 가르쳐 주기 때문에 부분적인 변화가 전체적인 변화로 이어지는 데 공헌을 한다. 그래서 또 사회의 긴장과 갈등을 해소하여 주는 데에도 도움을 준다. 이것이 사회교육의 공헌이다.

셋째, 교육은 또한 사회에서 일어나는 변화에 적응해 나가는 능력을 인간에게 가르쳐 주는 것이다. 급격한 변화가 일어나는 사회에서 단편적인 사실이나 지식은 그 변화하는 사회에 적응하는 데 필요하지 않다. 구체적인 사실에 대한 지식은 사회가 변화하면, 즉 환경이 변하면 쓸모없게 되어 버린다. 그러므로 비판력, 문제해결력, 사고력 등을 길러 주어야 한다. 이를 위해서는 구체적인 사실이나 지식 또는 특수한 가치나 행동양식보다는 일반적인 원칙, 기본적인 가치, 규범 및 개념을 가르쳐야 한다.

제3부

교육의 과정과 실제

제6장

교육과정

Ⅰ. 교육과정의 개념

무엇을 배우고 가르치느냐에 관한 문제를 다루는 분야가 교육과정(curriculum)분야이다. 광의의 의미에서 교육과정은 교육목표, 내용, 수업, 평가 등 가르치고 배우는 모든 과정을 포함하며, 협의의 의미로는 교육내용을 의미한다. 따라서 교육과정은 학교교육에 있어서 매우 중요한 부분이다.

교육과정이라는 개념이 생기고 난 이후부터 다양한 의미로 교육과정이 제시되어 왔다. 교과중심 교육과정 시대에서는 교수요목을 교육과정으로, 경험중심교육과정에서는 학교의 지도하에서 학생들이 가지는 일련의 경험을 교육과정으로 본다. 이것은 이렇듯 다양한 시각에서 교육과정의 접근이 이루어져 왔다는 것을 의미한다.

본 장에서는 교육과정의 다양한 개념, 교육과정의 변천, 한국 교육과정의 변천을 중심으로 살펴본다.

1. 교육과정의 개념과 유형

'교육과정' 이라는 용어가 언제부터 사용되기 시작하였는가는 명확하지 않다. 이 용어가 교육학 분야에서 최초로 쓰인 것은 1918년 프랭크 보비트(F. Bobbit)의 "The Curriculum" 이라는 책에서이다. 원래 커리큘럼(curriculum)이라는 용어의 어원은 라틴어의 쿠레레(curere)에서 온 말이다. 이 말은 말이 달리는 경주로를 의미하는 것으로 말이 경주를 할 때에는 다른 곳으로 가거나 이탈할 수 없다는 의미가 포함되어 있다. 이 말이 교육에 전용되어 학생들이 일정한 목표를 향해서 학습하는 진로 또는 내용을 의미하게 되었으며, 학생들이 학습하는 교과과정 또는 교육과정이란 말로 이해하게 되었다. 보비트에 의해서 커리큘럼이라는 용어가 처음 사용된 이래 교육과정은 학문적 대상으로 자리잡기 시작하였다.

교육과정을 무엇으로 보는가에 대한 문제는 그 시대를 주도하는 교육철학사조에 따라 다를 수도 있고 또 교육과정을 보는 시각에 따라서도 다를 수 있다. 교육철학 사조에 따라서 교육과정은 교과중심교육과정, 경험중심교육과정, 학문중심교육과정, 인간중심교육과정으로 진화되어 왔다.

교육과정은 보는 시각에 따라서 다음과 같다.

① 교육과정을 학교에서 가르치는 교육내용으로 보는 입장

학교 수업시간에 가르치는 교과들을 교육과정으로 보는 경우이다. 이것은 교과중심교육과정에서 보는 시각과 동일한 것으로 한 코스에서 가르칠 교수요목을 바로 교육과정으로 본다.

② 교육과정을 의도된 학습 성과로 보는 입장

교육과정을 교육내용으로 보기보다는 수업을 통하여 도달하여야 할 학습 성과로 본다. 교육과정은 각 교과에서 성취해야 할 수행목표들의 집합으로 제시된다.

③ 교육과정을 「문서에 담긴 계획」으로 보는 입장

이 개념은 매우 포괄적인 의미이다. 문서 속에 무엇이 담기는가에 따라 교육과정의 모양이 달라질 수 있기 때문이다. 즉 문서 속에 목표들이 나열될 수도 있고, 교과 내용이 열거될 수도 있다. 문서 속에 목표들이 나열된다면, 앞에서 말한 의도된 학습 성과의 특징을 가질 수도 있다. 그리고 만약 이 문서 속에 교수요목이 담긴다면 교육내용을 교육과정으로 보는 입장과 동일하게 된다. 이렇게 본다면 교육과정을 문서 속에 담긴 계획으로 보는 입장은 일면 무의미하게 여겨질 수도 있을 것이다. 그러나 이러한 문서는 교사뿐만 아니라 교육 관련자들에게 매우 중요하다. 보통 이러한 문서 속에는 국가나 시도 교육청 혹은 학교 기관에서 제시되는 교육목적과 교육내용의 체계, 교육방법, 교육평가, 운영 등에 관한 계획이 종합적으로 제시된다. 일반적으로 학교는 교육부에서 고시한 문서화된 교육과정을 따라 운영된다. 따라서 그 국가나 학교에서 무엇을 가르치

고, 어떠한 것들을 목표로 삼고 있으며, 어떠한 평가 방법이 이루어지고 있는가를 한 눈에 알기 위해서는 문서화된 교육과정을 보는 것이 가장 분명하고 확실한 방법이 된다.

이렇듯 교육과정을 보는 관점은 여러 가지가 있다. 이것은 각각 나름대로의 근거를 가지고 있어서 반드시 어느 것이 옳다고 말하기는 어렵다. 오히려 이러한 다양한 견해는 교육과정의 논의를 여러 가지 관점에서 활성화시킬 수 있는 장점이 있다.

2. 교육과정의 변천

1) 교과중심 교육과정

교과중심 교육과정은 학교에서 배우는 교수요목을 교육과정으로 보는 입장이다. 즉 지식의 체계를 중요시하는 교육과정으로, 학교에서 학생들이 배우는 일체의 교재와 교과를 유일한 교육과정으로 여긴다. 이러한 입장에선 교사는 주로 학교나 교육기관에서 정해준 교과서 내용을 충실히 가르치는 입장에 서며 결코 이러한 것을 벗어나서는 안 된다고 생각한다.

인류 문화유산을 체계적으로 조직화하여 담아놓은 것이 바로 교과라고 보며, 이러한 교과는 그 자체의 논리와 체계가 있으므로 이를 보다 잘 학습하는 것이 교육에 있어 최선의 방법으로 생각하였다. 이 교과중심 교육과정은 전통적 교육철학인 이상주의의 영향 아래 주지주의나 이성주의 사고방식에 입각한 것으로 생각할 수 있다. 이것의 효시는 고대 그리스시대의 7자유학과(3학: 문법, 수사학, 변증법, 4과: 산술, 기하, 천문, 음악)라고 볼 수 있는데 가장 오래된 전통을 가진 교육과정의 형태라고 할 것이다.

이러한 교과중심 교육과정은 정해진 교과내용 만을 주로 설명 위주로 가르치며 학생들은 그 내용을 암기하는 방법으로 교수-학습이 주로 이루어진다. 교과중심 교육과정의 구체적인 특징을 보면 다음과 같다.

첫째, 교육의 주된 목표는 문화유산의 전달이다. 교과중심 교육과정에서 교과라는 것은 곧 인류가 역대로 누적 시켜온 문화유산을 체계적으로 분류하고 조직화시켜 놓은 것이라고 할 수 있다. 교과중심 교육과정에서는 이러한 인류의 문화유산을 가르치고 전수하는 것을 중요한 교육목표로 삼고 있다.

둘째, 교사중심 교육과정이다. 교과중심 교육과정에서 교사는 그 분야에 관해서 학생들에 앞서 모든 것을 알고 학생을 이끌 수 있는 존재로 인식된다. 학생들은 교사의 가르침을 그대로 따르는 것이 최선의 길이라고 여겨진다.

셋째, 수업 방식에 있어서 설명 중심의 수업이 주로 이루어진다. 선대의 축적된 문화유산을 교사의 설명을 통하여 머리 속에 잘 기억하는 학생이 우수한 학생으로 인정받는다. 물론 실험이나 실습, 토의 방법 등이 사용될 수 있기도 하지만 이러한 방법보다는 교사의 상세한 설명을 통하여 수업이 이루어지는 경우가 더 많다.

넷째, 주로 교과 영역 안에서만 학습활동이 이루어진다. 교과중심 교육과정에서는 교과서에 담겨있는 내용을 가장 가치있는 것으로 여긴다. 교과서 이외 다른 활동은 별로 중요하지 않다. 그리고 그 교과의 선을 충실히 지키고 주어진 교과의 선을 넘어 다른 교과를 침범하는 것을 싫어한다. 예를 들면, 국어 교과에서는 국어의 내용만이 다루어지기를 바라고 사회교과에서는 사회의 내용만 다루어진다. 즉, 교과의 관련성이나 연관성을 생각하여 가르치지 않는다.

이러한 교과중심 교육과정의 장점을 정리하면 다음과 같다.

첫째, 선대의 문화유산을 가르치는 데 가장 적합한 교육과정이다.

둘째, 기본교육과 기초적인 지식을 배우는 데 적합한 교육과정이다.

셋째, 교수-학습과정의 성취도 측정 및 평가가 용이하다.

넷째, 중앙집권적 통제가 쉽다. 교과중심 교육과정에서는 지역적인 특색이나 교과 이외의 활동을 인정하지 않는다. 교과내용은 선대로부터 내려오던 잘 간추려지고 조직화된 지식들이 주를 이룬다. 따라서 전국적으로 교과내용이 동일한 형태를 취한다. 이것은 중앙교육기관에서 교과내용을 통제하고 이끌어 나가기 쉬운 장점이 있다.

그러나 이러한 교과중심 교육과정은 다음과 같은 점에서 많은 비판을 받았다.

첫째, 선대의 문화유산을 교과내용으로 삼아서 학습을 한다고 하지만 단편적인 지식의 주입이 되어왔다는 것이다. 흔히 말하는 입시 위주의 교육이 되어 한 번 외우고 시험을 치고 나면 그것으로 끝나는 형식의 교육이 되어왔다.

둘째는 학습자의 흥미와 요구가 전혀 반영되지 않았다는 점이다. 물론 이것은 어떤 점에서는 단점이라고 할 수 없을 수도 있겠지만, 실제적으로 학습자들이 그 교과내용에 관심이 없는 것은 자신의 입장이나 위치와 관계가 없기 때문인 경우가 많다. 교과내용에 학습자의 흥미와 요구가 반영되는 것은 학습자가 그 교과에서의 흥미와 요구를 가지게 하기 위해서 필요한 것이다.

셋째는 학습자가 수동적 입장에 서기 쉽다. 교사가 설명식, 강의식으로 수업을 진행하므로 학생들은 그다지 다른 활동을 할 필요가 별로 없다.

넷째, 학습자들에게 고차원적 정신기능, 즉 창의력이나 비판적 사고력 등을 개발시키기 힘들 수 있다.

2) 경험중심 교육과정

경험중심 교육과정은 1930년대 교과중심 교육과정에 회의를 느끼기 시작하면서 도래되었다. 이것은 진보주의 교육의 대표자 격인 듀이(J. Dewey)의 영향 아래 발달한 것으로 교육과정 내용을 학습자의 흥미, 요구에 두고 이들에게서 상호작용으로 생기는 경험의 체계를 강조하는 것이다. 이러한 진보주의 교육사조의 배경은 1929년 당시 경제 공황이 일어났을 때 과연 교과중심 교육과정으로 학생들이 급변하는 사회에 적응하고 배운 내용을 사회에 나와서 적절하게 이용할 수 있는 것인가 하는 회의를 가지게 되면서부터 생겨나게 되었다. 즉, 교과중심 교육과정에서 배운 내용들은 하나 같이 현실생활과 유리된 것들이었다는 지적으로 교육과정 개정이 진행된 것이었다.

이러한 경험중심 교육과정은 '학습이란 것은 학습자에게 흥미가 있고 필요와 목적에 맞는 내용일 때 가장 효과적이고, 실제 생활에 밀접하게 관련될 때 의미 있게 조직된다. 어린이는 능동적이고 창조적인 존재이며, 학습은 경험을 통해 이루어지므로 그들이 중요하다고 생각하는 활동을 스스로 선택하고 경험해 볼 수 있는 기회와 자유가 주어져야 한다' 는 기본 철학에서 출발한다(김도수, 1994). 따라서 경험중심 교육과정은 학생들의 직접적인 흥미 · 필요 · 목적에 기반을 두고 교육과정을 구성하며, 학습자의 자발적인 활동을 통하여 전인적 발달을 기하는 데 목적이 있다.

경험중심 교육과정에서는 교육과정을 '학교의 지도하에 학생들이 가지는 모든 경험' 으로 정의한다. 이것은 교육과정을 단순히 '정해진 어떤 문서' 로 보기 보다는 학생들의 경험 속에 있는 것으로 생각한다는 것이 큰 특징이다. 즉 경험중심 교육과정에서 교육과정은 문서상에 존재하는 것이 아니라 학생들의 경험 속에 존재하는 것이다. 따라서 이것은 학생들이 학교에서 겪는 경험이 다양한 만큼 교육과정도 다양하고 모두 그 형태가 다르다고 보아야 할 것이다. 학생들이 학교에서 어떤 것을 경험하지 못했다면 경험중심 교육과정에서는 그것을 교육과정이라고 하지 않는다.

경험중심 교육과정은 선대의 문화유산 보다는 현재 생활에 필요한 내용을 가르치고, 미래 생활을 준비하는 교육보다는 현재 생활을 준비하는 교육에 치중하였다. 그리고 교과의 분과 보다는 통합을 지향하고 있으며 교사의 교수보다는 학습자의 학습을 중요시 하는 입장에 서 있다.

이러한 경험중심 교육과정의 기본적인 견해를 홉킨스(Hopkins, 1934)는 다음과 같이 제시하고 있다.

① 교육과정의 중심은 교사가 아니라 학생에게 있다.

② 교재를 가르치는 것이 아니라 학생들의 원만한 성장을 촉진시키는 데 중점을 둔다.

③ 교재를 미리 선택하여 조직하는 것이 아니라 학습의 현장에서 결정한다.

④ 교육과정을 교사가 일방적으로 강요하지 않고 모든 학습자의 협력적인 참가에 의하여 결정한다.

⑤ 흩어진 여러 가지 사실을 가르치는 것이 아니라 확실하게 의미있는 내용의 경험을 중시한다.

⑥ 기능이나 습관을 다른 학습에서 분리하여 가르치지 않고 종합적인 경험의 일부로 가르친다.

⑦ 교재와 결부된 교수법에 주력하지 않고 학습자의 학습법에 따른 학습을 중요시 한다.

⑧ 모든 학생에게 일률적인 학습을 시키지 않고 개인의 발달에 따른 학습을 촉진시키려 한다.

⑨ 일정한 틀에 맞추지 않고 개개 학습자의 창조적인 특성을 함양하려 한다.

⑩ 교육을 수업의 연장이라 보지 않고 끊임없는 성장의 과정이라고 생각한다.

이와 같은 경험중심 교육과정에 있어서 듀이(Dewey)의 의도는 교과를 아동의 흥미와 대립되는 개념으로 보지 않았다(이홍우, 1996). 즉 경험중심 교육과정을 가르치는데 있어서 교과중심 교육과정을 배격하는 것이 아니었다. 듀이에 의하면 아동의 흥미는 교과와 무관한 것이 아니라 교과를 '유목적적인' 활동과 관련지을 수 있을 때 생긴다는 것이다. 그러나 교육과정 조직에 있어서 선대의 문화유산을 중심으로 조직하기보다는 인간생활의 제영역에 있어서 문제점들을 중심으로 조직하였다는 것은 분명하다(김종서 외, 1998).

이상에서 논의한 바와 같이 경험중심 교육과정이라고 해서 지식의 체계성을 전혀 무시한 것은 아니며, 다만 교육과정 구성의 중심을 선대의 문화유산에 두느냐 혹은 학생들의 경험과 요구에 두느냐 하는 것이다. 그 관점의 차이는 크다고 할 것이다. 이러한 경험중심 교육과정의 특징을 들면 다음과 같다.

첫째, 교육과정 구성을 학습자의 흥미와 요구에 두며, 학습 내용을 학습의 장에서 결정한다. 여기에서는 학습자의 참여가 중요시된다. 이것은 경험중심 교육과정의 가장 큰 특징이라고 할 수 있다. 교과중심 교육과정에서는 학습자의 참여에 의한 교육과정 결정이란 것이 존재할 수 없다.

둘째, 생활인의 육성을 강조하며 사회의 급격한 변화에 적응하는 인간을 육성하고자 한다. 경험중심 교육과정은 1929년 미국의 경제 대공황 전후로 형성되었는데 이 당시에는 무엇보다도 배운 내용을 사회에서 이용할 수 있는 것들이 절실히 요구되었다. 따라서 교육내용도 생활에 필요한 교육, 급변하는 사회에 보다 잘 적응할 수 있는 교육이 요구되었다.

셋째, 교과활동 못지않게 과외활동(extra curricular activities)을 중요시한다. 학문중심 교육과정에서는 교과서 내용을 충실히 배우는 것을 최선으로 삼는다. 그러나 경험중심 교육과정에서는 교과 활동 이외에도 실습, 여행, 전시회, 클럽활동 등도 학습과정으로 매우 중요시한다.

넷째, 전인교육을 강조한다. 교과중심 교육과정이 지적인 교육에만 치중한다는 많은 비판을 받은 반면 경험중심 교육과정은 학습자들의 지적인 측면 뿐만 아니라 과외활동 등을 통한 정의적인 측면과 신체적인 측면의 조화로운 발달을 기한다. 즉 경험중심 교육과정에서는 노작, 운동, 소풍 등도 중요한 교육과정으로 생각하고 있으므로 현실생활과 유리된 지식의 주입만을 강조하지 않는다.

3) 학문중심 교육과정

1950년대 접어들면서 미국에서는 스미스(Smith), 린드(Lynd), 베스트(Best) 등 본질주의 학자들이 기존의 진보주의에 입각한 경험중심 교육과정을 비판하면서 교육의 지적 수준을 높이는 방향으로 교육과정을 개정할 것을 강력하게 주장하는 움직임이 일기 시작했다. 사실, 당시 경험중심 교육과정에서 학습자의 요구를 지나치게 존중하다 보니 많은 학습자들이 수학이나 과학과 같이 복잡하고 어려운 학문에 대해서는 학습을 기피하는 현상이 역력했다. 이것은 국가의 기초과학 분야의 약화를 초래하였다.

그러는 가운데, 1957년 소련이 스푸트니크(sputnik) 인공위성을 발사하게 되고 이것은 미국의 자존심에 크나큰 상처를 주었으며 이러한 충격은 곧 미국의 교육과정을 학문중심으로 변혁시키는 촉진제가 되었다. 뿐만 아니라 이 당시에는 과학과 기술의 발달로 지식이 폭발적으로 증가하고 있는 추세에 있었다. 당연히 학교에서 이러한 지식을 모두 다 가르칠 수는 없는 일이었고 이러한 많은 지식 가운데 무엇을 어떻게 선정하여 가르칠 것인가가 심각한 문제로 대두되었다.

1959년 미국에서는 우즈호울회(Woods Hole Conference)에서 '교육의 과정(The Process of Education)' 이라는 보고서와, 기본교육위원회(Council for Basic Education)에서 '기본교육의 중요성' 이라는 보고서를 작성하였다. 이것은 종래의 진보주의 교육과는 달리 새로운 교육 동향을 확립하는 계기가 되었다. 이 새로운 교육 동향에는 '교과' 또는 '학문' 이 교육의 내용을 이룬다. 특히 '교육의 과정' 에서는 학습자들에게 '지식의 구조' 를 가르칠 것을 강조하고 있다.

브루너(Bruner)는 교육에 있어서 지식의 구조가 강조되어야 하는 이유를 다음과 같이 말하고 있다.

① 기본적인 것을 이해하게 되면 교과를 쉽게 이해할 수 있게 된다.

② 개개의 사실이 전체 구조 속에서 파악되면 쉽게 잊히지 않는다.

③ 기본적인 원리와 아이디어의 이해는 훈련을 통한 전이를 가져오는 수단이 된다.

④ 초 · 중등학교에서 가르치는 교재에서 고등지식과 초보지식간의 간격을 좁힐 수 있다.

학문중심 교육과정에서는 교육과정을 각 학문에 내재해 있는 지적 탐구과정의 조직(김종서 외, 1998)으로 정의한다. 이러한 학문중심 교육과정의 특징을 요약하면 다음과 같다.

첫째, 지식의 구조를 강조한다. 브루너는 지식의 구조를 '학문의 기저를 이루고 있는 '일반적 아이디어', '기본 개념', '일반적 원리' 등과 동의어로 쓰고 있다. 브루너는 지식의 구조에 관한 정확한 정의를 내리지는 않고 있지만, 대체로 지식의 구조의 여러 가지 특성을 통하여 그 개념을 추측할 수 있다. 우선은 지식의 구조를 그 학문의 성격을 가장 잘 나타내어 주는 '기본 개념과 원리'로 이해하여 두는 것이 좋을 듯하다.

둘째, 교육과정은 나선형으로 조직되어야 한다. 브루너는 초등학교나 전문적인 학자나 탐구하는 내용은 동일한 것이어야 한다고 말한다. 그렇다면, 초등학생들은 전문학자가 탐구하는 내용을 어려워서 어떻게 학습할 수 있다는 말인가? 그것은 간단하다. 내용은 동일한 것으로 선정하되 그 내용의 폭과 깊이는 나선형 모양으로 학년이 높아질수록 점점 어렵게 조직한다는 것이다. 다시 말하면, 초등학교에서부터 학자들이 탐구하는 것에 이르기까지 동일 내용을 가르치되 다만 그 수준을 나선형식으로 달리하여 가르친다는 의미이다. 여기에는 깊은 의미가 담겨있다. 브루너는 심지어 2차 방정식도 그 수준을 달리하면 초등학교 학생들에게 가르칠수 있다고 하였는데, 시범학교에서 실제로 그렇게 하여 보였다.

셋째, 탐구과정을 중시한다. 학문중심 교육과정은 기존의 교과중심 교육과정과 다른데 가장 크게 다른 점이 교과중심 교육과정에서는 교과의 내용을 반복하고 암기하는 방식으로 학습이 이루어 진다면 학문중심 교육과정에서는 제시된 내용을 그 분야의 학자가 하는 것처럼 탐구과정을 통하여 학습하게 된다는 것이다. 학문중심 교육과정에서는 교과에 내재해 있는 '기본원리', '핵심 개념'을 교사가 정리하여 학생들에게 제시하고 설명하는 것이 아니라 해당 분야의 학자가 하는 방식으로 이를 찾아내도록 한다. 정확하게 말하면, 물리학을 올바르게 공부하려면 물리학자가 하는 것과 꼭 같은 '눈'과 '방식'으로 물리학을 탐구하고 물리학의 원리나 개념을 찾아내도록 하여야 한다는 것이다.

이러한 특징을 지닌 학문중심 교육과정은 우선 학습자들이 탐구과정을 통한 스스로의 발견에 희열을 가질 수 있음을 큰 장점으로 꼽을 수 있다. 이러한 것은 스스로 지적 호기심을 가지고 꾸준히 그 분야를 탐구하지 않은 사람은 느낄 수 없는 발견의 기쁨이라고 할 수 있다. 그리고 앞에서 언급이 되었듯이 지식의 구조를 학습하게 되면 이해하기가 쉬우며 또한 현대와 같은 지식 팽창시대에 많은 양의 지식을 모두 학습할 필요가 없다는 결론을 얻을 수 있다. 핵심적 개념만 이해하고 있으면 유사한 분야에 전이가 가능할 것이고, 무엇보다도 학문적 탐구방법을 체득하여 그 학문과 관련된 지적인 안목을 가질 수 있다는 것을 큰 장점으로 들 수 있을 것이다.

그러나 학문중심 교육과정도 그것을 적용하는 현장에서 그 한계가 드러나고 있다. 무엇보다도 현실과 유리되었다는 비판을 하게 된다. 학문중심 교육과정은 생활의 필요나 사회적 요구보다는 학문 자체에 내재하는 논리가 중요하다고 보았다. 해당분야의 학자들이 교육과정을 조직하다 보니 자연스럽게 현장의 교사나 학생들의 요구를 수용하지 못하고 학문적 체계가 앞서게 되었다. 다음으로 지식의 구조를 교사가 각 교과마다 찾아서 수업하기에는 너무 어렵다는 한계를 가진다. 그리고 이것을 학습하는 데에도 많은 시간이 소요된다. 뿐만 아니라 다시 너무 지적인 면에 치중하여 정의적인 발달면을 소홀히 한다는 비판도 받아왔다. 이러한 비판들은 경험중심 교육과정의 입장에서 얼마든지 가할 수 있는 비판이다. 그러나 학문중심 교육과정에서 내세우고 있는 지식의 구조, 교과에 있어 학문적 논리를 강조한다는 점은 현재도 우리나라 교육과정에 많은 영향을 미치고 있다.

4) 인간중심 교육과정

인간중심 교육과정은 1970년대에 들어와서 고도 산업사회에 따른 인간소외 현상이 심각한 사회 문제로 대두되고, 더구나 학문중심 교육과정이 지나치게 지식과 학문을 강조하고 구체화함으로써 그 지식이 개인적 측면과 사회적 측면에서 적절한 발전을 기하는 데 그리 큰 공헌을 하지 못했다는 비판을 받게 되면서 대두되었다.

경제가 지속적으로 성장하고 산업이 고도로 발전함으로 인한 물질적 풍요는 여러 가지 사회문제를 수반하게 되었다. 즉 인간소외, 물질 만능의 풍조, 청소년 비행 등 여러 가지 사회 병리 현상들이 일어나게 되었다. 따라서 교육은 학문적 체계나 조직만 강조할 것이 아니라 이러한 문제에 관심을 가지고 인간형성과 인류의 가치실현이라는 점에 역점을 두어 실행해 져야 한다는 요구를 받게 되었다. 다시 말하면, 교육이란 지식과 기술을 습득하기 위해서만 존재하는 것이 아니라 인간에 대한 이해, 인간성의 개발, 타인과의 원만한 관계, 새로운 인간형의 창조를 위해 행해져야 하고, 또 그러한 내용들을 교육목표로 삼아야 한다는 전제 하에 나타난 것이 바로 인간중심 교육과정이다.

인간중심 교육과정의 사상적 근거는 루소(Rousseau)의 자연주의 교육사상과 닐(Neill)의 섬머힐(Summerhill School)을 모범으로 하는 자유학교에서 찾을 수 있다. 이들의 교육은 무엇보다도 인간의 삶 자체에 충실해야 하며, 자기충족감이 넘치는 인간을 육성할 수 있어야 한다는 것을 그 기본으로 보고 있다. 교육의 인간화, 또는 인간중심 교육과정은 인본주의 교육(humanistic education)과 상통하며, 이것은 바로 전인교육의 정신과 상통한다. 인간주의자들이 보는 교육과정의 기능은 개인에게 내적인 경험을 제공하는 것이다. 그러므로 교육의 목표는 인성적 성장, 통합, 자율성을 꾀하고 자아 및 타아 그리고 학습에 대한 건전한 태도를 형성하는 과정으로서 자아실현으로 나아가는 것이라고 하였다.

인간중심 교육과정에서는 교육과정을 '학생들이 학교생활을 하는 동안에 가지는 모든 경험(김종서 외, 1998)' 으로 정의하고 있다. 물론 이 정의는 잠정적인 것으로 인간중심 교육과정에서의 개념이나 특징 등은 아직도 연구단계에 있다. 아무튼 이 인간중심 교육과정의 정의는 경험중심 교육과정에서의 정의보다도 훨씬 넓다고 하겠다. 경험중심 교육과정에서는 '학교의 지도 하에' 학생들이 가지는 모든 경험들을 교육과정으로 보았으나 인간중심 교육과정에서는 '학교에서 지도하지 않았음에도' 학생들이 가지는 경험까지 교육과정에 포함시키고 있음이 바로 그 차이점이다.

인간중심 교육과정의 특징을 살펴보면 다음과 같다.

첫째, 자아의 실현(self actualization)을 목표로 한다. 패터슨(Patterson)은 "인간중심 교육의 목표는 자아실현인을 계발하는 데 있는 것이다(장상호 역, 1981)" 라고 말하고 있으며, 매슬로우(Maslow)의 욕구위계설에서도 인간의 궁극적인 욕구를 '자아실현의 욕구' 로 표현하고 있음은 널리 알려진 사실이다. 인간은 태어날 때부터 선천적으로 성장하고자 하는 욕구를 지니고 있으며 이러한 욕구를 끊임없이 실현하고자 하는 동기도 동시에 지닌 존재라고 본다. 이러한 인간관은 인본주의 심리학자들의 공통된 견해이다.

둘째, 잠재적 교육과정을 표면적 교육과정과 마찬가지로 중요시 한다는 특징을 가지고 있다. 잠재적 교육과정이란 학교에서 지도 계획에 없음에도 학생들이 은연 중에 가지게 되는 경험이라고 말할 수 있는 바 표면적 교육과정이란 그와는 반대로 학교의 지도 가운데 학생들이 가지게 되는 경험이라고 대비하여 말할 수 있다. 인간중심 교육과정에서는 학교에서 의도한 바가 없음에도 학생들이 가지게 되는 잠재적 교육과정에 많은 관심을 둔다. 표면적 교육과정은 주로 학생들의 지식 및 기능의 성장에 영향을 주고, 잠재적 교육과정은 학생들의 정의적, 인성적인 측면, 사회발달적인 측면에 영향을 미친다.

셋째, 학교 환경의 인간화를 위하여 노력한다. 오늘날 학교 환경에는 인간교육을 저해하는 요인이 많다고 하겠다. 예를들면 학교 폭력, 과밀학급, 입시위주의 교육, 강제적인 자율학습, 교도소 같은 학교 구조와 시설 등 이러한 것들은 학생들의 인간화 교육을 저해하는 요인들임이 틀림없다. 따라서 이러한 교육환경의 개선은 곧 인간화 교육의 중요한 수단임은 두말할 나위가 없을 것이다. 이러한 비공식적인 경험들은 학생들의 인격형성과 정의적인 측면 형성에 많은 영향을 주는 것이 사실이다.

넷째, 인간중심 교육과정에서는 인간주의적 교사를 가장 필요로 한다. 인간중심 교육과정에서는 '가르친다는 것은 하나의 체제나 방법들을 이용하는 것이 아니고 바로 하나의 인간적 관계(장상호 역, 1981)' 로 보기 때문에 인간적인 교사가 바로 학생들의 정의적인 측면과 자아실현에 중요한 역할을 하는 것으로 보고 있다. 패터슨은 인간주의적 교사의 특성을 '진실된 교사, 한 개인으로서 아동에 대한 존중, 공감적 이해, 애정 등' 으로 들고 있다.

3. 교육과정의 구성요소

교육과정에 포함되는 구성 요소들에 어떤 것들이 있는가에 대한 견해는 여러 가지로 나눌 수 있다. 그러나 그러한 것들은 대부분 타일러(Tyler)가 제시하고 있는 틀을 벗어나지 못하고 대동소이한 수준이다.

타일러는 일찍이 그의 유명한 저서 「교육과정과 수업의 기본 원리」에서 교육과정 개발이나 수업설계에 포함되어야 할 요소로서 다음과 같은 네 가지를 제시하고 있다 (Tyler, 1949).

① 학교에서 학생들이 달성하고자 하는 교육목표는 무엇인가?

② 이 목표를 달성하기 위하여 어떤 경험을 선정해야 하는가?

③ 이 교육적 경험을 어떻게 효율적으로 조직해야 하는가?

④ 이 목표의 달성여부를 어떻게 알 수 있는가?

여기서 첫 번째 요소는 교육목표에 관련된 내용이고, 두 번째는 학습경험 즉 교육내용의 선정에 관련된 내용이며, 세 번째는 교육내용의 조직, 그리고 네 번째는 교육평가에 관련된 내용이다. 이러한 타일러의 견해에 한 가지 추가할 것이 있다면 바로 교수-학습 과정이라고 할 수 있다. 여기서는 타일러의 이론을 바탕으로 교육과정 구성 요소를 다음과 같이 네 가지로 다시 구분하여 살펴보기로 한다. 그것은 ① 교육목표의 설정 ② 교육내용의 선정 및 조직 ③ 교수-학습 과정 ④ 교육평가 등이다.

1) 교육목표의 설정

교육목표는 교육을 통해서 달성 하고자 하는 행동 변화를 나타내는 말이며 이것은 교육이 나아갈 방향을 제시해 주고 교육활동의 지침적 역할을 수행한다. 혹자는 교육내용 그 자체의 가치를 주장하며 교육목표를 설정할 필요가 없다고 주장하는 사람도 있으나 교육내용에 내재해 있는 교육목표를 찾아내는 그것이 교육목표 설정의 하나의 방법이다(김종서 외, 1998).

교육목표가 분명하면 할수록 교육적 활동은 더욱 의미를 가지게 되며, 교육 효과도 상승할 가능성이 높아진다. 교육의 목표가 명확하다는 것은 그 이후에 따라서 오는 교육내용의 선정이나 조직, 교수-학습 과정, 평가에 그 만큼 뚜렷한 방향을 제시한다는 의미이기 때문이다. 교육목표 설정 자원은 여러 가지로 들 수 있으나 대체로 다음과 같은 몇 가지로 들 수 있다.

첫째, 학습자의 필요와 요구이다. 가르치는 교육내용은 학습자의 흥미와 요구에 적합하여야 한다. 물론 학습자의 흥미나 요구에 관계없이 정신적 도야 가치를 주장하는 사람들이 있기는 하지만, 학습자가 원하지 않는 것이라면 성공적인 교육적 효과를 기대하기 힘들 것이다. 예를 들면 직업에 관련된 목표, 건강에 관련된 목표, 그 외 부딪치는 문제 해결에 관련된 목표 등은 언제나 학습자들이 관심을 갖는 것들이다. 그리고 중요한 것은 학습자들의 발달 단계도 함께 고려되어야 한다는 점이다. 아무리 필요한 목표라고 하더라도 학습자들이 신체적으로 혹은 정신적으로 미숙한 상태라면 그 목표는 달성하기 힘들 것이기 때문이다.

둘째, 그 사회의 필요와 요구이다. 이것은 사회가 바라는 바가 교육목표 설정의 원천이 된다는 것이다. 교육은 결국 주어진 사회의 테두리 안에서 행해진다. 그 사회의 요구를 거부하는 교육은 존재할 수 없다. 단적으로 말해서, 사회에서 필요한 인력의 공급, 지역 사회에서 요구하는 목표 등을 학교가 거부할 수는 없다. 나아가 그 사회에 적응하고 자신의 성취를 이루어 가는 데 필요한 지식, 기능, 태도는 반드시 학교의 교육목표에 반영되어야 할 것이다.

셋째, 교과 전문가들의 교과에 관한 의견이 교육목표에 반영되어야 한다. 어떤 특정한 교과의 성격과 그 교과에서 기본적으로 학습해야 할 내용이 무엇이고, 중요하게 다루어야 할 내용이 어떤 것인가에 관하여 가장 잘 파악하고 있는 사람은 해당 교과의 전문가들이다(이종승, 1988). 따라서 교과 전문가는 교과별 교육목표나 단원을 설정하는 데 있어서 매우 귀중한 의견을 제시할 수 있다. 다시 말하여, 교과전문가들의 제안은 교육목표 추출의 또 다른 자원이 된다고 할 수 있다.

넷째, 교육철학이 교육목표의 자원이 된다. 이것은 그 국가의 국가이념을 포함해서 그 시대의 교육사조도 교육목표의 설정에 영향을 미친다는 것이다. 예를 들면 우리 나라는 민주주의 이념을 따르고 있으므로 우리 나라의 교육목표는 민주주의 철학에 바탕을 두고 설정되어야 한다. 그리고 진보주의, 본질주의, 항존주의, 재건주의, 실존주의 등 이러한 여러 가지 교육철학적 사조도 교육목표 설정에 영향을 미칠 수밖에 없다. 어느 사조에 교육목표 설정의 근거를 두느냐에 따라서 가르치는 방향과 내용은 전혀 달라질 수밖에 없을 것이다.

2) 내용의 선정 및 조직

(1) 내용의 선정

교육내용 선정에 관련된 원리는 여러 가지로 생각할 수 있다. 어떠한 것이 가치있는가 하는 것은 교육사조나 철학에 따라서 달리 평가될 문제이지만 일반적으로는 아래와 같은 원리들을 따를 것을 권하고 있다.

첫째, 교육목표와의 일관성을 고려하여야 한다. 교육내용은 교육목표를 달성할 수 있는 것이어야 할 것이다. 다시 말하면, 독서 능력을 향상시킨다는 목표가 있으면 독서 능력을 향상시킬 수 있는 바로 그 경험이 교육 내용으로 선정되어야 할 것이다. 창의력을 향상시킨다는 목표를 세워두고 암기의 기능을 향상시키는 내용을 선정해서는 곤란하다.

둘째, 중요성의 원리이다. 이것은 학문중심 교육과정에서 강조되는 내용인데 교과를 구성할 때에는 학문을 구성하는 기본 개념을 중시하여야 한다는 것이다. 오늘날의 지식의 양은 엄청나게 늘어나 있으므로 일반적 사실을 다 가르치기란 불가능하다. 따라서 일반적 사실보다도 전이가(轉移價)가 높은 지식의 구조, 기본 개념, 일반적 원리들을 가르쳐야 한다는 것이 이들의 주장이다.

셋째, 사회적 유용성의 원리이다. 진보주의나 사회재건주의의 관점에서 본다면, 교육의 내용은 학습자가 사회에서 문제 해결을 하는 데 도움을 줄 수 있는 것들이어야 한다. 따라서 사회적으로 필요한 기능이 무엇인가와 학생들이 생활하는 데 필요한 내용은 어떤 것인가를 잘 분석하여 교육내용에 반영하여야 한다.

넷째, 학습가능성의 원리이다. 아무리 좋은 교육내용이라고 하더라도 학생들이 학습할 수 있는 가능성이 있는 내용을 선정해야 할 것이다. 학습 대상의 학습 능력, 그들이 처해 있는 학습환경, 시설, 혹은 선수 학습 정도 등을 고려하여 학습내용이 선정되어야 보다 효율적으로 교육목표를 달성할 수 있을 것이다.

다섯째, 흥미의 원리이다. 교육내용은 학습자들이 흥미를 고려해서 선정되어야 한다. 학습자들이 흥미를 갖지 않을 때 그것이 제대로 학습될 가능성은 그만큼 줄어들 것이기 때문이다. 유치원이나 초등학교 학습 단원에서는 학습자의 주변에서 학습내용을 찾고, 중 · 고등학교에서는 선택 과목의 폭을 넓히는 것 등은 바로 학습자의 흥미의 원리를 존중하는 것이라고 볼 수 있다.

(2) 내용의 조직

교육내용이 선정되면 이를 조직하여야 할 것이다. 이와 같은 교육내용 조직에 있어서는 일반적으로 교육내용 상호간의 밀접한 관련을 지우면서, 쉬운 것에서 어려운 것으로, 구체적인 것에서 추상적인 것으로, 일반적인 것에서 특수한 것으로, 학습자와 가까운 것에서 먼 것으로 조직하는 것이 원칙이다. 다음에 제시하는 것들은 특히 교육내용 조직에 있어서 유의해야 할 것들이다.

첫째, 계속성(continuity)의 원리이다. 계속성이란 학습 경험의 수직적 조직에 요구되는 원리로서, 중요한 경험 요소가 어느 정도 계속해서 반복되도록 조직하는 것을 말한다(이종승, 1988). 즉 중요한 교육내용은 학습자들에게 한 번만 제공되는 것이 아니고 일정한 기간을 두고 계속적으로 반복 제시됨으로써 학습자들에게 충분한 학습기회를 제공한다는 것이다. 이것은 일회적 내용제시로 교육목표의 달성이나 행동 특성의 변화를 기대하기 어려울 경우 특히 강조되는 원리이다. 예를 들면 국어의 독해력 증진의 목표가 있을 경우, 이러한 목표는 일회적 내용 제시만으로 달성이 어려울 것이다. 따라서 일정 기간을 두고 계속해서 독해 내용들이 학습자들에게 제시되어야 하는 것이다.

둘째, 계열성(sequence)의 원리이다. 계열성은 학습자에게 어떤 내용을 먼저 제시하고 어떤 내용을 뒤에 제시할 것인가를 결정하는, 학습경험의 수직적 조직에 요구되는 원리이다. 이것은 계속성과는 다른 차원의 원리이다. 계속성이란 비슷한 수준의 경험이 일정한 기간을 두고 반복 제시되는 경우를 말하지만, 계열성의 원리는 동일한 내용의 단순한 반복이 아니라 점차적으로 내용의 수준을 높여서 더욱 깊이 있고 폭넓은 내용으로 제시되는 경우를 말한다. 이것은 학문중심 교육과정에서 강조하는 나선형 교육과정(spiral curriculum)과 유사한 개념이다. 즉 동일한 교육내용을 학년이 올라감에 따라 그 표현 방식(작동적 표현, 영상적 표현, 상징적 표현 등)을 달리해서 폭과 깊이를 더해가면서 조직하는 것이다.

셋째, 통합성(integration)의 원리이다. 통합성이란 교육내용을 하나 하나 단편적 지식으로 조직하기보다는 교육내용들의 관련성을 바탕으로 상호 조화롭게 연결지어 조직하는 것을 말한다. 보다 구체적으로는 관련있는 내용들끼리 동일한 단원 내에 혹은 비슷한 시간대에 조직하여 수업의 효율성을 높이도록 조직하는 것을 말한다. 이렇게 될 경우, 여러 학습 장면에서 얻은 교육내용들이 학습자의 두뇌 속에서 서로 연결되고 관련이 지어지기 때문에 학생 경험의 통합을 가져 올 수가 있다. 이러한 교육내용의 통합적 조직은 교육내용의 논리적 관련성, 사회적 적합성, 개인적 유의미성을 높일 수 있고(김대현 · 김석우, 1996), 바로 이러한 점들 때문에 현재 국가 수준에서 통합교육과정을 개발하려고 하고 있는 것이다.

3) 교수-학습 방법

교육내용의 선정과 조직이 이루어지면 그 다음의 문제는 이것을 어떻게 가르칠 것인지 정하고 수업을 진행하는 단계가 된다. 이 단계는 교육내용이 실제적으로 학습자에게 전달되고, 학습자가 그것을 경험하는 단계이다. 아무리 교육목표가 훌륭하게 설정되고 교육내용이 적합하게 선정 · 조직되었다고 하더라도 그것이 학습자에게 제대로 전달이 되지 않는다면, 아무런 소용이 없을 것이다.

이 수업단계는 일반적으로 글레이저(Glaser)의 교수−학습모형을 토대로 하여 수많은 모형이 개발되어 활용되고 있다. 한국에서는 한국교육개발원에서 개발한 수업 체제 모형이 학교 현장에서 널리 활용되고 있다.

4) 평가

평가는 교육과정 구성의 마지막 단계이다. 이 평가 단계는 앞에서 설정된 교육목표가 어느정도 달성되었는지 측정해 보고 판단하는 과정이라고 할 수 있다. 이러한 평가는 두 가지 측면에서 이루어져야 한다. 한 측면은 교육과정 구성요소에 대한 평가이며, 다른 한 측면은 학습 성과에 대한 평가이다.

(1) 교육과정 구성요소에 대한 평가

교육과정 구성요소에 대한 평가는 각 구성요소의 단계가 모두 평가의 대상이 된다. 즉 다음과 같은 다양한 부분을 포함하여 전반적인 과정을 모두 평가하는 것이다.

- ◆ 교육목표의 설정이 올바른 절차와 자원 아래서 결정되었나?
- ◆ 교육내용의 선정 · 조직이 주어진 원리에 충실하게 이루어졌나?
- ◆ 교수−학습 과정이 적절한 수업 모형과 학습자의 수준에 맞게 진행되었나?
- ◆ 학습 성과의 평가가 올바르게 이루어지고 이 결과는 다시 교육목표의 설정, 교육내용의 선정 · 조직, 교수−학습과정 등에 반영이 되었는가?

이러한 계속적인 평가의 과정을 통하여 교육과정 구성의 각 요소들은 수정되고 상호 밀접한 관련을 가지게 된다.

(2) 학습 성과의 평가

학습 성과의 평가는 대체로 진단평가, 형성평가, 총괄평가의 세 단계로 나누어 이루어진다. 진단평가는 그 수업에 들어가기 전에 학습자들이 수업목표를 달성하는 데 있어서 어느 정도의 지식과 기능을 가지고 있는가를 알기 위해서 실시한다. 즉, 학습자들의 선수학습 능력이 어느 정도 되는가를 평가하고 부족한 학생들에게는 미리 처치를 하여 그 수업에 있어 수업목표를 무난히 달성하는 데 지장이 없도록 하는 데 목적이 있다.

형성평가의 경우는 수업의 과정에서 수시로 수업목표의 달성 정도를 점검하기 위하여 행하는 평가이다. 이것은 성적에 반영되기보다는 중간 중간에 학습 결손을 점검하여 즉각 처치해 주기 위하여 행하여진다.

마지막으로 총괄평가는 한 단위의 수업이 끝난 후, 전체 내용을 대상으로 평가를 실시하고 그 내용을 성적에 반영한다. 구체적인 내용은 다음 장에서 자세히 다루어진다.

4. 한국 교육과정의 변천

1) 긴급조치기(1945-1946)

1945년 일본의 패망과 함께 미 군정청 학무국은 한국교육위원회를 조직하고 '신 조선인을 위한 교육 방침' 을 시달하였다. 이 중 교과목 등 교육에 관련된 내용은 '교수용어를 한국어로 할 것과 조선의 이익에 반하는 교과목은 일체 교수함을 금하는' 정도의 상당히 포괄적 지시가 있었다. 이어 일본 제국주의 색채를 일체 말살하도록 하는 교육의 일반 방침을 시달하는 한편, 초 · 중등학교 교과목 및 주당 교수 시수표를 시달하였다.

이러한 시간배당과 편제는 임시방편적인 것이기는 하였지만 수신과를 폐지하고 새로운 민주시민 양성을 위한 공민과를 신설한 점, 국어가 일본어에서 우리나라 말로 바뀐 점, 일본 역사가 폐지되고 우리 국사가 개설된 점 등이 특기할만 하다.

〈표 6-1〉 긴급조치시기의 과목 및 교육 시수(1945)

교과 \ 학년	공민	국어	지리역사	산술	이과	음악 · 체육	계
1-3	2	8	1	5	1	3	20
4	2	7	1	4	3	3	20
5-6	2	6	2	3	2	3	18
고등과	2	6	2	2	2	3	17

〈출처〉 교육부(1988). 초등학교 교육과정 해설.

당시 중학교는 고등학교가 포함된 편제로 수업시수는 일주일에 32−34시간 정도였고 1일 평균 5−6시간의 수업을 하였다. 교과별 수업시간 배당을 보면 주로 국어, 영어, 수학 등의 도구교과에 치우쳐 있었다.

2) 교수요목기(1946−1954)

이 시기는 교육과정의 개념상 교수요목과 교육과정을 엄밀하게 구분짓지는 않고, 교사가 학생들에게 가르칠 교수내용의 '주제' 또는 '제목'을 열거하는 데 불과하였다. 따라서 미군정청에서는 교과별 편수사 위원회를 조직하여 교수요목을 제정하고 교과서를 편찬하는 일에 착수하였다. 그리하여 1946년에는 국민학교 교수요목을 시달하였으며, 1947년에 들어서는 중학교의 학제 변경에 따른 교과목별 교수요목을 시달하였는데 이 때의 특징을 살펴보면 다음과 같다.

첫째, 교과의 지도내용을 상세히 표시하고, 기초 능력을 배양하는 데 주력하였다. 둘째, 교과는 분과주의를 채택하였으며, 체계적인 지도와 지력(知力) 배양에 중점을 두었다. 셋째, 우리 나라의 교육 목적인 '홍익 인간(弘益人間)'의 정신에 입각하여 애국 애족의 교육을 강조하였으며, 생활 면에서나 정신 면에서 일제의 잔재를 없애기 위해서 각별한 노력을 기울였다는 점이다. 그러나 이 당시의 형편은 교수요목을 제정하는 데 충분한 시간을 들일 수 없는 입장이었고 각 교과별로 가르칠 주제를 열거하는 정도였다.

이 당시 각 교과별로 나타난 특징을 보면, 첫째 교육과정의 진술 체계가 교과별로 통일이 되어 있지 않고 대부분의 교과가 단원 또는 제재명과 내용 요소만을 제시하고 있고, 둘째 각 교과 공히 단원 또는 제재별로 이수할 시간 수를 밝히고 있으며, 셋째 내용 요소의 진술 형식도 설문 형식, 단순한 내용 요목 제시 형식 등 교과에 따라 다르다. 넷째 교과의 편제는 대략 지금과 비슷한 편제를 갖추었는데 사회생활과가 생겼다는 것이 특이한 점이다. 이것은 차후의 교육에 있어서 생활중심 교육과정이 중점적으로 도입되어 질 것을 알려주는 것이기도 하였다.

3) 제1차 교육과정기(1954-1963)

제 1 차 교육과정은 1954년에 공포된 '초등학교, 중학교, 고등학교, 사범 학교 교육과정 시간배당 기준령' 으로부터 1963년에 개정된 '초등학교, 중학교, 인문계 고등학교, 실업계 고등학교 교육과정' 이 공포되기 까지의 교육과정을 말하는데, 법령상 명칭이 '교과과정' 이었고, '교과중심 교육과정' 으로도 불리운다.

물론 이 시대의 교육과정이 지적인 체계가 중심이 되어 있기는 하나 학생들의 경험과 생활을 존중하는 생활중심 교육과정의 개념이 침투되어 있음이 중요한 특색이라고 할 수 있다.

구성 방침이나 목표는 구체적으로 제시하고 있지 않으나, 각급 학교에 공통되는 '본 과정의 기본 태도' 에서 나타난 것을 중심으로 살펴보면 대략 다음과 같은 특징이 나타나고 있다.

첫째, 현실 생활을 개선, 향상시킬 사회 개선 의지를 강조하고 있는데 이것은 당시의 시대적 상황을 고려해 볼 때 교육을 통하여 전쟁으로 파괴된 국가를 부흥시키고 사회를 발전시켜 보려는 의도에서 비롯된 것이었다.

둘째, 반공 교육, 도의 교육, 실업 교육을 특히 강조하고 있는데 이것은 해방 후의 사회적 혼란과 6.25 전쟁으로 인한 도덕적 타락을 바로잡아 보고자 하는 의도에서 강조하고 있는 것으로 보인다. 특히 실업 교과는 총 이수 시간의 30% 이상이 되도록 부과하고 있어 직업교육을 강조했음을 엿볼 수 있다.

셋째, 특별활동 시간을 배당하여 전인교육을 지향하였는데, 이 내용은 주로 민주적 학생활동, 학생의 개별 성장, 직업 준비 및 이용후생, 학생의 취미에 관한 것들이었다.

4) 제2차 교육과정기 (1963-1973)

제 2 차 교육과정은 1963년 문교부령 제 119, 120, 121, 122호로 공포된 초 · 중등 학교 교육과정으로부터 1973년 학문중심 교육과정이 공포되기 이전까지의 과정을 말한다. 이때의 교육과정 개념은 '학교의 지도 하에 학생들이 가지는 경험의 총체' 로 보았다. 따라서 이 시기의 교육과정을 교육과정의 개념상 생활중심 교육과정 또는 경험중심 교육과정으로 부른다.

이와 같은 생활중심 교육과정으로 출발한 제2차 교육과정의 개정 취지는 대략 다음과 같다. 먼저, 교육과정의 내용면에 있어서는 자주성을 강조하여 막연하고도 보편적인 민주적 공민이 아니고, 고유의 역사와 전통을 지니고 역사적 현실 속에서 명확한 사명감을 자각하고 수행하는 국민을 기르려고 하였다. 그리고 생산성을 강조하여 학생으로 하여금 만들고, 먹고, 입고, 사는 데 필요한 적당한 방법을 습득시켜 우리 생활을 실질적으로 개선하고 생산성을 높일 수 있는 실업 및 직업, 과학 기술 교육을 강화하려 했다. 또한 유용성을 강조하여 교육 내용과 방법이 일상생활과 직결 되도록 하고, 학습지도는 실제로 활용할 수 있는 기능의 습득과 인격의 배양에 중점을 두고, 국가 사회의 절실한 요구, 학생 생활에 필수적인 과제를 중심으로 교육하였으며, 쓸모 있는 사회인, 실천인의 육성을 강조하였다.

그리고 교육과정 조직 면에서는 합리성을 강조하여, 더욱 과학적이고 합리적인 조직 원칙에 입각하여, 학생의 성장 발달 과정에 적응될 수 있는 역동적인 교육과정을 마련하여 교육 효율의 배가를 꾀하였다. 마지막으로 교육과정의 운영 면에서는 지역성을 강조하였는데 일반적 기준만 제시하고 그 구체적 적용은 지역사회의 실정에 맞도록 충분한 융통성과 신축성을 부여하도록 하였다.

5) 제3차 교육과정기 (1973-1981)

1973년 2월 14일 문교부령 제 310호로 제정 공포된 것이 제3차 교육과정인데, 이것은 우리나라 교육과정상 처음으로 교육과정심의회에서 1971년 시안을 확정한 뒤, 2년간 실험 평가를 거친 후 공포되었다. 이 때의 교육과정은 '각 학문 간에 내재해 있는 지식 연구 과정의 체계적인 조직' 이라고 정의하였는데, 따라서 이것을 학문중심 교육과정이라고도 한다.

제 3차 교육과정은 국민교육헌장 이념의 구현을 기본 방향으로 삼고, 국민적 자질의 함양, 인간 교육의 강화, 지식 · 기술의 쇄신을 기본 방침으로 하였는데, 구체적인 것을 정리해 보면 다음과 같다. 첫째, 민족 주체의식을 고양하고, 전통을 바탕으로 한 민족 문화를 창조하도록 하며, 개인의 발전과 국가의 융성과의 조화를 통한 국민적 자질을 함양하도록 한다. 둘째, 가치관 교육의 강화, 비인간화 경향의 극복, 근면성과 협동성의 앙양을 통하여 인간 교육을 보다 강화한다. 셋째, 지식 · 기술 교육의 쇄신 방안으로서 기본 능력을 배양하고, 기본 개념을 파악하며, 판단력과 창의력을 함양, 산학 협동 교육을 강화한다.

과학 기술의 급격한 발달과 지식의 폭발적인 팽창에 대비하며, 고도의 경제 성장과 산업 구조의 다원화에 대응하기 위해 학문중심 교육과정 이론을 토대로 하여 개편된 제 3차 교육과정은 다음과 같은 특징을 띠고 있다.

- 국민교육헌장의 이념을 교육과정에 반영시킨 점
- 팽창하는 지식의 양에 대응하는 기본적 개념을 중점적으로 지도하는 점
- '도덕' 이 한 교과로 다루어지게 된 점
- 국민학생의 주간 수업시수가 늘어난 점

6) 제4차 교육과정기(1981-1987)

제 4 차 교육과정은 1981년 문교부 고시 제424호로 개정되었는데, 이것은 종래에 문교부에서 교육과정을 개발하지 않고 한국교육개발원에 위탁하여 기초연구와 총론, 각론, 시안을 개발토록 한 연구 개발형의 성격을 가지고 있는 것이 특징이다.

제 4 차 교육과정은 제3차 교육과정이 지닌 문제점들(예를 들면, 학습내용의 과다, 학습수준의 어려움, 교과목 위주의 분과교육, 기초 교육 · 일반 교육의 소홀, 전인교육 및 인간 교육의 미흡 등)을 보완하는 차원에서, 그리고 1980년의 7 · 30 교육 개혁 조치에 따른 교육 방향의 전환, 급변하는 정치, 사회적 현실과 이에서 파생되는 제 요구의 반영 등의 필요에 따라 개정되었다.

제 4 차 교육과정은 어느 한 사조나 이념만을 반영하는 교육과정이 아닌 종합적이고 복합적인 성격을 지닌 것이 특징이다. 다시 말하면 종래의 교과중심, 경험중심, 학문중심의 입장에서 변화와 미래에 대한 인식을 강조하는 미래 지향적 교육과정의 정신이 반영되었고, 지금까지 소홀히 해왔던 인간중심 교육과정의 성격도 반영되어 개인적,

사회적, 학문적 적합성을 고루 갖춘 교육과정이 되도록 하였다.

개정의 기본 방향은 국민 정신교육의 체계화, 전인 교육의 강화, 과학 기술 교육의 심화, 교육 내용의 양과 수준의 적정화에 두고 건전한 심신의 육성, 지력과 기술의 배양, 도덕적 인격의 형성, 민족 공동체 의식의 고양을 강조하였다. 교육목표 상의 특징으로서는 첫째, 교육과정 구성 방향의 기본 정신을 반영하고, 둘째, 초 · 중등 학교 간의 연계성을 충분히 고려하며, 셋째, 목표 설정의 기준을 개인적 적합성, 사회적 적합성간에 균형을 유지하는 데 두며, 넷째, 각급 학교 급별 교육목표의 일관성, 계열성이 분명하도록 한다는 기본 입장 하에서 설계되었다.

시간 배당에 있어서 특기할 만한 것은 초등학교 1,2 학년에서 교과간의 통합을 시도한 점이 특이하며, 중학교에서는 '자유선택과목' 이 신설되어 학교장의 재량에 따라 학생들에게 도움이 되는 내용을 운영할 수 있게 하였다는 것이다. 고등학교에서는 인문계, 실업계, 기타계 고등학교의 교육과정을 통합하여 단일화한 것이 큰 특징이라고 할 수 있다. 그리고 교육내용의 양을 조정하여 전체 이수 단위를 축소(201-216 단위)한 것이 두드러진 특징이라고 하겠다.

7) 제5차 교육과정기 (1987–1992)

제 5 차 교육과정은 1987년-1988년 문교부 고시 제87-9호, 87-7호, 88-7호로 공포된 교육과정을 말한다. 제 5 차 교육과정에서는 교육과정의 개념을 '국가 수준의 문서화된 개괄적인 교육 내용의 기준' 으로 정의하면서 기존의 교육과정을 전체적으로 새로이 개선한 것이 아니라 부분적으로 개선이 필요한 부분만 개정한 것이 특징이다.

제 5 차 교육과정은 추구하는 미래 사회를 자유 민주주의 사회, 정의 사회, 복지 사회, 문화 사회로 전망하면서 학교 교육을 통해 기르고자 하는 인간상을 건강한 사람, 자주적인 사람, 창조적인 사람, 도덕적인 사람으로 하고 이를 교육과정의 구성 방향에 제시하고 있다. 제 5차 교육과정의 교육내용과 운영 면에서 개정의 기본 방향을 다음과 같이 설정하고 있다.

첫째, 기초교육의 강화이다. 학습자 누구나가 공통적으로 갖추어야 할 언어 능력, 수리 능력, 사고력, 기초 체력, 도덕성 등을 제대로 습득하도록 함으로써 학습자 모두가 기본적으로 갖추어야 할 것에 대한 양적인 개인차를 축소하도록 하였다.

둘째, 정보화 사회에 대응하는 교육의 강화이다. 정보, 통신 수단의 급격한 발전과 일상화에 따라 주체성, 창조성, 사고력, 판단력, 정보처리 능력, 정보 활용 능력 등의 육성이 절실하게 되었고 이러한 기본적인 능력의 육성을 위한 교육내용의 재검토가 필요하게 되었다.

셋째, 교육과정의 효율성 제고이다. 이것은 종래에 교육과정이 법적인 문서로만 존재해 왔는데 이러한 불합리한 점을 개선하고 교육과정이 실제 교육현장에서 그대로 실현될 수 있도록 쓸모 있는 교육과정이 되도록 한다는 의미이다.

제 5 차 교육과정의 편제와 시간 배당의 특징은 초등학교 1, 2학년에 통합교과가 신설이 되었고, 여기서 다시 1, 2학년 산수와 국어는 분과시켰다는 것이다. 그리고 초등학교에서 연간 수업시수가 증가되었고, 평가에 있어서 1, 2학년은 학생의 활동 상황과 진보의 정도, 특징 등을 문장으로 기술하도록 하였다는 것이 새로운 점이다. 그리고 중학교에서는 기존의 것과 크게 달라지지는 않았으나 수학과 과학 교과의 시간이 늘어났고, 남녀 공통 교과로서 '기술 · 가정' 교과가 새로 생겼다. 고등학교에서는 전체적으로 학습 부담을 줄이고 과학 계열, 예술 계열의 교육과정이 신설되었다.

이러한 제5차 교육과정은 1990년 부분 개정이 있었는데, 일반계 고등학교의 비진학 학생들을 위한 직업 교육과정 이수 기회를 부여하고, 시 · 도 교육감에게 지역 및 학교 실정에 적합한 교육과정을 편성할 수 있는 권한을 부여하였다.

8) 제6차 교육과정기 (1992-1999)

제6차 교육과정은 시대적, 학문적, 개인적 요구의 변화에 따라 교육부 고시 제1992-15, 1992-16, 1992-11, 1992-19호로 제정, 공포된 교육과정을 말한다. 제6차 교육과정은 학교 별로 단계적으로 실시되었는데 유치원, 초등학교, 중학교는 1995-1997년에 실시되었고 고등학교는 1996-1998년 사이에 실시되었다.

제 6 차 교육과정에서 추구하는 인간상은 제5차 교육과정의 것과 동일하다. 제6차 교육과정은 ①건강한 사람, ②자주적인 사람, ③창의적인 사람, ④도덕적인 사람을 기르는 데 목적을 두고 있다. 여기서 건강한 사람이란 몸과 마음이 건강한 사람으로 강한 의지력과 더불어 풍부한 정서를 지닌 조화로운 사람을 말한다. 자주적인 사람은 주체적 자아의식을 가지고 개성을 추구하면서, 자율적으로 의사를 결정하고 권리와 책임을 균형있게 의식하는 사람을 말한다. 그리고 창의적인 사람은 새로운 생각을 해내는 사고력과 함께 그것을 실천에 옮기는 사람을 뜻하며, 도덕적인 사람이란 옳고 그름을 잘 판단하고 관용적인 태도로 선한 일에 헌신하는 그러한 사람을 의미한다.

제 6 차 교육과정의 개정 중점은 다음의 네 가지로 나누어 생각할 수 있다.

① 교육과정 결정의 분권화: 기존의 중앙 집권형 교육과정을 지방 분권형 교육과정으로 전환하여, 시 · 도 교육청과 학교의 자율 재량권을 확대하였다.

② 교육과정 구조의 다양화: 다양한 이수 과정과 교과목을 개설하고, 필수 과목을 축소하는 한편, 선택과목을 확대하여 교육내용의 획일성을 줄인다.

③ 교육과정 내용의 적정화: 학습량과 수준을 조정하고, 교과목 체계의 개선으로 교육내용의 적합성을 높이고, 학습 부담을 줄였다.

④ 교육과정 운영의 효율화: 학생의 적성, 능력, 진로를 고려하고, 학습과 생활의 기초 능력을 신장하며, 평가 방법을 개선하여 교육과정이 효율적으로 운영될 수 있게 하였다.

편제 및 운영에 있어 초등학교에서는 교육과정이 교과활동, 특별활동, 학교 재량 시간으로 이루어지게 하였다. 구체적 특징은 기본 생활습관과 예절 교육의 강화, 1,2학년 통합교과의 재조정, 고학년 수업시간의 감축, 생활의 기초 기능과 태도 교육 강화, 학교 재량시간의 신설, 산수과의 교과 명칭을 수학으로 변경한 것 등을 들 수 있다.

중학교에서는 주당 수업 시수를 34-36시간이던 것을 34 시간으로 조정하고, 국사를 사회에 통합시켰으며, 실업 · 가정과를 통합 개편하여 남녀 공동 필수로 지정하였다. 그리고 선택 교과제를 도입하고 각 교과별 내용 체계를 새로이 하고 그 성격을 분명히 밝히도록 하였다. 고등학교에서는 교과편제에 있어서 기존의 폐쇄형이던 것을 보통교과와 전문교과로 구분하여 모든 고등학교가 필요에 따라 융통성 있게 교과를 선택 운영할 수 있도록 개방형 체제로 전환하였다. 계열이나 과정에 상관없이 '공통 필수 과목(10과목)' 은 모든 학생들이 이수하도록 하고, 과정의 특성에 따라 이수하는 '과정 필수 과목' 은 시 · 도 교육청에서 결정하며, '과정 선택과목' 은 고등학교에서 필요에 따라 선택하도록 하였다. 또한 3년간 총 이수 단위를 204단위로 조정하고, 학기당 이수과목을 12과목으로 줄였다. 무엇보다도 학생의 다양성에 비추어 여러 수준과 특성을 지닌 선택과목을 많이 신설하였다는 것은 특이할 만한 것이다.

9) 제7차 교육과정기(2000-현재)

개정된 제7차 교육과정에서는 21세기 학교 교육 모습을 전망하면서 교육여건과 환경이 조성된 인간적인 학교를 만들기 위하여 지역이나 학교 실정에 알맞게 학교 교육과정이 다양하고 특색 있게 운영되기를 기대하고 있으며, 기본적으로 다음과 같은 의미의 교육과정에 대한 사고와 인식의 전환을 요구하고 있다.

첫째, 교과서 중심, 공급자 중심의 학교 교육 체제가 교육과정 중심, 교육수요자 중심의 교육 체제로 전환됨을 의미한다.

둘째, 학교의 경영책임자인 교장과 수업 실천자인 교사가 교육 내용과 방법의 주인이 되고 전문가의 위치를 확보하게 됨을 의미한다.

셋째, 지역 및 학교의 특성, 자율성, 창의성을 충분히 살려서 다양하고 개성 있는 교육을 실현할 수 있게 됨을 의미한다.

결국, 교육과정의 기본 정신을 구현하기 위해서는 국가에서 '주어지는 교육과정' 의 틀에 안주해 있기보다는 교육 실천이 이루어지는 학교 현장에서 '만들어가는 교육과정' 의 흐름으로 교육과정을 이해하여 나가는 인식과 구조의 전환이 필요하다고 하겠다.

따라서 교육과정 기준 자체의 타당성이나 적합성도 물론 중요하겠으나, 앞으로는 "학교 현장에 주어진 교육과정 편성 · 운영의 자율성, 융통성, 창의성을 어떻게 발휘하느냐"가 교육목표 실현보다 더 중요한 변인이 될 것으로 본다.

7차 교육과정 개정의 특징을 살펴보면 다음과 같다.

① 국민 공통 기본 교육 과정의 편성 방침에 의거하여 국민 공통 기본 교육기간을 초등학교 1학년부터 고등학교 1학년까지의 10년으로 하였다. 교육과정은 단계 또는 학년제 개념에 기초하여 일관성 있게 구성하려 하였다.

② 고교 2, 3학년에 학생 선택 중심 교육 과정을 도입하여 일반 선택과 심화 선택으로 구분, 다양한 선택과목을 개설하도록 하였다. 즉 과정이나 계열의 구분 없이 운영함으로써 학생의 선택 폭을 확대하려 하였다.

③ 수준별 교육 과정을 도입함으로써 학생의 능력, 개인차에 따른 다양한 교육 기회 제공을 시도하였다. 단계형, 심화 · 보충형, 과목 선택형의 수준별 교육과정으로 편성 · 운영하도록 하였다.

④ 재량 활동을 신설 및 확대함으로써 학생의 자기 주도적 학습 능력을 신장시키고 학교 교육 과정 편성 · 운영의 자율성 및 학생 선택권을 부여하려 하였다.

⑤ 교과별 학습량의 최적화와 수준의 조정을 위해 최저 필수 학습 요소를 중심으로 교과별 학습 내용을 정선하고 이수 교과목 수의 축소와 범위 · 수준의 적정화를 도모하였다.

⑥ 질 관리 중심의 교육 과정 평가 체제를 확립하고 교과별 교육 목표 성취 기준을 설정하여 주기적인 학력 평가 및 학교 교육과정 운영평가를 계획하였다.

⑦ 정보화 사회에 대비한 창의성, 정보 능력 배양을 위해 컴퓨터 교육을 강화하고 개방적 자기 주도 학습 능력을 촉진하는 창의적 교육활동을 유도하였다

그러나 이러한 신자유주의 교육이념에 입각한 제7차 교육과정뿐만 아니라 이제까지의 모든 교육 과정이 기본적으로 지식위주의 교과 편성으로 이루어져 왔다는 지적을 면하지 못하고 있다. 학습량의 최적화와 수준조정을 부르짖고 있으면서도 10년 동안의 연계성 등의 이유로 초등부터 고등학교까지 지나치게 많은 교과수업 시수가 부과되어 있다는 등, 적지 않은 문제점을 지적하는 전문가들이 존재하고 있는 실정이다.

II. 수업이론

1. 교수와 수업의 개념

교육현장에서 가르치는 일을 '교수(敎授)', '수업(授業)'의 용어를 혼용하여 사용하고 있다. 그러나 이러한 교수와 수업의 용어에 대해서는 교육활동에 직접 종사하는 사람들이나 전문 학자들 사이에서도 명확하게 구별하여 사용하는 경우가 드물다. 이것은 그 사람이 교육현상을 보는 관점이나 그 사람이 지닌 교육철학적 사조 등이 다름으로 인한 것일 수도 있겠거니와 무엇보다도 교육현상에 있어서 이러한 현상들을 명확하게 선을 그을 수 없다는 것도 하나의 원인이다.

대체로 교수(teaching)와 수업(instruction)은 종종 혼동되어 사용되는 경우가 많다. 수업과 교수를 같은 개념으로 보고 어떤 사람은 교수라는 용어를 즐겨 쓰고 또 어떤 사

람은 수업이라는 용어를 즐겨 쓴다.

게이지(Gage, 1964)는 교수는 교사의 자격으로 교사가 행하는 모든 것이라고 하면서 여기에는 학습지도, 생활지도, 학급경영 등 모든 활동이 포함된다고 보았다. 따라서 교수 행위는 단일한 행동이 아닌 매우 포괄적으로 사용되는 개념이라고 할 것이다. 이에 비하여 수업은 교수처럼 반드시 교사를 전제로 하지 않는다. 즉, 교사가 수업을 할 수도 있으나 컴퓨터, 프로그램자료, TV 방송 등으로도 학습자의 학습목표를 달성할 수 있도록 수업할 수 있다.

김순택(1978)은 교수와 수업의 개념을 다음과 같이 구분하고 있다.

첫째, 교수(敎授)는 학습자에게 전달하려는 '내용의 성질' 이나 자극하려는 '학습자의 제 특성' 의 종류 면에서 수업보다 포괄적이다. 즉 수업은 학습자의 지적, 탐구적 특성을 주로 자극하는 내용을 전달하는 데 적용되는 말임에 대하여 교수는 학습자의 모든 능력을 자극하는 포괄적 내용의 전달을 의미하는 것이다.

둘째, 교수는 학습자가 보인 변화 중에서 의도적인 것과 비의도적인 것을 모두 포함한다는 점에서 수업보다 포괄적이다. 이 말은 수업은 보다 의도적인 목표달성을 꾀한다는 뜻이다.

셋째, 교수는 교사와 학생간의 인격적 상호작용을 전제로 하고 있는 데 비하여 수업은 반드시 인격적 상호작용을 전제로 하지 않는다.

교수는 수업보다 대체로 포괄적이다. 수업은 학습자가 구체적인 수업목표를 달성할 수 있도록 학습자의 내·외적 환경을 계획적이고 체계적으로 조정해 나가는 과정이라고 할 수 있으며(Gagne, 1993), 교수는 수업을 포함한 학급경영, 생활지도, 학습지도 등 모든 것을 포함하는 활동으로서 인격적 상호작용을 전제로 하여 이루어지는 교육활동이라고 할 수 있다.

2. 수업 이론

1) 브루너의 수업이론

브루너(Bruner, 1960)의 수업이론은 규범적이고 처방적인 성격을 지니고 있다. 규범적이란 브루너 이론이 학습자가 정해진 수준까지 도달하는 데 필요한 조건을 제시하되, 이 조건이 개별적인 것이 아니라 모든 학년에 공통적으로 적용될 수 있도록 일반적으로 진술되어 있는 점을 지적한 것이다. 처방적이란 지식이나 기능을 성취하는 가장 효과적인 방법을 제시함과 아울러 특정 방법의 교수방법을 평가하는 기준을 마련해주기 때문이다.

브루너의 수업이론은 선행경향성(predisposition), 지식의 구조, 학습계열과 그 활용, 강화 형성과 그것의 관리에 초점을 두고 있다.

(1) 선행경향성

학습경향성이라고도 하며 무엇을 배우고자 하는 또는 주어진 문제를 해결하려는 의욕과 태도를 뜻한다. 이것은 곧 학습의욕 또는 학습동기에 해당된다고 할 수 있다.

교사는 수업시간에 당연히 이 경향성을 극대화하도록 해야 할 것이다. 이 경향성을 극대화하기 위해서는 가능성의 탐색을 자극하고, 유지시키고, 바른 방향으로 이끄는 조치를 취해야 한다. 가능성 탐색을 자극하는 조건으로서 가장 중요한 것은 자료 자체가 적절한 수준의 불확실성이 유지되도록 해야 한다는 것이다. 지나치게 답이 명확한 것은 호기심을 불러일으키지 못하기 때문이다. 그리고 교사가 모든 답을 미리 제시해버리면 아예 학생들은 탐색할 필요가 없을 것이다. 일단, 자극된 호기심을 계속 지속시키기 위해서는 소위 '실패에 대한 불안감' 이 없어야 한다. 만약 한 마디 잘못하면 질책이 오고 성적에 반영되고 하면 학생들은 가능성을 탐색하려는 의욕을 곧 포기하고 말 것이다

(2) 지식의 구조화

수업의 원리로서 지식의 구조화란 학습자의 수준에 따라 학습과제의 구조를 적절히 조절해야 한다는 것이 된다. 브루너는 지식의 구조화로서 표현방식과 경제성(간결성), 생성력을 강조한다.

① 표현방식

작동적 표현은 학습자가 일련의 동작을 통하여 주어진 개념을 습득하는 표현, 상기호적 표현은 영상이나 도표를 통하여 주어진 개념을 이해토록 하는 표현을 일컫는 것

이며 상징적 표현은 명제를 설정 · 변형하는 논리적 규칙에 지배되는 상징체계로서의 상징적 표현 방식을 일컫는 것이다. 이 세 가지 표현 방식을 예시하는 보기로서 천평의 원리를 들 수 있다. 아주 어린 아이들은 시이소오를 탈 때 상대방을 고려하여 자리를 잡을 줄 안다. 이것은 그 아이들이 천평의 원리를 동작으로 표현하고 있는 것으로 해석된다. 이보다 나이든 아이들은 천평의 모형을 다루거나 그림을 통하여 천평의 원리를 이해한다.

브루너는 어떤 영역의 지식도 작동적 표현, 영상적 표현, 상징적 표현의 3가지 형태로 표현할 수 있다고 하였다. 표현방식만 달리한다면 어떤 교과든지 그 지적 성격에 충실한 형태로, 어떤 발달단계에 있는 아동에게도 효과적으로 가르칠 수 있다.

② 간결성(경제성)

지식의 구조화와 관련하여 브루너는 언어기호의 핵심적 특징을 간결성(compactness)과 생산성(generation)을 강조하였다.

간결성은 지식이나 정보를 최소한으로 간소하게 요약해서 가장 경제적으로 나타내는 것을 뜻한다. 경제적인 표현의 보기는 자연과학에서 자주 찾아 볼 수 있다. 중력의 크기에 차이가 있을 뿐 아무런 외적 제지가 없는 상태에서 여러 가지 종류의 물체가 떨어질 때의 낙하시간과 낙하 거리를 일일이 숫자로 제시하지 않고 대신에 $S=1/2gt^2$이라는 식으로 나타낸 것은 바로 표현의 경제성을 살리기 위한 것이다. 같은 가치를 지닌 정보를 지닐 때, 기억하고 있어야 할 정보의 양이 적은 상태가 보다 경제적이라는 것이다.

③ 생산성

학습자로 하여금 새로운 명제를 인출해 내거나 문제해결을 위해 정보를 이용할 때 주어진 사실을 넘어서 진행할 수 있는 정도를 일컫는 것으로서, 대체로 경제성이 큰 표현양식이 생성력도 크다.

(3) 학습계열

학습계열이란 학습자가 학습내용을 이해 · 변형 · 전이하는 데 도움이 될 수 있도록 학습과제를 순서대로 조직, 제시하는 것을 말한다. 학습과제의 제시 순서는 학습과제의 모호성과 난이도를 좌우하게 되고 학습장면에서 문제 해결의 가능성을 탐색하려는 학습자의 의욕과 태도에 많은 영향을 준다. 따라서 학습 계열은 주어진 과제의 이해 · 변형 · 전이가 용이하게 이루어 질 수 있도록 하되 무조건 알기 쉽게 해서는 안 되고 학습계열에는 주어진 문제에서 여러 가지 가능성을 탐색하려고 하는 학습자의 동기를 자극시킬 수 있을 정도의 적당한 모호성이 있어야 하고, 그 모호성을 기초로 하여 학습 내용을 이해 · 변형 · 전이하는 능력이 길러질 수 있도록 조직되어야 한다.

그렇게 하자면, 학습자가 갖고 있는 과거의 학습 경험, 발달 단계, 교재의 성질, 개인차 등과 같은 여러 가지 조건에 따라 학습 과제의 제시 순서를 달리 해야 한다. 비록 모든 학생들에게 적용될 수 있는 보편적인 최적 학습 계열은 없지만 일반적으로 작동적 표현, 영상적 표현, 상징적 표현 순서를 따라 학습과제가 제시되어야 한다는 것이다.

(4) 강화

수업 과정에 있어서 학습자들은 여러 가지 성질의 강화를 받고 있지만 브루너가 가장 중요시한 강화는 학습 결과에 대한 지식이다. 왜냐하면 그는 학습과정을 사고 과정으로 보고 있기 때문에 결과의 지식은 학습자의 사고 활동에 대한 교정적 정보가 되어 학습자의 사고를 질적으로 향상시키고 양적으로 증대시키는 역할을 한다는 점에 있어서 결과의 지식은 바로 강화라고 해석하였다.

결과에 대한 지식은 내적보상으로서 외적인 칭찬이나 물질적 보상과는 달리 사고 활동 자체와 그것의 성공 여부에 대해 학습자 스스로 만족감을 느끼도록 하고 있다.

2) 오우즈벨의 유의미 수용학습

오우즈벨(Ausubel, 1963)의 학습 이론의 이론적 근거는 브루너의 발견적 수업이론을 수정하고 보완하였으며, 초등학교에서는 귀납적 방법을 이용한 발견학습이 바람직하고 중등에서는 연역적 방법을 이용한 수용학습이 효과적이라고 보았다. 중학교 이상의 학생들에게는 발견학습보다 설명적 교수가 더 능률적이라고 보았다.

유의미 수용학습(설명적 학습이론)을 구체적으로 살펴보면 다음 그림과 같은 형태로 이루어진다.

1. 독립변인	2. 매개변인	3. 종속변인
• 유의미 학습자료	• 기존의 조직된 인지구조 • 포섭과 동화의 인지과정	• 명제의 재생 • 명제의 파지 • 명제의 적용(전이)

[그림 6-1] 유의미 수용학습의 형태

◆ 독립변인 — 유의미학습자료

논리적으로 유의미한 학습과제로서 실사성(substantiveness)과 구속성(nonarbitrainess)을 가진 자료를 말한다. 실사성이란 과제를 어떻게 표현하더라도 그 과제의 의미가 변하지 않는 성질을 말한다. 구속성은 일단 임의로 맺어진 관계는 시간이 경과함에 따라 하나의 관습으로 굳어져서 마음대로 변경할 수 없게 되는 성질을 의미한다. 가령, "토끼"라는 낱말은 태초에 실제의 토끼 모양을 한 동물과는 아무런 관계도 없었을 것이다. 그러나 "토끼"라는 낱말이 실제의 토끼 모양과 연결이 되고 난 후부터는 이들은 의미 있는 관계를 갖게 되고, 이 의미는 변경될 수 없는 성질을 갖게 되는데 이를 구속성이라고 한다. 이와 같이 학습 과제가 구속성과 실사성을 지니고 있을 때 그 학습 과제가 유의미가를 가진다고 하는 것이다. 이러한 유의미 학습과제는 학습자의 인지구조에 의미 있게 관계를 맺게 된다.

◆ 매개변인 — 기존의 조직된 인지구조, 포섭과 동화의 인지과정

기존의 조직된 인지구조(cognitive structure)란 어느 한 시점에서 학습자가 유용하게 사용할 수 있는 사실 · 개념 · 원리 및 이론 등으로 이루어진 학습자의 현재의 지식 체제(김순택, 1988)를 뜻한다. 이 인지구조는 가장 포괄적이고 일반적이며 추상적인 개념이 그 정상을 차지하고, 그 밑으로 내려 갈수록 구체적인 하위 개념으로 구성되며, 마침내 제일 밑바닥에는 사실적인 지식이 위치하고 있다고 한다. 이러한 인지구조가 바깥으로부터 들어오는 유의미 학습과제를 '포섭'하는 것이다. 포섭한다는 것은 새로운

명제나 아이디어가 학습자의 머릿속에 이미 조직되어 존재하고 있는 보다 포괄적인 인지구조 속으로 일체화되어 가는 과정을 말한다. 쉽게 말해서 포섭한다는 것은 의미 있는 학습과제를 기존의 인지구조 속에 결합시킨다는 것이다. 그러므로 포섭한다는 말은 바로 학습한다는 말과 같은 것이다.

유의미 학습과제가 인지구조에 포섭되어질 때 보다 명확하고 안정성 있게 포섭시키기 위하여 오우즈벨이 생각한 유의미 수용학습의 수업원리는 다음과 같다.

① 선행조직자 원리

선행조직자란 학습을 촉진시키기 위해서 학습자들에게 학습에 들어가기 전에 미리 의도적으로 도입시키는 것으로 배울 학습내용보다 일반적이고 추상적이고 포괄적인 수준에서 구안된 일련의 지식으로 이미 배운 내용과 연결 · 통합되도록 하는 원리로 정의된다.

오우즈벨이 주장한 유의미 언어학습은 학습되어야 할 과제가 학습자의 인지구조에 포섭되어질 때 비로소 학습이 이루어지기 때문에, 그는 인지구조에 학습과제가 부착될 수 있는 개념적 근거지를 제공하고 인지구조에 있어 학습과제의 명료성과 안정성 그리고 변별력을 증대시키기 위하여 학습 이전에 적절한 포섭자를 의도적으로 도입하면 학습이 보다 촉진될 수 있다고 생각했던 것이다.

② 점진적 분화의 원리

점진적 분화의 원리란 위계의 상층부에 있는 학습과제의 가장 일반적이고 포괄적인 것을 먼저 제시하고, 그 다음에 점진적으로 세부적인 것과 특수한 것으로 분화시켜 나가는 것을 말한다. 이 말은 개개의 사실을 먼저 제시하여 점진적으로 고도의 추상화에 이르도록 하는 것보다 가장 추상적인 의미를 먼저 제시하여 교과 내용을 포괄해 나가도록 할 것을 시사하고 있다. 그래서 정해진 교과 과제 혹은 개념의 밑바탕에 이를 때까지 세분화를 계속하여 구체적인 개념에 이르게 되는 것이다.

③ 통합조정의 원리

새로운 과제나 내용은 앞에서 학습한 내용과 통합되고 조정되어야 한다는 것이다. 그래서 만일 우리가 교과의 어떤 지식에서 출발하여 그 지식이 학습자의 인지구조 속에 정착되었다면 그 교과의 다음 학습에서는 새로운 학습과제를 바로 앞에 정착시킨 지식과 관련을 맺어서 정착 지식과 병합되고 통합되도록 해야 한다는 것이다.

3. 수업모형

수업의 과정을 논의함에 있어 가장 기본이 되고 있는 것은 글레이저(Glaser, 1962)의 기본 모형을 빼놓을 수 없다. 한국교육개발원에서 일반수업 모형이라고 해서 계획－진단－지도－발전－평가의 다섯 단계로 구분하여 제시하고 있는 것이 있지만 사실 이것도 글레이저가 만든 기본 모형을 모태로하여 발전시킨 것이다. 우리는 수업의 과정을 이해하기 위해서는 글레이저의 수업모형을 이해하지 않으면 안 된다.

글레이저의 기본 수업모형은 네 가지 단계로 구성되어 있다. 이것을 그림으로 나타내면 다음과 같다.

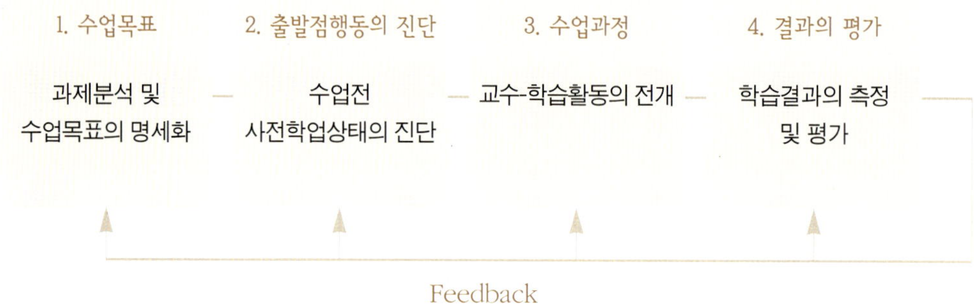

[그림6-2] 글레이저의 수업모형

글레이저는 수업단계를 ①수업 목표의 설정, ②출발점 행동의 진단, ③수업과정, ④학습결과의 평가의 네 단계로 구분하였다. 그리고 수업과정은 수업목표→ 출발점 행동의 진단→ 수업과정→ 결과의 평가로 이어지는 단순한 흐름(flow)으로 끝나는 것이 아니라 각 단계마다 피이드백이 이루어지도록 되어있다. 다시 말하면, 각 단계에서 얻어진 정보는 앞 단계의 산출(output)을 평가하고 수정하는 자료로 이용되어진다.

글레이저의 수업모형은 한 단위의 학습과제 혹은 한 단원을 가지고 수업이 이루어지는 과정을 총체적으로 다루고 있는 광의의 수업모형이라고 할 수 있다. 다시 말하면 단순한 한 시간의 수업활동을 넘어서 그 전후에 있을 일련의 활동을 전체적으로 수업이라는 개념에 포함시키고 있는 것이 글레이저의 입장이다.

이 모형은 극히 일반적인 성격을 띤 절차적 처방모형이라고 할 수 있다. 즉, 어떠한 교과목도 이 절차에 따라서 수업을 할 수가 있다. 극히 일반적인 절차를 제시하고 있다고 하지만 교수—학습 과정에 관련된 제 요인들을 아주 적절하게 개념화할 수 있기 때문에 보다 복잡한 다른 수업모형이나 교수과정을 이해하는 데 도움을 준다. 이 수업과정의 구성요소를 구체적으로 보충 설명하면 다음과 같다.

1) 수업목표의 설정

수업목표란 한 단위의 수업이 끝났을 때 학습자가 성취하기를 기대하는 행동을 말한다. 이러한 수업목표는 추상적인 진술보다는 수업이 끝났을 때 관찰할 수 있고 측정할 수 있는 행동목표로 세분화 할 것을 주장한다. 그러나 수업목표를 어느 정도까지 세분화하며, 어떻게 진술해야 하는지에 대해서는 여러 사람의 생각들이 있지만 가장 대표적으로 많이 인용되어 사용되는 것으로는 타일러(Tyler, 1974)와 메이거(Mager, 1962)의 수업목표 진술 방법이 있다.

① 수업목표는 내용(content)과 행동(behavior)이 동시에 포괄적으로 한 문장 안에 제시되어야 한다. 수업목표는 우선 무엇을 어떻게 하여야 하는가에 관련된 내용(內容)이 먼저 있어야 한다. 그리고 그 내용을 학습자가 어떻게 하여야 한다고 하는 행동(行動)에 관한 진술이 뒤따라야 한다.

② 수업목표는 '조건', '수락기준', '행동'의 세 가지가 동시에 상세하게 기술되어야 한다. 메이거(Mager)는 타일러(Tyler)보다도 더 자세하게 수업목표 진술할 것을 주장했다. 즉, 그는 수업시간에서 그 행동을 수행하게 될 '조건이나 상황'을 먼저 제시하고, 그 행동을 얼마나 어느 정도로 수행하여야 수업목표를 달성했다고 할 수 있을 것인가를 정해 놓은 '수락기준', 마지막으로 타일러와 같은 '행동'이 함께 진술될 것을 내세우고 있다.

이 이외에도 가네(Gagné)와 같은 학자는 메이거보다도 더 상세하게 5가지 내용으로 수업목표를 상술할 것을 제시하고 있지만, 사실 이것은 어휘 구조상 우리나라 말로 옮기기에는 복잡하고 어려워 현장에서의 실용성을 잃고 있으므로 여기서는 생략한다.

2) 출발점행동의 진단

출발점 행동이란 한 새로운 단원이나 학습과제를 학습하려는 출발선상에서 학습자들이 지니고 있는 지식, 기능, 태도 등을 의미한다(변영계, 1988). 출발점 행동은 수업이 시작되기 전에 반드시 갖추어야 될 선수학습능력을 진단하고 수업이 진행될 때 이러한 능력의 부족으로 수업목표 달성에 어려움이 없게 하기 위해서 실시한다. 특히, 학습 능력 결손 학생들을 미리 진단하고 처치한 후에 수업이 진행되어야 학습결손의 누적을 미리 방지할 수 있을 것이다. 수업에 들어가기 전에 진단평가나 다른 형태의 평가를 통해 결손 부분을 밝혀내고 방과 후나 다른 시간을 이용하여 보충지도를 함으로써 그러한 결손 부분을 메워줄 수 있을 것이다.

이러한 출발점 행동의 진단에 사용할 수 있는 도구로서는 교사의 관점에서 임의로 평가문항을 작성하여 실시하는 경우도 있겠지만, 표준화 학력검사나 표준화 진단검사 등의 이미 만들어져 있는 검사도구를 사용하는 경우도 있을 것이다. 그리고 평가 문항을 통해서만 출발점 행동을 진단하는 것이 아니라 관찰이나 체크리스트, 포트폴리오 등을 이용하여 진단하는 방법도 있을 것이다.

출발점 행동의 진단에서 특히 학습과제의 위계가 분명한 수학, 영어, 과학 등과 같은 교과들에 있어서는 학습자의 선수학습능력(先修學習能力)이 더욱 강조된다고 할 것이다. 이러한 교과들에 있어서는 학습과제 분석을 통해서 하위 능력이 충분히 갖추어지지 않을 경우 상위능력을 습득할 수 없는 경우가 많다. 예를 들면 초등학교에서 덧셈의 원리를 이해하지 못할 경우에 곱셈의 원리를 이해할 수 없는 경우와 같다. 따라서 교사는 학습과제의 위계가 분명한 과목에서는 출발점 행동의 진단에 더욱 신경을 써야 할 것이다.

3) 수업의 과정

글레이저 수업 모형의 세 번째 단계가 수업이 실시되는 수업과정의 단계이다. 이 단계는 수업이 교실에서 실지로 이루어지는 단계이다. 수업은 그 교과의 특성에 따라 약간씩 달라질 수 있겠지만 대체로 도입 · 전개 · 정리의 세 단계로 나눌 수 있다. 도입 단계에서는 지난 시간에 배운 내용들을 상기시키고, 그 수업시간의 수업목표를 학생들에게 제시하거나 혹은 함께 그 수업시간에 공부할 내용들을 이끌어야 한다. 그리고 현재 다루고 있는 학습과제와 밀접히 관련된 요소가 있으면, 이러한 것들과 연관시켜 학습자들의 성취동기를 고취시킨다.

전개 단계는 학습과제를 본격적으로 전개 시켜 나가는 단계이다. 학습과제를 전개시켜 나가는 방법으로서는 여러 가지 방법이 있을 수 있다. 강의식 수업, 토의식 수업, 개별 과제 수업, CAI, 그 외에 열린 수업 기법으로서 토픽(Topic) 학습, 프로젝트(Project) 학습, NIE, 복수교과병행학습, 협동학습 등 진행시켜 나가는 방법은 교사의 역량에 따라서 참으로 다양하다고 할 것이다. 중요한 것은 이 단계에서 수업목표가 확실히 달성될 수 있도록 하여야 한다는 점이다.

이 단계에서는 여러 가지 미디어, 컴퓨터, OHP, 슬라이드, 인터넷, VTR 자료 등을 이용하면 보다 학습자들의 흥미를 고취시킬 수 있고, 학습자들의 이해를 쉽게 할 수 있다. 여기서 교사가 그 수업에 대해서 얼마나 준비하고 노력했는지 알 수 있다. 중요한 것은 주어진 학습과제와 적합하고, 또한 주어진 학급 환경, 시설 등에 적합한 학습 자료를 이용하여야 한다는 것이다.

마지막으로 정착 및 정리 단계이다. 이 단계에서는 학습한 내용을 유사한 상황에 응용해 보거나 다른 예제들을 해결해 보는 과정을 가지기도 한다. 즉, 정리와 연습을 통한 일반화가 이 단계에서 이루어지도록 해야 한다. 교사는 학생들로 하여금 추가 질문을 받거나 더 알고 싶은 내용, 보충 설명을 요하는 내용 등에 대해 설명을 해 준다. 이것은 학습 능력이 높은 학생들을 위한 심화학습의 의미도 담겨 있다. 최종적으로는 개별 학습지를 통한 형성평가를 함으로써 그 시간의 수업이 끝나게 된다. 그리고 빠뜨리지 말아야 할 것은 반드시 차시예고를 하여 학습자가 다음 시간에 무엇을 배우고 어떤 것을 준비해 와야 할지 예고를 해 주어야 한다는 것이다.

4) 학습 결과의 측정 및 평가

이 단계의 평가는 두 가지로 나누어 생각할 수 있다. 첫째는 수업 내용이 어느 정도 달성되었는가 하는 학습결과를 평가하는 것이요, 둘째는 수업절차의 전 과정을 종합적으로 평가하는 것이다. 학습결과의 평가는 대체로 한 단원이 끝나는 시점이나 한 학기의 중간 혹은 한 학기의 끝에 가서 총괄평가를 통하여 학습자의 학업성취도를 알아낸다. 이러한 총괄평가의 결과는 일반적으로 성적 등재, 자격 인정, 집단 간의 상호 비교, 후속 학습의 성공여부 예측 등에 주로 이용되어 왔다. 총괄평가 이전에 수업의 중간 중간에 치르는 시험은 보통 형성평가라고 하여서 성적에 반영은 시키지 않지만 학습자의 학습결손 부분을 밝혀내거나 동기를 높이기 위해서 치르는 경우가 있다.

Ⅲ. 생활지도

1. 생활지도의 이해

학교 교육을 교과교육, 생활지도, 특별활동지도 등으로 나누어 생각해볼 때, 교육은 지식과 기술의 전수뿐만 아니라 학생들의 인간적인 성숙을 촉진해야 하는 측면도 매우 중요하게 대두된다. 이와 같은 인간적인 성숙은 학교교육에 있어서 생활지도에 의해서 더욱 촉진된다고 하겠다.

생활지도(Guidance)란 학생이 일상생활에서 해결하여야 할 여러 가지 문제(교육적, 가정적, 사회적, 직업적, 신체적, 정서적 문제)를 해결할 수 있도록 도와주며 지도하기 위한 조직적 봉사활동이다. 쉬쩌와 스톤(Shertzer & Stone, 1981)은 "생활지도란 개인들이 자기 자신과 자신의 주위세계를 도와주는 과정"이라고 하였다. 생활지도는 교육과정, 학습지도와 독립된 영역이나 기능이라기보다는 상호 밀접한 관련을 갖고 있는 일련의 교육활동이라고 보아 통합적 부분이라 할 수 있다. 그러나 교과지도는 지적 활동에 중점을 두고 생활지도는 인격완성에 역점을 두므로 이 양자를 합치함으로써 진정한 교육과정의 정신을 구현할 수 있다.

생활지도를 일부 소수의 문제아를 지도하기 위한 방법으로 생각하거나 어떤 사건이 있을 때 그것을 해결하기 위한 수단이라고 생각하는 것은 생활지도의 의미를 제대로 인식하지 못한 것이라고 할 수 있으며, 생활지도란 결국 학생으로 하여금 모든 생활에 잘 적응할 수 있도록 도와주는 활동 즉 자기지도와 자아실현을 할 수 있도록 조력하는 조직적인 봉사활동이라는 점을 인식할 필요가 있다.

2. 생활지도의 목적

생활지도는 학생들이 현명한 선택과 건전한 적응을 할 수 있도록 조력함으로써 자기 지도력을 함양하는 데 궁극적인 목적이 있다. 생활지도의 일반적 목표를 대체로 다음과 같이 요약할 수 있다.

첫째, 학생 각자가 자신에 대한 통찰을 깊게 하도록 의도한다.

둘째, 학생이 자기의 능력, 적성, 흥미, 성격 등을 충분히 활용할 수 있도록 지도한다.

셋째, 전체 환경 속에서 일어나는 여러 가지 문제와 사태에 만족할 만한 적응과 선택을 할 수 있도록 지도한다.

넷째, 학생의 장애에 있어서 사회에 대하여 최대한으로 독자적인 기여를 할 수 있도록 지도한다.

다섯째, 학생 각 개인이 조화되고 통합된 인격을 형성하도록 돕는다.

3. 생활지도의 영역

생활지도는 전인적인 인간의 형성에 관심을 갖기 때문에 생활지도의 영역은 학생의 모든 생활과 관련되어야 한다. 개인생활에서 일어나는 제반 문제는 서로 유기적인 관련을 가지고 있기 때문에 생활영역의 각 부분을 분리하여 생각하기 어렵다.

생활지도의 주요영역과 내용을 살펴보면 다음과 같다.

① 학업관련지도

학교생활에 적응하는 데 도움을 주는 오리엔테이션, 교육정보의 제공, 전공과목 · 상급학교 · 특별활동의 선택 등을 위한 상담, 학습 습관 · 학습 방법의 지도, 졸업 후의 추수지도 등과 학습부진아, 우수아 지도 등이다.

② 취업지도

직업정보의 제공, 직업 준비교육, 직업상담, 취업알선, 졸업 후 의 추수지도 등이다.

③ 개인적응지도

개인적 습관, 태도, 생활목표, 계획, 그 밖의 개인적 적응 문제 등이다.

④ 사회성지도

사회의 미풍, 양속, 관례에 대한 적응을 돕고 동료와의 바람직한 인간관계를 발달시키는 일 등이다.

⑤ 건강지도

신체적 · 정신적 건강의 습관, 태도에 관한 지도 등이다. 또한 의식주 및 안전을 포함하게 된다.

⑥ 여가지도

여가를 보다 적절하게 이용해야 되겠다는 자각과 적당한 여가 활동의 선택, 여가활동의 숙련을 위한 지도 등이다.

⑦ 성교육

건전한 성교육, 가족계획, 인구문제 등에 관한 것이 새로이 추가되었다.

이러한 생활지도의 영역은 교육수준별로 각각 달리 적용된다.

4. 생활지도의 기본원리와 실천원리

생활 지도가 궁극적으로는 학생이 개인의 문제를 스스로 발견하여 해결하며 사회생활에 적응해 나갈 수 있도록 도와주는 과정이라면, 한 인간으로서 학생이 가진 자아실현을 위한 가능성에 대해 깊은 신념을 가지고 임해야 한다. 이러한 입장에서 생활지도의 기본원리와 실천원리의 방향은 다음과 같으며 이것이 현대 생활지도의 기본 방향이라 할 수 있다.

1) 생활지도의 기본원리

1 개인의 존중과 수용의 원리

생활지도는 기본적으로 인간의 존엄성을 인정하고 모든 개인이 한 인간으로서 존중받아야 한다는 민주적 이념에서 출발한다. 모든 개인은 각자의 처지에 따르는 가능성을 가지고 있으며 그와 같은 가능성이 충분히 계발되고 신장받아야 할 권리를 그들은 가지고 있다는 관점이다. 따라서 한 개인은 사회의 중요한 일원으로 수용되어야 한다. 수용이란 학생을 인간적인 존재로 인정하고 그 가치를 소중히 여겨 일방적 지시나 억압이나 명령을 배제하고 인간으로 받아 들이는 것이다.

그러므로 생활지도는 모든 개인의 가치를 수용하고, 그들의 가능성과 현실을 인정하며 그들 나름의 발달을 할 수 있는 기회를 조장하여야 한다.

② 자율성 존중의 원리

생활지도는 모든 개인이 정상적으로 발달하도록 도움을 주는 조력의 과정이다. 생활지도는 조력을 제공하는 것이므로, 어떤 문제를 해결하는 것은 본인 스스로 문제의 핵심을 파악하고 가능한 방안을 탐색하여 본인이 최종적인 결정을 내리는 것이다. 이런 원리가 자율적인 능력과 태도를 강조하는 것이다.

③ 적응의 원리

생활지도는 개인의 생활에 대한 적응을 도와준다. 적응은 자아의 수정을 통해 현실에 순응하는 소극적인 적응보다 개인의 능력과 인성형성에 있어서 능동적인 적극적인 면을 강조한다. 적응의 결여는 자신에 대한 현실적인 이해와 통찰의 부족에서 오는 것이므로 자신에 대한 이해에 의해서 건전한 자아개념을 가지도록 지도해야 한다.

④ 인간관계의 원리

생활지도는 태도와 가치관의 변화나 인성지도와 같은 정의적인 학습과 관련이 깊다. 이러한 정의적인 학습은 교사와 학생 사이의 참다운 인간관계 즉 감정이 교류하는 관계가 성립될 때 가능해지며 학습도 촉진된다. 상담에 있어서 허용적인 분위기 조성이 필요한 것도 이러한 원리에 기인한 것이다.

⑤ 자아실현의 원리

생활지도의 궁극적인 목적이 모든 개인의 자아실현을 가능하게 하는 것이다.

자아실현(self-actualization)은 인간 동기의 주격이다. 즉 바꾸어 말하면 모든 동기는 전체적인 유기체의 자아실현을 위한 필요조건이다. 자아실현의 원리를 주장함에는 다음과 같은 두 가지 이유가 있다.

첫째로 인간의 동기를 인정하고 그것을 자극함으로써 모든 개인으로 하여금 자신을 보다 완성되고 충분한 조건을 구비한 인간으로 발달할 수 있게 하는 힘을 부여해야 한다는 것이다.

둘째로 인간의 전체적인 발달이라는 점이다. 따라서 이 두 가지는 궁극적으로 생활지도의 목표와 일치한다. 생활지도는 이상의 제 원리를 인정하고 개인적인 문제해결, 새로운 장래의 설계, 학교생활에 대한 건전한 적응 등을 통하여 모든 학생으로 하여금 자기 나름의 완성을 기하도록 조력을 제공하는 것이다. 따라서 개인이 자아실현의 궁극적인 목적을 향하여 생각하고 계획하고 움직이도록 하는 것이 생활지도의 요체이다.

2) 생활지도의 실천원리

① 계속적 과정의 원리

생활지도는 일차로 끝나는 것이 아니라 진급, 진학, 취직 및 졸업한 후에도 계속 관심을 가져야 할 과정이다. 진학, 취직 및 이에 대한 정치 활동, 추수 지도, 그리고 새로운 학교나 직장에 잘 적응할 수 있도록 사전지도(Orientation)가 필요하다.

② 전인적 원리

생활지도는 개인의 특수한 생활 영역이나 기능 등 일부만을 취급하는 것이 아니고 개인의 전체적 면을 다루어 지도하는 것이다.

③ 균등의 원리

생활지도는 문제아나 부적응아들의 문제만 해결해 주는 활동으로 그릇 이해하고 있는 경우가 많다. 생활지도는 전 아동의 가능성을 최대한으로 발달시키려고 하는 과정이다.

④ 과학적 기초의 원리

생활지도 활동은 아동의 올바른 이해 및 그들 행동의 구체적, 객관적 자료에 기초를 두고 출발해야 하는 것이다.

⑤ 적극성의 원리

생활지도는 소극적인 치료도 중요하지만 오히려 적극적인 예방지도에 중점을 두어야 한다.

⑥ 협동성의 원리

생활지도는 담임교사나 카운셀러만의 지도가 아니라 학교 교직원의 협력을 필요로 한다.

⑦ 구체적 조직의 원리

교도교사를 중심으로 구체적 조직을 가져야 한다.

제7장

교육평가

어떠한 곳에서든지 모든 활동과 과정이 끝나게 되면 반드시 평가라는 것이 있기 마련이다. 그것이 어떠한 형태이든지 목적한 바의 과정과 결과를 평가하여 다음 목표에 반영하는 것을 우리는 자주 접한다. 이렇듯 평가는 계획하고 목적하였던 바가 달성되었는지, 그 결과는 어떠한 것인지, 그리고 그 결과가 앞으로 어떻게 이용되어야 하는지 등의 자료로서 사용할 가치가 있는 것이다.

이러한 활동은 교육에 있어서도 예외는 아니다. 교육목표가 설정되면 거기에 따라 출발점 · 행동이 점검되고 목표 달성을 위한 수업이 진행된다. 마지막 단계로서 교육에 있어서 평가 활동이 이루어지고 여기에서 얻은 평가 결과가 다시 다음 목표의 설정과 수업의 과정에 반영되는 것이다. 평가라는 것은 교육의 재점검과 발전 그리고 선발에 있어서 매우 중요한 역할을 할 수 있다.

본 장에서는 이러한 평가의 구체적 개념을 이해하고, 평가가 교육에 있어서 어떠한 기능을 할 수 있는가를 구체적으로 살펴본다. 그리고 평가의 여러 가지 형태, 교수 · 학습 과정에 따른 분류, 평가 도구의 질적 판단 기준에 대해서 살펴보기로 한다.

Ⅰ. 교육평가의 개념

평가라는 말은 영어의 "evaluation"에서 번역되어져 사용되고 있는데 이 "evaluation"이라는 말은 라틴어의 Ex-valera에서 유래되었다. 라틴어의 Ex-valera의 의미는 어떤 대상이나 행동, 과정 등의 가치 유무를 알아본다는 것이다. 따라서 평가는 일반적으로 어떤 사물의 가치를 판단하는 것이라고 할 수 있다.

교육 평가라고 하면 위에서 말한 바 평가의 대상이 바로 교육에 관련된 제반 현상으로 옮겨지는 것이다. 1920년대 이후 미국에서 평가 분야가 발전해 오면서 지금까지 크게 세 부분으로 발전과정을 나뉘어 살펴볼 수 있다. 발전 과정에 따라서 평가의 의미도 점점 심화 확대되고 있음을 알 수 있다.

교육 평가에 관한 최초의 정의를 한 타일러는 교육 평가를 본질적으로 주어진 교육목표가 "교육과정과 수업 프로그램에 의해 어느 정도 달성되었는지를 밝히는 과정이다(Tyler, 1949)"라고 했다. 이 정의에서 우리는 어떤 교육과정이나 수업프로그램은 달성하고자 하는 교육목표를 가지고 있으며, 그 목표에 비추어 교육과정이나 수업프로그램이 어느 정도 달성되었는가 재어보고 판단하는 과정이 교육평가라는 것을 알 수 있다.

타일러 이후에 교육 평가에 대한 의미가 조금씩 변화되어 왔다. 즉, 타일러의 교육평가에 대한 정의가 지나치게 목표 지향적인 데 반하여, 탈목표 가치 지향적으로 평가의 의미를 해석하려는 입장이 대두되었다(이성호, 1997). 즉, 평가는 어떠한 경험, 개념 또는 과정의 가치를 판단하는 데 초점을 두어야 한다고 믿는 입장이다. 이러한 입장에서는 타일러의 입장처럼 목표에 관련된 틀을 정해 놓고 평가하는 것이 아니라 평가 과정에 있어서 자유로운 관찰과 반응에 기초한 가치 판단을 평가의 본질적인 의미로 내세우고 있다. 그리하여 교육에 관련된 다양한 집단 즉, 생산자나 소비자 모두를 위한 교육실제에 관한 전문적 판단을 형성하는 것이 교육 평가의 의미로 받아들여진다. 여기에서는 스테이크(Stake)나 스크리븐(Scriven)과 같은 사람들이 대표적인 인물이다.

또한 판단의 입장에서 한 걸음 더 나아가 평가에 대해 선택과 의사결정을 그 본질로 삼는 입장이 있다. 스터플빔(Stufflebeam) 등이 대표적인 인물인데, 이 입장에서는 교육 평가를 의사결정의 대안들을 판단하는 데 유용한 정보를 기술하고 획득, 제공하는 과정으로 보았다. 즉 교육적 의사 결정이 필요한 곳을 확인하고, 이러한 의사결정이 요구되는 문제에 관해 여러 가지 해결 대안을 마련하며, 대안 선정 시의 기준을 설정하고, 여러 가지 대안을 판별할 수 있는 정보를 규명 · 수집하고 마지막에는 선택된 대안이 본래의 기대에 부응하였는가를 결정하는 과정이 평가의 본질이라고 보고 있다(김대현 · 김석우, 1996).

현재 교육 평가라고 하면 좁게는 타일러의 입장에서 넓게는 스터플빔의 입장에 이르기까지 다양하게 일컬어지고 있다. 이를 정리하면 첫째는 목표지향적 교육평가, 둘째는 경험 · 개념 · 과정을 가치를 판단하는 초점으로 맞춘 교육평가, 셋째는 의사결정의 대안들을 판단하기 위해 유용한 정보를 획득하고 제공하는 과정으로 보는 입장을 모두 포함한다.

결국 교육 평가는 다음과 같은 과정이 포함되는 일련의 활동이라고 할 수 있을 것이다.

첫째, 교육과정이나 수업프로그램에 대한 체계적인 증거의 수집 활동

둘째, 학습자의 행동 변화 및 학습과정에 관한 정보 수집 활동

셋째, 위의 증거에 따라서 목표에 기준을 두어 교육 활동의 효율성을 따져보는 활동

넷째, 앞의 여러 가지 활동에 비추어 가치를 판단하는 활동

위의 과정들이 어떤 점에서는 약간씩 겹치거나 중복된다고 여겨지는 면이 없지는 않으나 여러 학자들의 견해를 종합해 보면 결국 평가는 위와 같은 활동들이 포함되고 있으며 위와 같은 활동들에 의하여 평가가 이루어지고 있다고 보아야 할 것이다. 결론적으로 교육평가라는 것은 학습자의 행동변화 및 학습과정에 관한 제반 정보를 수집하고 이용함으로써 교육적 의사결정을 내리는 데 도움을 주거나 한 걸음 더 나아가 의사결정을 내리는 과정이라고 할 수 있다.

II. 측정과 평가 그리고 사정(총평)

우리는 흔히 측정과 평가 그리고 사정(총평)을 흔히 혼용하여 사용하는 경우를 많이 본다. 그러나 이들은 분명하게 다른 의미를 지니고 있으며 구분하여 사용하여야 할 것이다. 교육평가는 일반적으로 측정(measurement)을 통하여 평가(evaluation)가 이루어지며, 평가의 총평으로서 사정(assessment)이 이루어진다.

1. 측정

측정(measurement)이란 어떤 대상이나 사태에 체계적으로 수치를 매기는 과정이다. 이러한 측정은 직접 측정이 가능한 가시적 속성과 직접 측정이 불가능한 비가시적 속성이 있다. 예를 들면, 사람의 몸무게라든지 혈압 등은 직접 측정할 수 있는 가시적

속성에 해당하고 사람의 심리적 영역, 즉 I.Q.나 자아개념 등과 같은 것은 비가시적 속성으로 분류할 수 있다. 이러한 비가시적 속성은 간접적인 방법을 사용하여 측정하는데 주로 '표준화 검사' 도구를 사용한다.

측정의 특징은 다음과 같다.

① 평가에 선행되어 이루어진다.
② 수치화에 중점을 둔다.
③ 어느 한 시점의 개인의 반응을 표본으로 하기 때문에 개인의 반응점수의 신뢰도와 객관도를 우선시한다.
④ 측정은 평가나 총평을 위한 수단이다.
⑤ 단발적인 의미를 가지며 측정자체로는 가치판단이 없거나 최소화되어 있다.
⑥ 측정의 결과는 분류, 예언, 실험 등에 활용된다.

2. 평가

평가(evaluation)는 측정보다 더 광범위한 개념으로 측정의 양적결과를 질적으로 해석하며, 해석된 것에 대한 가치판단을 포함한다. 학습자를 대상으로 검사를 실시해서 점수를 내고 서열을 매기는 것은 단순한 측정 행위에 불과하다면 여기에 그 측정 결과를 바탕으로 학습자의 학업성취도를 표현하고, 학습보완에 대한 판단과 처치가 이루어졌다면 이것은 '평가' 라고 할 수 있다는 것이다. 측정활동은 평가 목적 달성을 위한 수단적 가치가 강조되는 절차 방법적 행위(technical act)인 반면에, 평가 활동은 그 자체가 합목적적인 활동으로서 측정 결과를 판단 근거로 삼아 평가 목적을 달성한다는 점에서 그 본질적인 차이를 발견할 수 있다(배호순, 1994).

평가의 특징을 정리하면 다음과 같다.

① 측정를 통해 이루어지며 측정의 자료를 이용하여 질적해석을 시도하고 가치를 판단한다.
② 타당도(내용타당도)를 중시하며 교수―학습과정에서 의도했던 목표가 얼마나 달

성되었는가에 주관심을 가진다.

③ 평가는 가치판단을 항상 내포하며, 계속적인 의미를 가진다.

④ 인간행동의 변화에 주된 관심을 두며, 이 변화의 주역들인 요인들－교육과정, 교과목, 교사, 교수－학습방법, 교육자료, 학교운영체제를 평가하는 것도 그 목적으로 한다.

⑤ 평가의 결과는 평점, 자격수여, 배치, 진급 등의 개인의 분류·판단과 교수－학습방법, 교육과정, 교수－학습프로그램, 수업의과정, 교사의 수월성을 결정하는 데 활용된다.

3. 사정

사정(총평:assessment)이란 개인의 행동특성에 대한 일정 기간의 측정과 평가의 결과들을 특별한 환경, 과업, 상황과 관련하여 의사결정을 하려는 목적의 전인적 총평이다. 사정에서는 판단을 위해서 다양한 측정의 결과들과 평가의 결과를 사용하는 동시에 전체적, 직관적, 질적인 평가방법이 이용된다.

사정의 특징을 정리하면 다음과 같다.

① 다양한 측정과 평가의 결과로 이루어진다.

② 개인과 그가 소속된 환경(학교, 전공분야, 사회)과의 상호작용에 관심을 갖는다.

③ 환경을 고려한 전체적, 직관적, 질적인 방법이 사용된다.

④ 개인과 그가 속한 환경사이의 상호작용을 분석함에 있어서 주로 구인타당도를 활용한다.

⑤ 교육수준별 각 기간의 교육활동에 대한 최종적이며, 목적적인 의미를 가진다.

⑥ 결과는 선발, 예언, 자격부여, 분류, 실험에 활용되며 주로 환경(학교나 전공등)의 준거상황과 개인의 역할에 비추어 진단한다(예 입학사정, 졸업사정).

Ⅲ. 교육평가의 기능

교육 평가의 기능(機能)을 보는 시각은 다양하며 그 시각에 따라 다양하게 이야기할 수 있을 것이다. 이러한 다양한 시각 속에서 제시되고 있는 교육평가의 기능을 몇 가지로 제시해 보면 다음과 같다.

첫째, 교육목적을 어느 정도 달성했는가를 파악하는 기능이다. 교육평가의 우선적 기능은 주어진 일정한 목표를 기준으로 이루어진 교육적 활동 속에서 교육적 성과가 어느 정도 이루어졌는가를 평가하는 것이라고 할 수 있다. 이를 위해서 교육 평가는 교육목표의 달성 정도에 관련된 증거와 정보를 수집하고 기술하는 데 일차적인 관심이 있다. 이와 같은 평가 활동을 통해 성취 정도가 기대 수준에 미치지 못할 경우 그 원인이 어디에 있는가를 규명하여 적절한 사후 조치를 취하고 이후 보다 수월한 교육 목표를 달성하는 데 기여할 수 있을 것이다.

둘째, 학습 결과의 진단과 치료 기능이다. 교육 평가를 함으로써 학습과정에서 학습자의 학습 능력을 진단하고 학습 능력이 부족한 학생들의 학습결손을 보충하며 보다 효율적인 학습을 이루어 갈 수 있다. 특히 개별화 학습이 필요할 경우 이러한 평가를 통해서 학습자 개개의 출발점 행동을 진단할 수 있으며 각각의 출발점 행동에 따라서 집단을 분류 보다 개별화된 학습을 진행할 수 있는 기능도 가지고 있다. 이러한 것은 수업과정에서 드러나거나 잠재되어 있는 문제점들을 적시에 발견하여 조치를 취함으로써 시간과 노력, 경비를 절감하고 학습자들에게 학습 결손의 누적을 방지해 주는 기능을 한다고 할 수 있을 것이다.

셋째, 교육 프로그램의 효과를 알아보고 평가하는 기능이다. 현장에는 교육과 관련된 여러 가지 교육 프로그램이 있다. 넓게 보아 교육과정도 하나의 프로그램이라고 볼 수 있다. 교육 평가는 이러한 교육 프로그램이 본래 의도하였던 효과를 거두고 있는지 알아보기 위하여 실시된다. 프로그램의 평가뿐만 아니라 교사의 수업, 교사의 자질과 배치, 학교의 경영, 시설, 학교 제도 등 교육 전반의 관리 면에서 가치 판정을 하기 위한 목적으로도 교육 평가가 실시된다.

넷째, 개개 학습자의 진로지도를 위해 자료를 수집하는 기능이다. 학습자 개개의 진로 지도를 위해서는 그 학습자의 학업능력, 정서, 흥미, 성격 등에 대해서는 물론, 가정

생활, 가정환경, 사회환경 등에 대해서 교사가 보다 면밀한 정보를 가지고 있어야 한다. 이러한 진로지도는 학습자에 대한 보다 광범위한 이해에서 출발해야 하며, 가능한 한 교사는 학습자를 있는 그대로 정확히 이해할 수 있도록 노력해야 한다.

다섯째, 학습지도 방법의 개선을 위한 자료를 제공하는 기능을 한다. 평가라고 하면 교사가 학습자들의 학업성취를 평가하는 것으로 제한하기 쉽다. 그러나 평가의 중요한 기능 가운데 한 가지가 바로 교사 자신이 진행하는 수업의 효과와 교수 방법의 개선에 있다는 것을 염두에 두어야 한다. 교사는 어떠한 매너리즘에 빠질 수도 있고 또 자신이 사용하고 있는 교수 방법이 잘못된 것을 모르고 계속 그것을 사용할 수도 있다. 여기서 교육평가를 통하여 교수—학습 과정에 대한 제반 정보를 제공하고, 자신의 수업에 대한 목표의 적절성, 교수법의 타당성 · 효율성, 교수 매체 사용의 적절성 등을 평가할 수 있는 자료를 제공한다.

여섯째, 교육의 제반 문제를 이해하고 교육정책 및 교육과정의 올바른 개선을 위한 정보를 제공한다. 교육평가를 통하여 전국 학생들의 학력 정도를 파악하고 우리나라 학생들의 학력에 관한 국제적 수준도 알 수 있다. 교육 평가를 통하여 어느 영역의 학력이 부족하고, 앞으로 보충되어야 할 기초학력이 무엇인지 파악할 수 있을 것이다. 이러한 것들은 차기의 교육정책을 수립하고 교육과정을 개편하는 데 중요한 자료가 된다.

Ⅳ. 교육평가의 유형

교육 평가는 평가 결과의 해석을 상대적인 잣대에 두고 하는가, 아니면 절대적인 잣대에 두고 하는가에 따라서 상대 평가와 절대 평가로 구분할 수 있고 또한 수업에서 평가하는 시점에 따라 진단 평가, 형성 평가, 총괄 평가로 구분되어진다.

1. 상대평가와 절대평가

상대 평가는 규준 지향 평가(norm-referenced evaluation)라고도 한다. 상대 평가의 가장 큰 특색은 개인의 학업성취도가 학생 상호간의 상대적 비교를 통해서 평가된다는 것이다. 다시 말하면 상대 평가는 해당 집단에서 얻은 평균 성적을 기준으로 평가 결과를 해석한다. 이것의 가장 흔한 예는 한 학급의 성적을 그 반의 득점 분포에 따라서 성적을 매기는 방법이다. 평균점을 기준으로 최상위의 일정 비율(예컨대 약 10%)은 '수'를 주고, 차상위의 일정 비율(예컨대 약 20%)은 '우'를 주고 하는 식으로 전체 5단계 평정을 하는 것이다. 이러한 상대 평가의 성적 비율은 정상 분포 곡선을 이룰 것을 기대하나 현장에서 실제적으로 정상 분포 곡선을 이루는 경우는 드물고 단지 성적의 비율만 고려하여 상대적 서열 순으로 성적을 주게 되는 경우가 더 많다.

이러한 상대 평가는 몇 가지 단점이 있다. 우선 주어진 교육목표와는 상관없이 집단의 평균에 따라서 자신의 수준이 평가되는 것이므로 그 학생이 교육목표를 어느 정도 달성했는지는 별로 관심이 없다는 것이다. 그리고 실제적으로 학습자가 어떠한 영역에서 학습기능이 부족한지, 그리고 보충을 해 주어야 하는지도 제시해 주지 못한다.

그럼에도 1950년대 이후 약 20년간 이러한 상대 평가가 우리 교육계에서 아주 중요하게 사용되어 왔던 것은 다음과 같은 장점이 있었기 때문이었다고 할 수 있다.

첫째, 상대 평가는 정확한 개인차의 변별이 가능하다는 것이다. 상대 평가는 결국 상대적 서열을 중요시하므로 수험자들의 서열 매김을 통한 선발 과정에 많이 이용된다.

둘째, 상대 평가는 외적 동기 유발이 용이하다는 것이다. 일정한 비율만이 정해진 성적을 얻을 수 있기 때문에 상호간의 경쟁을 유발하게 되고 이러한 경쟁을 통해서 집단 구성원들은 더욱 열심히 학습을 도모할 수 밖에 없다.

셋째, 교사의 독단이나 편견을 배제할 수 있다는 장점이 있다. 이것은 상대 평가가 객관성을 강조하며 검사의 제작 기술과 엄밀한 성적 표시 방법을 채택하고 있는 데서 기인한다.

상대 평가의 장점과 단점을 표로 만들어 제시해 보면 다음과 같다.

〈표 7-1〉 상대 평가의 장점과 단점

장 점	단 점
• 개인차의 변별이 용이하다. • 외적 동기 유발이 용이하다. • 교사의 편견이 배제된다.	• 내적 동기 유발이 어렵다. • 학습목표 달성 정도를 파악하기 어렵다. • 과다한 경쟁의 유발이 우려된다. • 교수–학습의 개선에 기여하기 어렵다.

1950년 대 이후 우리나라는 상대 평가를 중심으로 각 학교에서 평가가 이루어져 오

다가 1976년에 이르러 문교부(현재의 교육부)에서 훈령 제 286호를 공포하여 절대 기준 평가의 새로운 막을 열었다. 이것은 규준 지향적 평가에서 준거 지향적 평가(criterion-referenced evaluation)로의 입장 전환이라고 할 수 있을 것이다.

상대 평가가 구성원의 성적을 구성원 전체의 평균에 비추어 해석하는 것이라면 절대 평가는 주어진 목표에 비추어 구성원의 성적을 해석한다. 즉, 수업목표가 주어지면 그 목표에 비추어 학생 개개인의 도달도를 알아보는 것이 절대 평가라고 할 수 있다. 따라서 여기서는 상대 평가에서처럼 정상 분포를 가정하고 어떤 비율에 따라서 성적을 주는 것이 아니라 주어진 목표나 기준에 도달하면 비율에 상관없이 모든 구성원이 합당한 성적을 부여받을 수 있다. 따라서 절대 평가의 결과로서 매겨진 성적 평점은 일정한 교과의 수업 목표가 어느 정도로 학생들에 의해서 습득되었는지 보다 직접적으로 알려준다.

상대 평가에서의 '수'의 개념이 전체 구성원 중에서 예컨대 10%의 범주에 드는 것을 의미하는 것이라면 절대 평가에서의 '수'의 개념은 한 교과에서의 수업 목표에 예컨대 90% 이상 도달한 것으로 해석할 수 있다. 이러한 절대 평가의 특징을 제시하면 다음과 같다.

첫째, 발달적 교육관을 바탕으로 하고 있다. 이 발달적 교육관이란 학습자의 선발이나 개인차에 관심을 가지는 것이 아니라 학습자에게 의도하는 바의 수업 목표를 달성할 수 있도록 적절한 학습 방법과 교수 환경을 제공한다면 학습자들은 시간적 차이는 있지만 거의가 주어진 목표를 달성할 수 있을 것으로 믿는 것이다.

둘째, 검사 점수 결과의 부적 편포를 기대한다. 즉, 절대 평가는 모든 학습자들이 주어진 수업 목표를 달성할 것을 기대하므로 자연히 검사 점수의 분포가 오른 쪽으로 치우친 정상분포에서 벗어난 부적 편포를 기대한다.

셋째, 검사에 있어서 타당도를 강조한다. 왜냐하면 절대 평가는 주어진 목표의 달성 여부에 관심이 있으므로 평가가 원래 측정하려고 했던 수업목표를 얼마만큼 충실하게 측정하고 있는가에 초점이 모아질 수밖에 없다.

이러한 절대 평가의 장점은 다음과 같다.

첫째, 학습자가 무엇을 알고, 무엇을 모르는지에 관한 정확한 정보를 제공한다는 것이다. 이것은 학습자에게 적합한 교수 처방을 해야 한다는 현재의 교수-학습 이론에 적합한 평가 방법이라고 할 것이다.

둘째, 교사의 교수 방법과 수업기술 및 교육과정 계획 전반에 관한 정보를 제공해 준다. 따라서 이러한 정보를 바탕으로 교육과정 계획이나 교수 방법 등의 개선이 용이해진다.

셋째, 학생들에 대한 상대적 서열 매기기에 급급하지 않으므로 교육의 본질에 보다 충실할 수 있다. 즉, 지식, 이해, 적용, 분석, 종합, 평가 등의 고등 정신능력을 기를 수 있는 데 충실할 수 있을 뿐 아니라 수용, 반응, 가치화, 조직화, 인격화 등의 정의적 특성을 기르는 데도 유리하다.

그러나 이러한 절대 평가에도 단점은 있다. 상대 평가에서의 장점이 바로 절대 평가의 단점이라고 생각하면 틀리지 않다.

그것은 첫째, 개인차의 변별이 용이하지 않다는 것이다. 즉 절대 평가는 상대적 서열을 매기기가 어렵고 개인 간의 성적 비교에 부적절하다는 것이다. 상대적 서열 매기기라든지 개인 간의 성적 비교가 꼭 필요한 것은 아니지만 학교에서 만약 이러한 것이 필요하다면 절대 평가 보다는 상대 평가가 유리하다.

둘째, 평가에 있어서 준거 설정의 문제이다. 절대 평가는 교육목표가 평가 준거가 되는데, 이 교육목표는 누가 정하는가, 어떻게 정하는가에 따라 다르므로 동일한 달성도라고 하더라도 다른 집단 사이에서 그 교육목표 달성 정도가 같은 것이라고 하기는 어렵다.

셋째, 검사 결과의 통계적 활용이 불가능하다. 통계적 활용이라는 것은 정상 분포를 가정했을 때 가능한 것인데 절대 평가에서는 부적 분포를 이상적인 것으로 추구하므로 통계적 활용이 어렵다.

참고로 절대 평가의 장 · 단점을 표로 제시해 보면 다음과 같다.

〈표 7-2〉 절대 평가의 장 · 단점

장 점	단 점
· 내적 동기유발 용이 · 학습자의 학습에 관한 직접적인 정보제공 · 교육과정 · 교수 방법의 개선 정보 제공 · 고등정신 능력배양 및 정의적 영역 발달용이	· 교사의 편견배제 어려움 · 개인차의 변별의 어려움 · 절대 준거의 설정이 어려움 · 검사 점수의 통계적 활용의 어려움

2. 진단평가, 형성평가, 총괄평가

진단평가(診斷評價), 형성평가(形成評價), 총괄평가(總括評價)는 수업을 시점으로 수업 전에 행하여지는가, 아니면 수업 진행 중에 실시되는가, 혹은 수업이 끝나고 한 학기나 학기 중간에 실시되는가에 따라 구분되어진 것이다. 즉 시간적 순서에 따라 구분한 것이 바로 진단 평가, 형성 평가, 총괄 평가이다.

1) 진단평가

진단 평가는 수업을 하기 전에 학습자의 사전 학습의 정도, 흥미, 적성, 동기 등을 미리 파악하여 수업 설계에 참고하기 위해 실시되는 평가이다. 어떤 학습을 하기 전에 이를 성공적으로 수행하기 위해서는 前단계의 선행학습이 충분히 이루어졌을 때 다음 단계의 학습이 용이하다. 학습자들의 능력과 특성을 사전에 파악하여 수업 목표에 반영하고 수업계획을 수립하고, 교수 · 학습 방법을 세우는 데 반영하는 것이 보다 수업을 성공적으로 이끄는 지름길이 될 것이다. 이러한 진단 평가의 기능을 구체적으로 살펴보면 다음과 같다.

첫째, 수업 목표와 관련하여 선수 학습에 있어서 부족한 부분을 진단하고 정도에 따라서 결손 학습에 대한 교정과 보충 학습을 할 수 있는 자료를 제공한다. 선수 학습은 특히 학습 과제 분석 시 학습 위계가 뚜렷하게 나타나는 수학, 과학, 영어 등과 같은 과목에서는 앞 단계의 기초 기능이 분명히 확립되어 있지 않고는 다음 단계의 학습이 거의 불가능 한 경우가 많다. 따라서 진단 평가를 통하여 필수적으로 알아야 할 학습 요소를 파악하고 보충하여야 할 부분을 찾아 피드백 해 주는 것이 필요하다고 할 것이다.

둘째, 선수 학습의 결손을 파악하는 것뿐만이 아니라 정해진 수업 시간에 할 학습 과제를 학습자들이 어느 정도 달성하고 있는가를 파악하기 위한 기능도 있다. 학습자들의 개인차는 천차만별이다. 여기에는 그 시간에 할 학습 능력에 못미치는 학생들도 있을 것이고 학습 능력이 뛰어나 그 시간의 학습 과제를 이미 알고 있는 학생들도 있을 것이다. 이러한 경우에는 모두 동일한 수업을 진행하기 보다는 개별학습지를 준비하여 학습 능력이 뛰어난 학생들은 보다 심화학습을 시키는 것이 바람직할 것이다.

셋째, 진단 평가를 통하여 학습 실패의 원인을 찾을 수 있다. 학습자가 학습에서 보이는 지속적인 학습 장애의 원인과 학습자의 학습 환경에 관한 정보를 수집할 수 있다. 학습자의 학습 실패원인은 신체적, 지적, 정서적, 환경적 원인 등 여러 가지로 분류할 수 있다. 이러한 요인들을 진단하고, 나아가 처방안을 마련할 수 있는 토대를 마련하는 것이 진단 평가의 주요한 기능이다.

이러한 진단 평가로는 준비도 검사, 자기 보고서, 관찰법이나 적성 검사 등의 평가 도구가 사용될 수 있을 뿐만 아니라 수업을 시작하기 5-10분 전에 쪽지 검사나 질문을 하고 손을 들어보게 한다든지, 퀴즈나 문제를 낸다든지 하는 등 여러 가지 형태의 방법을 사용할 수 있다.

2) 형성평가

형성 평가는 수업 진행 중에 학습자가 수업 목표대로 학습을 잘 하고 있는지, 학습이 잘 형성되어 가고 있는지 판별하기 위하여 실시하는 평가를 말한다. 즉 교수-학습 과정 중에 가르치고 배우는 내용을 학습자들이 얼마나 잘 이해하고 있는지를 수시로 점검하고, 학습자들의 수업태도, 학습 방법 등을 확인함으로써 수업의 질을 향상시키고, 올바른 방향으로 학습을 진행시킬 수 있다. 이러한 형성 평가의 주요한 기능을 정리하면 다음과 같다.

첫째, 학습의 방향을 올바르게 이끌어 가는 역할을 한다. 수업을 진행하면서 실시되는 형성 평가는 수업 목표에 비추어 무엇을 어떻게 공부해야 할 것인지를 학습자에게 명확히 방향 제시해 주고 교사에게는 어떠한 방법으로, 어떠한 방향으로 가르쳐야 할지를 분명하게 알게 해 준다.

둘째, 학습에 대한 피드백과 강화의 기능이 있다. 학습을 해 나가는 중에 형성 평가를 통해 학습자가 스스로 어떤 부분이 부족하다는 것을 알게 되고 학습자는 부족한 부분을 보충할 수 있는 기회를 갖게 된다. 그리고 정해진 수업 목표의 하위목표에 잘 도달하고 있는 학생들에게는 자기 성취감과 자신감을 가지게 하며 이것은 곧 긍정적 강화로 이어지게 된다.

셋째, 수업 속도를 조절할 수 있다. 형성 평가에서 나온 결과를 보고 학급 학생들의 성취도가 전체적으로 아주 저조하다면, 교사는 추가 설명을 한다든지 하는 방법으로 보다 늦은 속도로 진도를 나갈 수 있다. 혹은 그 단원의 분량이 너무 많다면, 다른 단원의 시간을 줄이는 방법으로 전체적으로 어려워하는 단원에 좀 더 많은 시간을 배당할 수 있다.

넷째, 형성 평가는 교수 방법의 개선에 이바지하는 기능을 한다. 수업 진행 가운데 이루어지는 형성 평가는 학습자들에게 자신들의 학습의 결점을 드러나게 해 주는 역할을 할 뿐 아니라 교사에게는 교사 자신의 교수법에 대한 피드백을 가능하게 해준다. 즉, 어떤 문제에 대해서 그 학급 전체적으로 성취수준이 낮았다고 한다면, 그것은 교사 자신의 교수 방법에 어떠한 문제가 있는지 돌이켜 볼 필요가 있다는 것이다. 반면, 전체적으로 고르면서 높은 성취도를 얻은 문제들에 대해서는 교사는 더욱 자신감을 가지고 그러한 방법을 보충해 나갈 수 있는 효과를 얻을 수 있다.

이러한 형성 평가는 기존의 필답시험을 치를 수도 있으며, 꼭 이러한 방법에 얽매이지 않아도 형성 평가 원래의 역할을 기대할 수 있다면 교사가 구두로 질문을 하고 거수를 하게 한다든지, 혹은 칠판에 어떤 문제를 내어 풀어 보게 한다든지 하는 어떠한 방법의 활용도 가능하다.

이러한 형성 평가에서 주의할 것은 형성 평가의 결과를 채점은 하더라도 성적에 올려서는 안 된다는 것이다. 형성 평가는 학습의 중간에 학습을 교정하고, 동기화를 시키는 것이 목적이므로 이러한 목적에 맞게 운영되는 것이 좋을 것이다. 만약 형성 평가의 결과를 성적에 올린다면 앞에서 제시한 그러한 형성 평가의 목적들을 달성하기가 힘들 것이다.

형성 평가의 방법으로는 교사가 임의로 만든 쪽지 시험이나 칠판에 적어서 풀어 보는 5분 평가, 거수, 학생들을 지명해서 질문을 제시하는 방법 등 여러 가지를 활용할 수 있을 것이다.

3) 총괄평가

총괄 평가는 한 단위의 학습과제 혹은 한 교과가 끝났을 때 정해진 수업 목표의 달성 여부를 종합적으로 판정하기 위하여 치르는 평가를 의미하는 것으로 총합 평가라고도 부른다. 이것은 기존의 평가에서 보통 중간 평가나 기말 평가의 형식으로 많이 치러져 왔다. 이 평가는 보통 성적에 반영하는 것을 목적으로 하고 있으나 현재는 이러한 총괄 평가를 통한 평정만을 성적에 반영하는 것이 아니라 수행 평가(performance-assessment)의 형태로 학습자의 학업 수행 행위 전체를 평가의 대상으로 삼고 있으며 성적에 반영하는 추세이다. 그럼에도 총괄 평가는 아직 수업 목표 달성 여부를 판단하고 학습자의 종합적인 학습 능력을 평정하는 중요한 평가 방법으로 작용하고 있음을 부인할 수 없다. 이러한 총괄 평가의 기능을 살펴보면 다음과 같다.

첫째, 정해진 단원 혹은 교과에 대하여 종합적인 성적을 결정짓는 기능을 한다. 여기에는 주어진 수업 목표를 평가할 수 있는 복합적인 문제들이 많이 포함된다. 보통 상대적으로 서열을 매기고 타 학생들과의 성적 비교를 많이 하여 왔으나 현재는 수업 목표와 직접 관련된 문제들을 중심으로 출제하고 상대적 비율에 상관없이 그 목표에 대한 달성 여부만 평가하는 경향이 두드러진다. 그리고 학습 집단에서 상대적 서열을 내는 것을 지양하고 학습자가 보충하여야 할 부분을 지적해 주는 선에서 그치는 것이 현재의 추세이다.

둘째, 총괄 평가를 통한 결과는 학습자들 미래의 성적을 예측하는 데 도움을 준다. 보통 이러한 자료를 가지고 학생들의 진로 상담, 진학 상담, 생활 지도 등의 자료로 이용한다. 현재의 성적은 미래의 성적과 밀접한 상관을 가지고 있으므로 이러한 성적을 통하여 미래의 학업 성취 능력을 어느 정도 예언할 수 있는 것이다. 그러나 이것은 예외가 항상 있을 수 있다는 마음가짐으로 대하여야 할 것이다.

셋째, 집단 간의 성적을 비교할 수 있는 자료를 제공한다. 현재는 이렇게 집단 간의 성적을 비교하는 경우가 많이 사라졌지만 필요에 따라 집단 간의 성적을 비교하여야 할 경우가 생긴다. 예를 들면, 국제간 학력 비교라든지 지역 간 학력 비교를 통하여 그 차이를 발견하고 원인을 규명할 필요가 있을 경우가 있다. 이럴 경우에는 절대 평가나 수행 평가를 가지고는 집단 간의 비교가 곤란하다. 표준화된 도구를 통한 총괄 평가는 이럴 경우에 유익한 작용을 한다.

넷째, 총괄 평가는 교육과정 개선에 중요한 정보를 제공한다. 교육과정은 학교 현장의 수업 사태에서도 교정적 피드백을 받아 끊임없이 수정되어져야 한다. 학교 현장의 수업 사태 중에서도 총괄 평가를 통한 정보는 교육과정 수정에 중요한 역할을 할 수 있다. 예를 들어 어떤 문항에서 전국적으로 일관되게 아주 저조한 성취도를 나타낸 문항이 있다면 이것은 우리나라 학교 학생들의 수준에서 너무 높은 내용임을 추측할 수 있다. 이러한 것은 일련의 과정을 거쳐 다음 교육과정 개정 작업 때 상위 수준으로 올리거나 제외시킬 수 있다.

〈표 7-3〉 진단 평가 · 형성 평가 · 총괄 평가의 비교

구분	진단 평가	형성 평가	총괄 평가
목적	· 선수 학습의 확인 · 학습 결손에 대한 사전 처방 수립 · 학습자의 흥미, 관심, 학습사 등의 확인	· 학습 행위 강화 · 학습 진도 조정 · 학습 곤란의 처치 · 교수 방법의 개선	· 성적의 반영 · 차기 학습 성취 예언 · 집단간 학업성취 비교 · 교육과정의 개선
실시 시기	· 학기 초, 학년 초 · 과목의 수업이 진행되는 초기	· 수업 진행 중에 수시로 실시	· 단원, 학기, 학년의 종료 직전에 실시
사용할 수 있는 평가 도구	· 교사 및 학교의 자작 검사지 · 표준화 학력 검사 · 표준화 진단 검사 · 관찰 및 면담	· 쪽지 시험 · 칠판에 문제 풀기 · 교사의 문제 제시	· 제시된 단원의 수업 목표를 중심으로 총괄적으로 제작되어진 문항
채점 방식	· 규준 지향적	· 목표 지향적	· 목표 및 규준 지향적

3. 수행평가

수행평가(遂行評價, performance evaluation)란 평가자가 학습자들의 학습과제 수행과정 및 결과를 직접관찰하고, 그 관찰결과를 전문적으로 판단하는 평가방식을 의미한다.

정보화 사회에서는 단편적, 사실적 지식을 암기하고 이해하는 능력보다는 정보의 탐색, 수집, 분석 비판, 종합, 창출 능력, 자기주도적인 평생학습능력, 효율적인 의사소통능력, 협동적 문제해결능력이 절실히 요구된다. 이런 사회적 요구에 의해서 세계의 교육선진국들에서는 이런 능력을 타당하게 평가할 수 있는 수행평가방식을 적극적으로 도입하는 추세이다.

한국에서도 교육인적자원부가 '교육비전 2002:새학교 문화창조' 실천운동에서 지향하고 있는 학생 평가방식으로서 전인적 인간양성이라는 교육목표의 달성여부를 평가하는 데 가장 적절한 방법으로 각광받고 있다.

수행평가의 특징을 소개하면 다음과 같다.

첫째, 학생이 기출된 문제의 답을 선택하는 것이 아니라 자기 스스로 정답을 작성(구

성)하거나 행동으로 나타내도록 하는 평가방식으로서 학생의 인지구조나 문제해결과정을 비교적 쉽게 파악할 수 있다.

둘째, 추구하고자 하는 교육목표를 가능한 한 실제 수업상황(교육현장상황)에서 직접 관찰할 수 있는 방식으로 평가하고자 하는 것이다. 통제된 상황 하에서 이루어졌던 전통적 실기시험과 차별성을 지닌다.

셋째, 수행평가는 교수-학습 결과뿐 아니라 과정을 중시하는 평가방식이다.

넷째, 수행평가는 단편적인 영역에 대해서 일회적으로 평가하기보다는 학생 개개인의 변화와 발달과정을 종합적으로 평가하기 위해서 전체적이면서도 지속적으로 이루어지는 것임을 강조한다.

다섯째, 개개인을 단위로 평가하기도 하지만, 그룹에 대한 평가도 중시한다. 이 때 주로 절대평가방식을 취한다.

여섯째, 학생의 학습과정을 진단하고 개별학습을 촉진하려는 데 목적이 있다.

일곱째, 학생의 인지영역 뿐만 아니라 행동발달상황이나 홍미, 태도 등 정의적인영역, 그리고 체격이나 체력 등 심동적인 영역에 대해 종합적 전인적 평가를 중시한다.

V. 평가 도구가 갖추어야 할 조건

일반적으로 좋은 평가 도구가 갖추어야 할 조건으로 타당도, 신뢰도, 객관도, 실용도 등의 네 가지를 들고 있다. 이 네 가지 중 채점과 관련된 객관도와 비용과 관련된 실용도도 중요하지만 평가 도구는 가장 기본적으로 평가 도구가 측정하고자 하는 목적과 평가하는 내용이 일치하여야 하고(타당도), 어느 장소에서 누가 평가 도구를 실시하든지 측정 점수의 오차가 없어야 한다(신뢰도)는 것이 매우 중요시된다. 이들을 묶어서 평가 도구의 양호도라고도 한다. 이제 이들 각각에 대해서 구체적으로 살펴보기로 하자.

1. 타당도

타당도(validity)란 평가도구가 측정하려고 하는 대상의 내용 그 자체를 재고 있는 충실성을 뜻한다. 그 평가에서 재고 있는 것이 무엇(what)이냐 라는 개념과 관련되어있다. 예를 들어 기억력을 측정하는 데 있어서 추리력을 측정하면 안 되며, 지능을 측정한다고 하면서 학력을 측정해서도 안 된다.

이러한 타당도는 대체로 4가지 종류, 즉 내용 타당도, 예언 타당도, 공인 타당도 그리고 구인 타당도 등이 있다.

1) 내용타당도

내용 타당도(內容妥當度)는 이론적 타당도라고도 하는데 논리적 사고에 입각하여 검사 도구의 타당도를 판단하는 타당도를 의미한다. 즉 측정하려는 개념이나 사물을 이론적, 논리적으로 분석하고 검사 문항을 구성하여 측정도구의 내용을 판단하는 것을 말한다.

이러한 내용타당도는 주로 그 분야의 권위자나 전문가들 스스로의 지식과 경험에 의해서 이루어지므로 검토자의 주관을 완전히 배제할 수 없다. 따라서 주관적 타당도라고도 한다. 예를 들어 학습 기술 검사의 내용 타당도를 검토하는 경우, 먼저 학습 기술 구성 요소를 분석하여 환경 관리, 자기 관리, 동기 관리, 기억 관리 기술 등으로 세분된 정의를 해 놓고 실제로 측정에 쓰인 문항들이 이들 영역을 어느 정도 포괄적이며 종합적으로 재고 있는가를 비교 · 판단하는 것이다. 앞에서 언급했듯이 이 방법은 검토자의 주관성이 개입될 소지가 있으므로 이 타당도의 검증을 이 방법에만 의존한다는 것은 문제가 있다.

2) 예언타당도

예언타당도(豫言妥當度, predictive validity)는 어떤 평가 도구가 목적하는 준거를 얼마만큼 정확하게 예언하고 있는지를 의미한다. 이것은 검사 종료 후 상당한 기간이 경과한 후에 현재의 검사결과점수와 그 검사에서 목적하였던 미래의 행동특성과의 상관도를 보아 그 검사의 타당성을 문제 삼는 방법이다. 즉 현재의 측정 결과를 미래의 어떤 행동 특성과 상관관계를 구해서 예언 타당도가 높은지 낮은지를 밝히는 것이다. 따라서 이것은 현재 측정을 하고 나서 미래의 준거 점수를 얻기까지 몇 년씩 기다려야 하는 불편이 있다.

예언 타당도의 예를 든다면, 고등학교 2학년 말에 치른 수학 모의고사가 1년 후 대입 학력고사의 수학 성적을 얼마나 잘 예언해 주고 있는가를 알고자 할 경우 예언 타당도를 구해야 한다. 이때 고등학교 2학년 말에 치른 수학 모의고사 측정 점수를 X라 하고, 1년 뒤에 치른 대입학력고사의 수학 성적을 Y(준거)라고 할 경우 X와 Y사이의 상관계수를 산출해서 이 상관계수가 높으면 예언 타당도가 높다고 이야기하고, 이 상관계수가 낮으면 예언 타당도는 낮다고 말하는 것이다.

3) 공인타당도

이 방법은 예언 타당도와 마찬가지로 한 측정 점수와 어떤 준거 점수와의 상관관계를 구해서 타당도를 판단한다는 점에서는 동일하나 준거 점수가 장래의 행동이나 효과에 있는 것이 아니라 현재의 행동이나 효과에 있다는 점에서 차이가 있다. 다시 말하면 공인타당도(公認妥當度, concurrent validity)는 검사 X와 준거 Y가 동시에 측정된다. 이 X와 Y사이에 공통요인이 어느 정도 있는가를 판단하는 것이다.

예를 들어 지능 검사와 학력 검사와의 상관에서 이들 간의 상관이 높을수록 공인 타당도가 높은 것이고 공통 요인이 많은 것이라는 결론을 얻을 수 있다. 그리고 이 공인 타당도가 유익한 경우는 만약 정신 질환 환자가 있다고 할 경우, 정신과 의사의 진단 결과와 지필에 의한 성격 검사와 높은 상관이 있다고 한다면 시간도 많이 걸리고 비용도 많이 드는 정신과 의사와의 면접을 통해 진단을 받는 것 보다 성격검사지를 이용하는 것이 유리하다는 것이다.

4) 구인타당도

구인타당도(構因妥當度, construct validity)라는 것은 구성타당도라고도 하며, 한 검사가 어떤 심리적 특성을 재어주고 있다고 할 경우 정말로 그 검사가 그러한 특성을 재어주고 있는지를 이론적 가설을 세워서 실험적으로 검증한다든가 혹은 논리적으로 따지는 모든 과정을 의미한다. 즉 그 검사의 구성요인이 논리적, 경험적으로 타당한 것인가를 검토하는 것이다. 예를 들어 창의력 검사에서 창의력 구성요인을 측정할 때, 창의력이 이해력 · 자발성 · 도전성 · 개방성 · 민감성 등으로 구성되어 있다면 이 검사 도구가 이러한 구성요인을 제대로 갖추고 측정하고 있는지 논리적, 경험적 모든 방법을 동원하여 밝히는 것이 구인타당도를 검증하는 것이 된다.

만약 우리가 어떤 검사의 원인으로 구인 X를 가정하고 이론적으로 '검사 점수 X가 높은 사람은 Y라는 상황 아래서는 Z와 같은 행동을 나타낼 것이다' 라는 가설을 이끌어 낼 수 있다고 하자. 이러한 가설을 검증하기 위해서 먼저 이론적으로 구인 X를 따져 보고, 경험적으로 이 가설을 검증하여 가설의 타당성 여부를 결정하게 된다.

이러한 구인 타당도를 밝히는 과정에서는 여러 가지 방법들이 많이 동원된다. 집단 간의 차이 비교, 요인 분석, 상관 분석, 심리적 과정의 연구, 측정 검사의 내부 구조의 연구, 타 검사와의 상관 등 모든 방법이 사용될 수 있다.

2. 신뢰도(reliability)

검사 도구의 타당성이 입증되었다면 이제는 신뢰도를 고려하여야 한다. 신뢰도란 한 평가도구가 '어떻게(how)' 측정하고 있느냐의 문제이다. 검사 도구는 항상 시간의 차이, 문항간의 차이, 검사를 실시하는 사람에 따른 차이, 채점자의 차이 등으로 인해 오차가 생길 수 있다. 신뢰도라는 것은 이러한 여러 가지 상황에서 검사 점수가 얼마나 변화가 적고 신뢰할만한가 하는 일관성(consistency), 안정성(stability), 정확성(accuracy)과 관련된 문제이다.

1) 검사-재검사 신뢰도

검사-재검사 신뢰도(test-retest reliability)는 한 가지의 측정도구를 동일 대상 집단에게 두 번 실시한 다음 처음 점수와 두 번째 점수와의 상관관계를 알아보는 것이다. 이것은 그 측정 도구의 점수가 시간의 변화에 따라 안정성이 있는가를 알아보는 것이기 때문에 이를 안정성 계수(coefficient of stability)라고 한다. 보통 실시 간격을 짧게 잡을수록 신뢰도 계수가 높아지는데 이것은 첫 번째 검사에 의한 연습 효과, 기억 효과 때문이다. 지나치게 실시 간격을 짧게 잡아 상관이 높아진 것을 허구 상관이라고 한다. 여기서 또한 실시 간격을 너무 길게 잡으면 그 때는 측정하려는 행동 특성 그 자체가 변화를 일으킬 가능성이 크다. 따라서 보통 실시 간격은 검사의 목적에 따라 다를 수 있겠으나 2주에서 4주 사이가 적정한 것으로 보고 있다.

2) 동형 검사 신뢰도

동형 검사 신뢰도(equivalent-form reliability)는 미리 동일한 유형의 검사를 두 개 혹은 그 이상 제작하고, 그것을 동일한 피험자에게 실시하고 얻은 두 점수간의 상관을 말한다. 이것은 동일한 유형의 검사간의 상관을 산출하는 것이므로 흔히 동형성 계수(coefficient of equivalence)라고도 한다.

동형 검사란 측정하고자 하는 한 전 영역에 대해서 표면적 내용은 서로 다르지만 두 검사가 측정 이론에서 보아 동질적이고 동일하다고 추정할 수 있는 문항들로 구성된 검사이다. 이 동형 검사는 당연히 문항의 난이도나 변별도가 유사하거나 같아야 하고, 문항 내용도 최소한 비슷하거나 동일해야 한다.

이 검사는 검사-재검사 신뢰도에서 나타나는 기억 효과, 연습 효과를 최소한으로 감소시킬 수 있다는 장점이 있으나 사실 두 검사를 측정 이론에서 보아 거의 같거나 동질적인 검사로 구성하기 어렵다는 단점이 있다.

3) 반분 신뢰도

반분 신뢰도(split-half reliability)는 하나의 평가 도구를 한 피험 집단에 실시한 후 그 실험 결과를 몇 가지 방법에 의해 두 부분의 점수로 나누고, 이렇게 나누어진 두 개의 반분된 검사 점수 간의 상관을 산출하여 얻는 신뢰도를 말한다. 그러니까 동형 검사처럼 비슷한 유형의 시험지를 만들어서 두 점수 간의 상관을 구하는 것이 아니라 한 평가 도구를 적절한 방법으로 두 부분으로 나누어 이 두 부분을 독립된 검사로 여기고 이 두 점수간의 상관을 구하는 것이다. 그러므로 이것을 동질성 계수(coefficient of homogeneity)라고 한다. 반분 신뢰도에서 두 부분으로 나누는 방법은 여러 가지가 있을 수 있다.

첫째, 전후로 반이 되게끔 나누는 방법이 있다.

둘째, 전체 문항을 홀수 문항과 짝수 문항으로 나누어 이 둘의 상관을 비교하는 奇偶法(odd-even method)이 있다.

셋째, 난수표를 통해서 무작위로 두 부분으로 나누는 방법이 있는데, 이것은 검사 도구의 문항들이 어떻게 선택되어도 상관이 없을 경우에 가능하다.

넷째, 검사를 제작한 사람이나 실시하는 사람이 의식적으로 문항의 난이도와 성격을 고려하여 비슷한 것끼리 짝짓는 방법이 있다.

무엇보다 중요한 것은 검사 문항의 내용과 구성으로 보아 양분된 두 부분이 서로 동질적이며 비슷하게 되도록 구성하여야 한다는 것이다.

반분 신뢰도에서는 검사 문항을 둘로 나누어 상관을 구하는데 이렇게 상관을 내게 되면 이것은 검사 전체의 신뢰도가 아니라 반분되어진 부분 검사의 신뢰도가 된다. 따라서 이 두 부분을 합쳤을 때의 신뢰도를 구할 필요가 있는데 이러한 검사 전체의 신뢰도는 스피어만–브라운(Spearman-Brown) 공식을 이용해서 교정한다.

$$r_{tt} = \frac{nr}{1+(n-1)r}$$

r_{hh} = 반분 측정 검사의 신뢰도 계수

r_{tt} = n배 늘렸을 경우 전체 검사의 신뢰도 계수

n = 분할된 부분검사의 수

r = 얻은 부분검사의 신뢰도 계수

만약 두 부분으로 나누었을 경우라면, 다음의 간단한 공식을 사용해서 교정하면 된다.

$$r_{tt} = \frac{2r_{hh}}{1+r_{hh}}$$

r_{hh} = 반분된 검사점수 사이의 상관계수

반분 신뢰도는 앞에서의 검사–재검사 신뢰도나 동형 검사 신뢰도보다 손쉽고 편리한 신뢰도 계산 방법이라고 할 수 있다. 그러나 피검사자의 사건에 따른 우연적 변동, 검사 실시에 있을 수 있는 특수한 조건 등이 진정한 변량으로 취급될 수 있다는 것이 단점이다.

4) 문항내적 합치도

(1) 쿠더-리차드슨의 신뢰도

문항내적 합치도(inter-item consistency)는 쿠더-리차드슨(Kuder-Richardson, 1937)이 개발하였기 때문에 쿠더-리차드슨 신뢰도라고도 한다. 이것은 반분 신뢰도와 여러 가지 점에서 비슷하다. 반분 신뢰도는 앞에서 말했다시피 한 검사 도구를 적합한 방법으로 둘로 나누고 동형 검사가 되도록 했지만 쿠더-리차드선 신뢰도는 한 검사 도구의 문항 하나 하나를 모두 독립된 한 개의 검사 단위로 생각하고 그 합치성, 일치성, 동질성을 종합한다. 즉 쿠더-리차드슨 신뢰도는 문항의 동질성에 그 기초를 두고 있다.

앞에서의 검사-재검사 신뢰도와 동형 검사 신뢰도는 동일 피험자에게 검사를 두 번 실시해야 하는 번거로움과 검사 기간의 간격과 검사 유형의 동형성 정도에 따라 신뢰도의 계수가 변할 수 있다는 문제점이 있지만 이 방법은 한 번의 검사만으로 검사 도구의 신뢰도를 추정할 수 있다는 장점이 있다. 쿠더-리차드슨 신뢰도 추정 방법의 계산 공식으로 잘 알려져 있는 것은 K-R 20과 K-R21이며 전자는 양분문항의 경우에 사용하고, 후자는 문항점수가 연속점수일 때 사용한다.

주어진 검사 도구가 순수한 단일한 특성(혹은 단일한 심리적 구성 요소)일 경우에는 원하는 신뢰도 계수를 얻을 수 있으나 동질적이지 못한 잡다한 요인이 포함되었을 경우에 신뢰도 계수는 급격히 떨어진다. 따라서 다른 신뢰도 검사에서 높은 계수를 보였는데 반해 쿠더-리차드선 신뢰도에서 낮은 계수를 보였다면, 이것은 검사 속에 포함되어 있는 문항들의 동질성 정도가 낮다고 볼 수 있는 것이다.

(2) 크론박의 α계수

크론박(Cronbach)의 α계수는 한 검사 속의 문항들 사이의 신뢰도 계수는 문항간의 '평균공변량/문항간 평균 변량' 의 비(ratio)로 나타내려는 개념이다.

가장 측정학적인 결함이 적은 방법이고, SPSS등의 통계패키지를 이용할 경우 쉽게 얻을 수 있어서 최근에 가장 활용이 많은 신뢰도 계수이다.

피셔(Fisher)가 개발한 변량분석에 기초하여 개발되었다.

3. 객관도와 실용도

타당도와 신뢰도는 측정도구 혹은 평가도구의 양호도 판정에 있어 가장 중요한 요소들이다. 좋은 평가 도구의 기준은 이 두 가지로서 충분하다고 말할 수 있다. 그러나 아무리 좋은 평가 도구라고 할지라도 평가 도구의 채점에 있어 일관성이 없다든가 평가도구의 실시에 있어 너무 많은 비용이 든다면 사실상 현실적으로 사용하기 힘들 것이다. 같은 측정 답안이라도 어떤 사람은 90점을 주는가 하면, 어떤 사람은 70점을 매길 수도 있다. 따라서 측정 도구가 채점하는 사람에 따라 점수 폭의 차이가 너무 심하게 난다면 제대로 사용하기 힘들 것이다.

객관도란 검사 도구의 결과에 대해 채점자가 편견에서 벗어나 어느 정도로 공정하게 채점하느냐의 문제이다. 즉, 이것은 채점자의 편견, 감정, 의견을 어느 정도 완전하게 제거하고 객관적으로 채점할 수 있는가의 문제이다. 그래서 이것을 채점자 신뢰도(tester' s reliability)라고도 한다. 물론 인문 · 사회 과학에서 완전한 객관도를 확보한 측정도구는 존재할 수 없다.

객관도를 높이기 위한 방안을 살펴보면 다음과 같다.

- 평가도구 자체를 객관화시키면 채점도 객관성을 확보할 수 있다.
- 검사자의 평가와 채점에 대한 소양을 높인다.
- 채점의 기준을 구체화한다.
- 채점자는 스스로 감정, 편견, 추측 등 주관적인 요소를 배제하도록 한다.
- 여러 사람이 공동으로 채점해서 그 결과를 종합하도록 한다.

다음은 실용도의 문제이다. 내용의 질이나 목적이 동일한 검사 도구라면 가급적 경비와 노력이 적게 드는 검사 도구를 선택하는 것이 바람직할 것이다. 즉, 경비와 노력, 시간 등을 얼마나 적게 들이고 소기의 목적을 달성할 수 있느냐의 정도가 바로 실용도이다. 앞에서도 언급했다시피 아무리 좋은 측정 도구라고 하더라도 인력이나 비용, 시간, 노력 등을 과다하게 필요로 하는 도구라면 사용하기 힘들 것이다.

따라서 측정 도구는 검사 문항의 수가 너무 많지 않고 적당하여야 하며 지시 사항이 간단 명확하여야 한다. 그리고 채점이 가급적 쉬워야 하고 결과 해석도 용이해야 할 것이다. 당연히 비용과 인력이 적절한가의 문제도 고려되어야 할 것이다.

제 4부
교육의 운영

제8장

교육행정의 기초

Ⅰ. 교육행정의 기본이해

1. 교육행정의 정의

교육행정(educational administration)에 관한 정의는 학자들의 견해나 그것을 어떤 입장에서 보느냐에 따라서 다양하게 논의될 수 있다. 교육행정에 관한 여러 학자들의 정의를 분류 · 정리해보면 다음과 같다.

첫째, 교육행정을 조건정비적 입장에서 보는 견해이다. 교육행정은 교육목표를 효율적으로 달성하기 위하여 필요한 인적 · 물적 제 조건을 확립하고 정비하는 수단적 · 봉사적 활동이라고 보는 것이다. 이러한 견해는 민주 교육행정을 설명하는 데 가장 많이 인용되는 정의이며 이러한 견해의 대표적인 학자는 몰맨(Moehlman, 1951)이다. 몰맨은 수업(instruction)이 학교의 목적이며, 행정의 조직과 과정은 이 목적을 달성하기 위한 것이므로 수단이라고 보았다. 즉 행정은 근본적으로 교육의 기본목표를 보다 능률적으로 달성토록 하기 위한 일련의 봉사활동이며 작용이라고 보았다.

둘째, 교육행정에 있어 행정가의 일반적 기능이 무엇이며, 행정은 어떤 순환적 경로를 거쳐 이루어지고 있는가에 초점을 두고 있다. 행정과정은 계획수립에서부터 실천과정과 평가에 이르는 전반적 과정을 포함하는 것을 뜻한다. 패욜(Fayol, 1949)이 1916에 다섯가지 요소로 분석 · 제시한 이후 많은 학자들에 의해 여러 가지 요소로 분석되어 왔다. 특히 귤릭(Gulick)은 최고행정가가 해야 할 일이 무엇인가에 대한 과정의 제시로 포스드코오브(POSDCoRB)라는 합성어를 고안하여 행정과정을 7개 요소로 정리하였다. 그러나 행정과정론의 교육행정에의 도입은 1950년에 이르러서야 비로소 이루어졌으며, 시어즈(Sears)에 의해 기획(planning), 조직(prganizing), 지시(directing), 조정

(coordinating), 통제(controlling)의 다섯가지 요소로 분석 · 제시되었다.

셋째, 행정을 합리성을 바탕으로 한 집단적인 협동행위로 보는 견해로서 주로 행정행위(administrative behavior)에 초점을 두며, 그 가운데서도 의사결정의 과정에 역점을 두고 있다. 즉 행정을 고도의 합리성을 지닌 협동행위로 규정하고, 이 때 협동 행위란 혼자서는 움직일 수 없는 돌을 두 사람이 굴리는 행위를 말하며, 합리성은 최소의 비용으로 최대의 목적을 성취하는 것이라고 정의하였다(윤정일. 1985). 이러한 일반행정의 개념을 교육행정에 적용시켜 보면 교육행정은 "계획된 절차에 따른 인간행위의 신장을 최대한 합리적으로 성취하려는 목적을 달성하기 위하여 교육활동과 관련된 모든 조직의 상호관계를 학습장면의 제 조건을 정비하는 봉사적 활동의 방향으로 만드는 협동적 행위(교육대학 교직과 교재편찬위원회, 1970)"라고 정의할 수 있다.

2. 교육행정의 성격

교육행정의 성격은 교육행정을 어떻게 정의하고 그 기능을 어느 관점에서 보느냐에 따라서 달라질 수 있다. 교육행정을 정책 실현을 위한 권력적 작용이라고 보면 감독적 성격이 강해지고, 조건정비를 위한 봉사적 활동이라고 보면 조장적 · 수단적 성격이 강해지며, 목표 달성을 위한 목표관리라고 보면 조정적 성격이 강해진다.

1) 교육행정의 일반적 성격

첫째, 감독적 성격을 들 수 있다. 공권설적 입장으로서 교육행정은 국가가 권력 작용을 통하여 교육정책을 실현하려고 하는 것이기 때문에 감독적 성격이 가장 강하게 나타나게 된다는 것이다. 즉 법규나 지침에 따라 행정을 수행해가고 법규나 지침에 있는 내용의 실현 여부나 저촉 여부가 행정의 주요 목적이 되기 때문에 법규나 명령 또는 지침에 따른 감독적 성격이 가장 잘 나타난다고 볼 수 있다.

교육행정의 공권적 해석은 중앙집권적, 관료 · 통제적 국가체제 하에서의 교육행정의 성격일 뿐 아니라 교육자체의 성격마저 결정짓게 된다. 따라서 교육행정이나 학교교육 활동에 있어서 법규나 상급 기관의 명령에 복종하는 것이 행정의 임무로 여겨졌다. 교육행정의 감독적 성격은 이러한 연유에서 비롯되었다. 오늘날에도 법규에 의한 정책 실현 기능은 그대로 남아 있기 때문에 어느 정도 감독적 작용이 잔재하고 있다고 볼 수 있다.

둘째, 조장적 성격으로 이는 기능설적인 입장으로서 교육행정은 학교의 교수·학습을 위하여 교육 조건을 정비하려는 봉사활동으로 나타나기 때문에 조장적 성격이 강하게 나타난다. 수업의 목적을 달성하기 위하여 필요한 인적·물적 조건의 정비 없이는 소기의 목적을 달성할 수 없다는 견해로 볼 때 조장적 성격은 매우 중요시된다.

셋째, 조정적 성격을 들 수 있다. 경영설적 입장으로서 교육 행정은 교육 목표를 달성하기 위한 제반 과정을 조정 관리함으로써 소기의 목적을 달성하려는 활동이기 때문에 조정적 성격이 강하게 부각된다.

목표달성을 위한 체제의 투입, 변인의 확보, 과정변인의 운용 및 산출 변인의 확인 등은 교육행정의 조정적 성격이 강화된다는 것이다. 과거의 교육 조건들은 정적 작용이었지만 오늘날은 교육체제를 구성하는 전체변인들이 교육목표달성을 위해 최적 기능화로 역동적으로 작용되기 때문에 행정의 조정적 기능은 매우 중요시된다고 볼 수 있다.

넷째, 전문적 성격을 들 수 있다. 사회적 복합성으로 직업이 분화되어 점차적으로 전문성이 강조되고 있다. 따라서 교육 행정도 전문적 이론이 뒷받침되어야 한다. 현대 교육행정직의 전문성은 종합적 기능이라는 고차적이고 다각적인 개념을 구사하게 되었다(김주건 외, 1998). 단순한 실무 경험에 의한 기술 경영이라는 생각에서 탈피하여 교육행정 자체에 대한 전문적 이론, 원리, 지침을 이해하여 교육행정의 과학화 이론화가 기대된다.

다섯째, 민주적 성격을 들 수 있다. 우리 국가 사회의 기본 이념은 자유민주주의이므로 교육행정에 있어서도 민주적 성격이 필연적으로 요구된다. 최근에 정치·경제·사회 등 여러 분야에 있어서 민주화·자율화에 대한 요구가 증대됨에 따라 교육에 있어서도 민주화나 자율화에 대한 요구가 어느 때보다도 강하게 표출되고 있다.

교육행정에서 민주화되어야 할 대상은 교육행정조직, 학생행정, 교육과정 및 교과서에 대한 행정, 교육시설 및 교직원 관리, 사회 교육 행정, 교육재정 등 여러 가지가 있으나(백현기, 1994) 그 중에서도 가장 핵심적인 것은 조직, 인사, 교육과정내용, 운영의 네 가지라고 하겠다.

2) 교육행정의 독자적 성격

교육행정의 독자적 성격은 교육행정이 교육을 위한 수단적 행정이라는 것에서 연유하는 특수성이다.

첫째, 교육행정은 일반 행정과는 다른 독특한 전문 영역의 과업을 가지고 있다.

둘째, 교육행정이 지향하는 목표는 장기성과 비긴급성을 특징으로 한다.

셋째, 교육조직집단이 전문적 지식과 기능을 가진 교사집단과 사회적, 신체적, 정서적 발달이 완전하지 못한 학생집단이 함께 교육에 관여함으로써 교육행정은 이와 같은 이질적인 관련 집단을 대상으로 공동목표를 달성하기 위하여 여러 사람들의 노력을 조정해나가는 복잡한 일을 수행한다.

넷째, 교육은 장기적 투자이기 때문에 교육행정의 성과를 평가하기가 지극히 어렵다.

다섯째, 교육행정은 고도의 공개성과 여론에의 민감성을 특징으로 한다.

3. 교육행정의 영역

교육행정의 영역이란 교육행정에서 어떤 내용을 어디까지 취급할 것인가에 대한 범위를 말하는 것이며, 교육행정의 분류체계를 말하는 것이다.

김종철(1985)은 교육행정영역이란 교육행정활동의 범위를 한정하여 말하는 것이라고 규정하고 그 영역을 법규 면과 업무내용 면의 두 가지로 구분하였다. 법규 면에서 볼 때, 교육행정의 영역은 중앙정부의 행정관청 중 교육부장관의 관할 밑에 행정활동의 영역을 말하는 것으로서 학교교육행정은 물론 사회교육행정의 영역도 포함된다고 말한다. 학교교육행정은 그 기능에 따라서 관리행정과 지도행정으로 구분할 수 있으며, 또 학교교육기관 등급에 따라서 보통교육행정과 고등교육행정으로 구분하거나 초등 · 중등 · 고등교육행정으로 나눌 수도 있다고 하였다.

업무내용면에서 고찰한 교육행정의 영역을 보면 기획행정, 조직행정, 교육내용의 행정, 장학행정, 학생행정, 교직원 인사행정, 재무행정, 시설행정, 사무관리 행정과 연구평가 및 홍보에 관한 행정으로 구분하고 있다.

강영삼(1985)은 교육행정학의 연구범위와 대상에서 교육행정학 연구영역을 이론 영역, 교육대상, 행정기능의 세 가지 면으로 나누고 있다. 이론영역은 과업중심 외 5가지로 구분하고 교육대상은 유아교육부터 해외교육까지 7가지로 구분하였으며, 행정기능은 교육기획 외 11가지로 구분하였다. 물론 교육행정학의 연구영역과 교육행정의 영역은 달라야 할 것이다. 그러나 강영삼의 교육행정학 연구영역 구분은 교육행정의 영역을 설명하는 데 커다란 도움이 되고 있다.

앞에서 살펴본 교육행정 영역 구분들을 참고로 하여 교육행정의 영역을 다음과 같이 구분할 수 있다.

우선 교육행정의 영역은 행정단위별, 행정기능별, 교육대상별의 세 가지로 구분될 수 있다. 우선 행정단위별로는 중앙교육행정, 지방교육행정, 학교교육행정의 3단계로 구분이 가능하다. 지방교육행정은 다시 시·도와 시·군·구의 두 가지로 나누어지는데 이들 각각은 교육자치의 광역자치단체와 기초자치단체를 말한다. 행정기능별로 보면 교육행정은 기획, 조직, 교육내용 및 장학, 인사, 재정 등 9가지로 구분된다. 그리고 교육대상별로는 유아교육, 초등, 중등, 고등교육, 사회교육, 사학교육, 특수교육의 7가지로 구분될 수 있다.

4. 교육행정의 원리

교육행정의 원리는 교육행정의 이념을 생각하는 관점에 따라 달라질 수 있다. 다만 교육행정의 기본적 이념은 수단적·봉사적 성격에 비추어 교육활동이 효과적으로 지속될 수 있도록 지원한다는 입장에 일치하고 있음을 볼 수 있다.

교육행정은 일반행정과 유사성을 가지고 있으면서 교육을 위한 행정이라는 점에서 특수성을 지니고 있다. 따라서 교육행정 운영의 기본 원리를 설정함에 있어서도 일반행정의 기본원리가 무엇인가를 우선 파악할 필요가 있다. 여러 학자들이 일반행정의 주요 원리로 제시한 사항들을 요약·정리해보면 공통적인 원리로 민주성, 효율성, 합법성(윤정일 외, 1997)의 세 가지를 들 수 있다.

한편, 교육행정학자들이 주장하는 교육행정의 기본 원리를 요약·정리해보면 공통적인 원리로는 민주주의(민주성)의 원리, 자주성(자율성) 존중의 원리, 타당성의 원리,

효율성의 원리, 안정성의 원리, 합법성의 원리의 여섯 가지이다. 여기에서 주목할 만한 것은 교육행정의 특수성을 반영한 원리가 누락되고 있다는 것이다. 예를 들면 기회균등의 원리, 지방분권의 원리, 전문성 존중의 원리가 바로 그것이다.

여러 가지 교육문제들을 해결하는 데 준거가 되는 교육행정의 원리를 여기서는 7가지로 제시하고자 한다.

1) 자율성의 원리

자율성의 원리는 각종 교육 기관이나 지방 교육 행정 기구가 자주적으로 운영되는 것을 말한다. 이 원리는 학교와 지방 교육 행정 기관이 그 조직의 관리 · 운영에 관하여 필요한 기준을 자주적으로 설정하고 집행하여 조직발전에 필요한 제반 정책을 독자적으로 결정하는 것을 의미한다.

이는 중앙 정부의 지나친 통제 위주의 집권적 행정체제를 지양하고 지방 분권을 도모함으로써 교육 행정의 자율적 운영을 실현하고자 하는 원리이다. 이 원리는 앞으로 개방 사회에서의 새로운 적응을 위해서 다양성과 창의성이 존중되고 환경과 여건변화에 신축성 있게 대응할 수 있는 능동적 행정 체제를 구축하자는 주장이다. 이것은 이러한 시대적 시간적 변화만이 아니라 공간적 변화에도 적응함으로써 법률적 · 획일적 접근을 지양하고 지방교육행정의 자율성과 신축성을 증대시켜야 한다는 견해이다.

그러나 교육의 공공성을 강조하는 관점에서 보면, 자율성은 현실적으로 제한을 받게 된다. 즉 국가나 지방공공단체는 교육의 공공성을 내걸고 학교에 대한 법률을 정하고 법률에 따라 통제를 하게 된다. 자율성을 신장하려면 우선 행정 요원의 전문성이 전제되어야 한다는 점을 유의해야 한다.

2) 합법성의 원리

모든 교육 행정의 활동이 합법적으로 제정된 법규와 관례 즉, 헌법을 비롯한 법령 · 규칙 · 조례 등에 따라야 한다는 것이다. 합법성에 의하여 국민의 교육권이 보장되고 국가 예산이 효율적으로 집행되며 공무원의 부당한 직무수행과 행정 재량권의 남용이 방지될 수 있다. 그러나 합법성을 지나치게 강조하면 행정의 합목적성, 전문성, 그리고 기술성이 경시되고 법규만능으로 인하여 형식적이며 경직화된 행정이 초래되기 쉬우며 사회적 능률을 저하시킬 가능성도 높다. 따라서 행정의 신축성을 부여하는 경향으로 나가지만 관료의 형태 여하에 따라 교육권이나 교육에 대한 공익이 침해될 위험도 있다.

3) 효율성의 원리

효율성의 원리는 교육 행정이 능률적이고도 효과적으로 집행되어야 함을 의미한다. 효율(efficiency)이란 행정의 투입에 대한 산출의 비율을 높이는 것을 말한다. 즉 교육활동에 최소한의 인적 · 물적 자원과 시간을 투입하여 최대의 교육적 성과를 가져오는 것이다. 여기서 교육 행정의 능률은 단기적 평가보다는 장기적 관점에서 그리고 경제적 능률보다는 사회적 능률이 강조되어야 한다. 왜냐하면 교육은 장기적 투자이며 유형의 성과보다는 무형의 성과가 더 중요하기 때문이다.

4) 합리성의 원리

합리성의 원리란 교육행정의 효율성을 높이기 위한 행정기능 중 특히 기획과 통제에 관계되는 것이다. 이는 계량적 또는 체계적 접근을 통하여 조직의 과업을 설계하고 평가하는 기획과 통제 기능에 주로 관계된다. 이 원리의 기초는 인간의 이성을 신뢰하고 과학적 분석과 논리 및 체계적 연구를 통해 행정 또는 통치상의 여러 문제를 해결할 수 있다는 가정에 근거를 둔다. 능률의 극대화를 목표로 하며 행정의 근대화를 주장하는 테일러주의(Taylorism), 행정현상을 연구하는 데 사회과학적 방법과 분석기법을 적용시킬 수 있는 분석의 틀을 제공한 베버(Weber)의 고전적 관료제론, 그리고 오늘날의 행동과학론, 해석론, 비판론 등은 행정의 합리성을 추구하는 데 큰 기여를 했다.

5) 민주성의 원리

민주성의 원리는 교육에 관한 중요한 정책을 수립하는 데에는 광범위한 참여를 통해 공정한 의견을 반영시키고, 정책 집행과정에서는 권한 위양을 통하여 기관장의 독단과 전체적 성격을 막는 것을 의미한다. 교육행정 기관이나 각종 교육 기관의 장이 그 기관의 운영에 관한 궁극적 책임을 가지고 있음에도 불구하고 정책 자문위원회, 각종 심의위원회 등을 두어 정책의 의사결정 과정에서 중지를 모으는 것이라든지, 교장이 직원회, 협의회, 연구회 등을 두어 의사소통의 길을 열고 일방적인 명령과 지시보다는 협조와 이해를 기초로 해서 업무를 집행하는 것은 민주성의 원리라 할 수 있다.

6) 합목적성의 원리

합목적성의 원리는 바람직한 교육정책을 세우고 그 정책 목표에 타당한 교육행정활동이 되도록 해야 한다는 것이다. 즉 목적과 수단 사이에 괴리가 있어서는 안 된다는 것이다.

교육 행정의 본질은 그 자체의 목적을 가지고 있다기보다는 교육 목표 달성을 위한 수단적 봉사활동이며 바람직한 교수 · 학습을 이루게 하고 그 성과를 높이는 데 목적이 있다. 합목적성의 원리는 교육 행정의 관료화 현상에서 초래되는 여러 병리 현상에서 벗어나 교육 목적에 맞고 그 목적에 비추어 타당한 행정활동이 되어야 함을 말한다.

7) 안정성의 원리

안정성의 원리는 교육활동의 지속성 · 안정성을 확보하기 위한 원리이다. 일단 결정된 교육정책이나 그 집행 활동은 일정 기간 시행함으로써 행정 시책의 일관성을 유지할 필요가 있다. 또한 전통적 활동 가운데에서도 좋은 부분은 계승하고 강화 · 발전시키는 좋은 의미의 보수주의도 필요하다. 빈번한 개편이나 개혁은 행정의 낭비를 초래하고 효율성을 저해시키는 요인이 되는 것이다. 교육의 문제는 장기적인 성격을 내포하고 있기 때문에 교육정책은 안정된 기조위에서 일관성 있는 집행을 지속적으로 유지 · 보장할 필요가 있다.

II. 교육행정의 발달과정

1. 고전이론

행정의 합리성을 중심으로 보편적인 이론과 원리를 추구한 초기의 이론들을 고전이론이라고 하며 교육행정도 일반 행정의 발달과정과 밀접한 연관을 가진다. 여기서는 행정발전에 기여한 과학적 관리론과 행정과정론 그리고 관료제를 살펴본다.

1) 과학적 관리론

과학적 관리운동을 최초로 시도한 사람은 테일러(F. W. Taylor, 1856~1917)이다. 그는 생산 작업에 관한 체계적 연구와 분석을 통하여 관리와 경영문제에 대한 보다 나은 해결책, 즉 과학적 관리의 제 원리(Principles of Scientific Management)를 제안했다(Taylor, 1911). 그는 노동자의 작업현장을 분석, 관찰해 본 결과 대부분의 노동자의 작업이 인습적이고 주먹구구식 방법에 방치되어 많은 동작과 시간이 낭비되고 있음을 발견하고, 낡은 방법대신에 작업능률을 향상 시킬 수 있는 과학적 작업도구나 작업방법의 개선을 연구하였다. 그는 과업을 수행하는 데는 하나의 최선의 방법(one best way)이 있으며, 이를 찾기 위하여 관리자는 작업을 과학적으로 연구해야 한다고 주장하였다. 테일러는 과학적 관리의 목적은 고용인과 고용주 모두에게 최대의 번영을 보장하며, 모든 부서가 번영의 상태로 발전되어 나갈 수 있도록 작업을 최고수준에서 능률적으로 수행할 수 있도록 하는 것임을 밝혔다.

테일러가 주장한 과학적 관리의 원리를 소개하면 다음과 같다(Taylor, 1911).

① 과학적 과업관리: 최고의 효율성을 얻기 위하여 과업수행에 있어 낡은 방식 대신에 관찰과 분석에 기초한 과학적 방법을 적용해야 한다.

② 과학적 선발과 훈련: 직원을 과학적으로 선발하고 과업과 그 과업에 있어서 따라야 할 절차에 관하여 철저히 훈련시켜야 한다.

③ 관리자와 작업자 간의 진정한 협동: 작업이 설정된 절차와 표준에 따라 수행 될 수 있도록 관리자와 작업자가 한 마음으로 협조해야 한다.

④ 노사 간의 화합: 관리자는 작업을 계획하고 준비하고 감독하는 일을 책임지며, 작

업자는 관리자에 의해 계획된 작업절차에 따라 작업을 수행하도록 해야 한다.

이와 같이 과학적 관리는 시간과 동작연구를 통하여 과학적으로 연구된 표준에 따라 작업을 실시하며, 직원을 과학적으로 선발하여 능력을 발전시키며, 전문화된 직원들의 협력을 유도하고, 노사 간의 긴밀한 협조를 통하여 성과를 향상시켜야 함을 강조하였다.

테일러는 고용주와 노동자들 간의 상호이익에 바탕을 둔 작업관리의 원리를 다음과 같이 제시하고 있다(Taylor, 1947).

① 일일 작업 제시: 노동자에게 명확하게 규정된 1일 작업량을 제시한다.

② 표준화된 조건: 노동자가 과업을 성공적으로 수행하도록 작업조건을 표준화해준다.

③ 성공에 대한 보상: 직무를 성공적으로 수행한 경우 높은 보상이 주어진다.

④ 실패에 대한 손해: 과업을 성공적으로 달성하지 못할 경우 실패에 대한 손해를 감수하도록 한다.

⑤ 과업수행의 숙련: 노동자에게 주어지는 과업은 일류노동자들이 달성할 수 있는 어려운 것이어야 한다.

테일러의 과학적 관리론을 교육행정에 적용한 사람은 보빗(Bobbit)이며, 그는 「교육에서의 낭비의 추방」이라는 논문에서 과학적 관리이론을 학교관리와 장학행정에 적용할 것을 강력히 주장하였다. 그는 논문에서 가능한 모든 시간에 모든 교육시설을 적절히 활용하고, 교직원의 작업능률을 최대로 유지하며 교직원수를 감축하고, 교육활동 중 낭비를 최대한 제거하며, 교직원들에게 학교행정을 맡기기보다 학생들을 가르치는 데 최대한 활용하라고 주장하였다.

그는 교육에서도 기업에서와 같이 생산품(학생)이 표준화되어야 하며 생산방법(교육방법), 생산자(교원)의 자격과 훈련에 과학적 방법을 활용해야 하고, 특히 생산자에게 작업의 성격, 달성해야 할 목표, 목표달성을 위한 방법 채택, 활용해야 할 시설에 관한 상세한 지시를 주어야 한다고 주장하였다(Bobbitt, 1913).

① 가능한 모든 시간에 모든 시설을 활용한다.

② 교직원의 작업능률을 최대로 유지하며 교직원의 수를 최소로 감축한다.

③ 교육에서 낭비를 최대한 제거한다.

④ 교원에게 행정적, 사무적 일을 맡기기보다 학생을 가르치는 일에 전력하게 한다.

그는 의사결정, 과업배경, 급여결정, 교수방법 결정, 교사선발 훈련, 시설 선정에 과학적 관리의 원칙을 따를 것을 강조하였다.

스폴딩(Spaulding)은 미국교육연합회(NEA)에서 행해진 「과학적 관리법을 통한 학교체제의 개선(1913)」이라는 연설에서 교육행정에 과학적 관리론을 적용할 것을 주장하였다. 교육사업의 취약점을 비판하고 기업운영의 원리에 입각한 교육행정을 주장하면서 학교행정에 민중통제의 원칙과 능률의 원칙을 제시하였다(Spaulding, 1913). 그는 과학적 관리의 본질을 ① 성과의 측정과 비교, ② 성과를 달성할 수 있는 조건, 특히 수단과 시간의 분석과 비교, ③ 성과에 의하여 정당화될 수 있는 수단의 계속적 채택과 이용을 주장하였다.

이외에도 테일러의 이론은 다른 고전이론인 페이욜(Fayol)의 행정과정이론과 베버(Weber)의 관료제 이론에도 영향을 미쳤다.

2) 행정과정론

고전이론의 두 번째 관점은 테일러가 미국에서 공장경영을 중심으로 과학적 관리론을 발전시켜갈 때 유럽에서 태동한 프랑스의 엔지니어 페이욜(Fayol)의 행정과정론이다.

행정의 과정은 행정의 업무를 수행하기 위하여 목표로 도달해 나가는 경로를 말한다. 행정가는 효과적인 업무수행을 위하여 행정과정에 대한 이해와 이의 적절한 적용이 필요하다.

페이욜은 모든 관리자들이 수행하여야 할 다섯 가지 기본적인 행정기능으로 다음의 다섯 가지를 제시하였다. 그는 이 다섯 가지 조직의 행정기능이 조직의 관리에서 지속적으로 일어나는 과정으로 보았다.

① 계획(Planning) : 미래를 예측하고 실행계획을 수립하는 것이다.

② 조직(Organizing) : 조직 내의 인적, 물적 자원을 확보하고 이를 구조화하는 것이다.

③ 지휘(Commanding) : 조직구성원으로 하여금 부과된 과업을 수행하도록 명령하는 것이다.

④ 조정(Coordinating) : 각 활동을 조절하고 통합하는 것이다.

⑤ 통제(Controlling) : 모든 활동이 이미 정해진 규칙이나 지시에 따라 수행되고 있는가를 감독하는 것이다.

이어서 미국의 규릭(Gulick)과 어윅(Urwick)은 페이욜(Fayol)의 다섯 가지 행정기능을 더욱 발전시켜 최고행정가의 직무를 다음의 POSDCoRB의 7가지 과정으로 발전시켰다. 이러한 행정과정론은 조직의 기능을 대별하여 관리자가 취할 적절한 조직 관리의 방향을 알려주고 해야 할 일을 제시해 준다는 점에서 유용하여 교육조직에서도 많이 이용되었다.

① 기획(Planning)은 조직의 목적을 달성하기 위하여 해야 할 일과 그것을 이행하는데 필요한 방법을 포괄적으로 작성하는 것이다.

② 조직(Organizing)은 소정의 목적을 위하여 작업의 분야를 마련하고 규정 및 조정을 하며 각 분야별로 권한과 책무를 밝히는 직제적 기구를 세우는 것이다.

③ 인사배치(Staffing)는 직원의 채용과 훈련, 그리고 좋은 작업조건을 유지해 주는 등 모든 인사에 관한 것이다.

④ 지휘(Directing)는 계속적으로 결정을 내리며 그 결정을 구현하기 위하여 계속 지도해 나가는 것이다.

⑤ 조정(Coordinating)은 다양한 업무를 서로 관련시키고 조절해 나가는 것이다.

⑥ 보고(Reporting)는 최고 행정 집행자가 일의 진보상황을 하위직원들에게 알리는 것으로 여기에서는 상황의 기록이나 조사연구 및 감독을 통하여 그 집행자가 부하직원들에게 알리는 것이다.

⑦ 예산편성(Budgeting)은 재정계획, 회계 및 재정통제 등을 포함한다.

페이욜의 행정과정을 처음으로 교육행정에 적용한 사람은 시어스(Sears)이다. 시어스는 행정학의 과정연구 성과를 교육에 도입한 초창기의 학자이다. 그는 교육행정의 과정으로 계획(Planning), 조직(Organizing), 지시(Directing), 조정(Coordinating), 통제(Controlling)의 다섯 과정을 제시하였는데 이는 페이욜의 행정과정과 거의 일치한다.

그래그(Gregg)는 교육행정에 행정과정을 보다 혁신적으로 적용시켜서 의사결정(decision-making), 기획(planning), 조직(organizing), 교신(communication), 영향(influencing), 조정(coordinating), 평가(evaluating) 등 7단계로 구분하였다. 그래그(Gregg)가 제시한 교육행정과정을 살펴보면 일반 행정과정과는 달리 의사결정과 의사소통의 두 요인을 첨가하였고, 지시나 통제 대신에 영향과 평가의 용어를 사용한 데 특색이 있다. 명령이나 지시 등의 용어보다 의사소통, 영향주지 등의 용어를 사용함으로써 교육조직의 인간관계 특성을 반영하고 있다는 점에서 그 의의가 인정되고 있다.

여기서 현재 교육행정과정에서 많이 활용되는 교육행정과정을 그래그 교수 등 여러 학자의 것을 참고하여 종합하여 보면 다음과 같다.

① 기획

행정의 모든 활동은 기획하는 일로부터 시작한다. 교육의 목표를 설정하고 목표달성에 필요한 최선의 방법과 절차를 마련하는 사전준비 과정을 기획이라고 할 수 있다. 기획은 미래에 대한 지적 활동이기 때문에 불확실한 미래를 정확하게 예측하는 일이 중요하다. 철저하고 정확한 기획을 하고 이를 실천한다면 목표달성의 가능성은 그만큼 높아진다.

② 의사결정

행정의 핵은 곧 의사결정(Simon, 1958)이라고 할 수 있을 만큼 행정에 있어서 의사결정은 중요하다. 행정현상에서 소위 결재라고 하는 것이 바로 의사결정이다. 의사결정은 곧 가치의 선택이라고 할 수 있다. 여러 가지 갈림길, 대안들 중에서 가장 가치 있다고 생각되는 최선안을 선택하는 일이 의사결정이라고 할 수 있다.

③ 조직

기획에 의하여 목표가 설정되었으면 이 목표를 달성하기 위한 기구를 조직하고 사람을 배정하여 책임을 분담하고 시설과 재정을 배정하는 인적 · 물적 · 재정적 조직을 해야 한다. 행정에서 조직력은 가장 중요하며 조직 없이 행정을 수행할 수는 없다.

④ 의사소통

조직 내에서 원활한 의사소통이 이루어질 때 행정은 효과적으로 이루어져 목적 달성이 용이해진다. 의사소통이란 송신자와 수신자 사이에 메시지 또는 정보가 전달되어 공유적 관계가 형성되는 것을 의미한다. 언어, 문자, 공문, 게시판 등이 모두 의사소통의 수단이다. 최근에는 신체언어(body language)의 중요성도 강조되고 있다. 조직구성원 사이에 의사소통이 제대로 이루어져야 공동의 목표달성을 위해서 최선의 노력을 경주하게 된다. 그래서 의사소통은 행정의 과정에서 중요한 요소로 부각되고 있다. 의사소통은 인체에서 신경계통, 혈맥과 같은 기능을 하고 있다. 행정가에게 있어 의사소통 기술은 중요한 필수적 기술이 된다.

⑤지도력

행정의 전체 과정에서 행정가는 조직구성원에게 지도력을 발휘해야 한다. 지도력이란 조직구성원으로 하여금 조직의 목표달성을 위하여 노력하도록 영향력을 발휘하는 것이라고 말할 수 있다. 행정에서는 조직구성원을 자극하고 동기를 유발시켜 조직을 위하여 헌신하도록 하는 일이 중요하다. 다른 학자들이 지시나 지휘라고 표현한 것이 여기에 포함된다.

⑥조정

조정은 여러 부서 간의 활동을 통합하고 조절하는 행위를 말한다. 학교의 경우 교무과, 연구과, 학생과 등의 각 부서에서 하겠다는 일을 때로는 통합하고 때로는 우선순위에 따라 조절해야 학교행정이 원활하게 돌아갈 수 있을 것이다.

⑦ 평가

가치판단을 하는 일을 평가라고 한다. 행정활동을 시작하기 전에 실시하는 진단평가, 행정활동이 진행되는 도중에 실시하는 형성평가, 행정과정의 최종 단계에서 실시하는 총괄평가를 통하여 기획과 목표달성의 정도를 확인하고 이를 피드백 함으로써 행정의 성과를 극대화하기 위한 행정행위가 평가이다.

진단 · 형성 · 총괄평가라는 말을 투입평가 · 과정평가 · 산출평가라는 말로 바꾸어도 좋을 것이다. 성장하고 발전하려면 자신이 하는 일을 계속 반성하고 평가하여 수정 · 보완해 나가야 한다.

지금까지 살펴본 행정과정의 일곱 가지 요소는 계획하고, 이 계획을 실천하고, 계획과 실천을 평가하여 새로운 행정에 반영하는 순환적 과정을 포함한 것이라고 말할 수 있다.

3) 관료제론

19세기 후반부터 일어나기 시작한 산업화는 20세기 초에 와서는 거대한 산업조직을 탄생시켰고, 이와 마찬가지로 정부나 기타 사회조직들도 그 규모가 커지면서 조직적 사회(organizational society)가 되고 있었다. 이 무렵 독일의 웨버(Weber)는 대규모의 조직의 구조와 운영의 공시화가 필요함을 예측하고, 우선 관료주의를 분석하고 관료제의 가장 특징적 요소를 추출함으로써 이를 순수한 이상적 관료제(ideal bureaucracy)로 발전시켜 행정사상 가장 유용하고 지속적인 업적을 이룩하였다. 베버는 이상적 관료제를 효율성과 능률, 합리화를 극대화하기 위한 것이라고 보고, 관료제를 대규모 조직을 능률적으로 움직일 수 있는 조직모형이라고 보았으며 이상적 조직을 이루는 6가지 기본요소를 다음과 같이 제시하였다(Weber, 1947).

① 계서제(階序制: hierarchy) : 고위직에 있는 관리는 하위직에 있는 부하를 통제, 감독한다. 계층에 따라 권한과 책임이 뚜렷하게 구분되어 상하간에 통솔과 복종의 관계가 성립된다.

② 분업(分業: specialization) : 직원은 전문적 기술, 자격에 의해 임명되고 전문성에 따른 과업을 수행한다. 전문화된 직무내용을 중심으로 객관적 능력과 자격에 의하여 고용계약이나 승진이 이루어진다.

③ 규정 및 절차(rule and regulation) : 직원은 업무수행에서 엄격하고 체계적인 규칙에 의해 통제를 받으며 그 적용은 일률적이다. 따라서 개인의 임의적인 의사결정을 방지하고 공정하고 일관성 있는 조직경영이 이루어지도록 한다.

④ 몰인정성(impersonality) : 모든 구성원은 개인적 감정을 드러냄이 없이 형식주의적이거나 비인간적인 정신에 입각하여 임무를 수행한다.

⑤ 문서주의(documantation) : 조직목적상의 정규활동이나 행정행위결정 등은 공식화되고, 정책결정의 근거를 제공하기 위하여 기록되어진다.

⑥ 직원의 보수(salaried personnel) : 직원의 보수는 계서제의 직위에 따라 책정, 지급되며 승진은 상위자의 판단에 의하되 경력이나 실력에 의해 결정된다.

베버의 관료제는 합리성과 능률을 높일 수 있는 조직으로 인간의 물리적 힘을 활용하며 생산을 극대화 하는 데 적합한 구조이다. 관료제는 정확성(precision),안정성(stability), 기강의 엄정성(stringency), 집권성(centraliztion) 등에서 다른 조직형태보다 우수성을 가지고 있는 것이 사실이다. 오웬스(Owens)는 관료제는 효율적이며 예측이 가능하고, 객관적이며, 신속하다고 지적하고 있다(Owens, 1970).

그러나 관료제의 이상적 특징인 합리성과 능률을 극대화시키는 과정에서 부작용으로 역기능이 나타나고 있음을 간과할 수 없다. 관료제의 역기능으로 나타나는 병리현상은 동조과잉(over comformity), 관료적 형식주의(red tape), 무사안일, 변화에 대한 저항 등을 들 수 있다.

2)관료제와 교육조직

학교조직은 대부분 베버의 관료제적 특성을 가지고 있다고 에보트(Abbott, 1969)는 지적하고 있는데 비드웰(Bidwell)은 학교는 순수형의 관료제는 아니지만, 노동의 기능적 분업, 직원 역할의 규정, 직무의 계층적 배열, 절차와 규칙에 따른 일방적 방식으로 업무수행 등 적어도 기본적 형식에 있어서 관료제적 특성을 나타내는 것으로 보았다.

학교조직은 확실히 전문성에 따라 과업이 배분되며, 명확한 권위의 계층을 형성하고 있고, 과업수행에 통일성을 기하기 위한 규정이 있으며, 몰인정적 원리는 폭넓게 적용되고 있고, 진급은 연공 순이나 성취도에 의해 이루어진다.

교육행정에 있어서 관료제의 역효과에 대한 비판도 끊임없이 제기되고 있는데 코윈(Corwin, 1965)은 학교 조직에는 관료적 요소와 전문적 규범 사이의 갈등이 존재하고 있으며, 행정가들이 전문성이 높고 유능한 교사들을 통제하거나 평가해야 할 때 문제가 발생한다고 지적하였다.

베버의 관료제는 고전적 이론의 효율적 적용범위에 대한 연구를 촉진시켰으며, 복잡한 조직으로서의 학교에 대한 연구의 틀을 제공하고 있다.

이상에서 고전이론으로서의 과학적 관리론, 인간관계론, 관료제론을 살펴보았다. 고전이론은 그 합리성과 효율성은 지금도 높은 평가를 받고 있지만 다음과 같은 비판과 더불어 인간관계론의 등장을 부추긴다.

① 인간을 단순히 기계적, 비인간적 도구로 취급하고 관리함으로써 자발적 생산성을 저하시켰다.

② 인간의 심리 · 사회적 측면을 도외시하고 기계적 · 물리적 · 생리적 측면만을 고려하였다.

③ 작업의 경제적 동기를 지나치게 중시한 결과 비경제적 동기를 외면하였다는 비판을 받는다.

2. 인간관계론

20세기 초부터 연구가 시작된 과학적 관리론을 비롯한 고전이론은 1930년대까지 행정에 많은 영향을 주었다. 그러나 고전이론의 능률에 대한 숭배(cult of efficiency)와 조직의 경직된 관료화 지향성은 개인의 사기와 자발성을 떨어뜨렸다. 고전이론 이후 생활수준의 향상으로 생리적 욕구가 충족됨으로써 더 높은 차원의 사회적 욕구가 중요시되었으며, 또한 교육수준의 향상과 민주주의 의식의 발달은 인간의 사회, 심리적인 면에 대한 인식에 관심을 가지도록 자극하는 계기가 되었다.

인간관계론을 최초로 펼친 사람은 폴렛(Follett)이고 이 이론이 성립 발전하게 된 것은 메이요(Mayo)가 미국의 시카고 서부 교외의 전기회사인 호손(Hawthorne) 공장에서 행한 호손 실험 연구를 통해서이다.

행정에서 인간관계의 중요성을 처음으로 주장한 폴렛(Follett)은 경직된 과학적 관리원칙과 정체적인 조직원리에 역동적, 창의적, 민주적 정신을 불어 넣었다. 그녀는 모든 조직의 기본문제는 역동적이고 조화로운 인간관계 형성과 유지이며 협동, 대화, 참여, 이해를 통하여 과업이 추진되어야 한다고 주장하였다. 또한 그녀는 조직 관리의 사회적 측면을 강조하여 조직을 하나의 관리체제로, 관리를 사회적 과정으로 보고 권위의 수용, 비지시적 조정의 중시, 조직구성원의 통합, 역동적 행정과정을 강조하였다. 그녀의 본질적 과업은 개인과 사회적 작업집단 간의 조화와 협력을 조성 · 유지시키는 것이었으며, 이와 같은 인간중심사상은 인간관계론의 성립배경이 된 호손 연구(Hawtorne Study)에 직접적인 계기가 되었다.

행정학에서 인간관계운동의 시초로 자주 언급되는 호손 연구는 호손공장에서 하버드 대학 경영학 교수인 메이요와 뢰슬리버거(Roethlisberger)를 중심으로 하는 연구팀이 1924년부터 1932년에 걸쳐 수행한 일련의 실험연구이다.

이 연구는 테일러가 주장한 과학적 관리론의 성과를 규명하기 위하여 작업장의 조명수준, 휴식기간, 노동시간, 급료와 같은 물리적 요인과 생산성과의 상호관계를 검증하려고 시도된 것이었다.

이 연구는 작업장의 물리적환경과 생산성과의 상호관계를 검증하는 데 기본 목적이 있었다. 따라서 작업환경을 표준화하고, 동작연구를 통하여 최선의 작업방법을 설정하고, 그대로 작업을 수행함으로써 생산성을 극대화 할 수 있다는 과학적 관리법의 원리가 실제로 유효한지를 연구하려고 하였다. 그들은 조명, 직업시간, 휴식시간, 성과급 등 여러 가지 작업의 환경조건과 보상제도를 변경시키면서 이에 따른 생산성의 변화를 조사하였다. 예를 들어, 조명실험은 작업현장의 조명도와 노동자의 작업능률간의 관계를 분석하기 위한 실험으로서 작업장의 조명도를 높여주면 작업능률도 따라서 올라갈 것이라는 가설을 검증하는 데 목적이 있었다.

이 실험에서 여자노동자들을 통제집단과 실험집단으로 나누고, 통제집단에서는 일정한 조명 하에서 작업을 시키고 실험집단에서는 짜여진 계획에 따라 조명도를 변화시킨 결과 조명도를 높일수록 작업능률은 향상되었고, 반대로 조명도를 낮추었을 때도 생산량이 증가되고 있음이 밝혀져서 결과적으로 연구의 가정이 부정되었다. 따라서 작업장의 조명도와 작업과는 별로 상관이 없으며 생산량은 조명도 이외의 어떤 다른 요인에 의해 좌우되고 있음이 분석되었다.

조사결과, 작업조건과 생산성 사이에서는 뚜렷한 연관관계를 발견하지 못했고, 작업조건보다는 오히려 작업집단에 관련된 인간적 요소가 생산성에 더 밀접하게 관련되어 있다는 것을 발견하게 되었다.

메이요와 뢰스리스버거는 연구 후반에는 호손실험의 연구 초점을 작업환경으로부터 집단행동에 맞추어 계속하게 되었다. 그리하여 2만여명의 구성원을 면접하여 그들의 집무만족감과 관리자에 대한 만족감 등 그들의 행동과 생산성에 작용하는 요인에 대하여 집중적으로 연구하였다. 그 결과 조직의 생산성은 작업집단 구성원들 사이에서 형성되는 상호 관계와 그들 사이의 상호작용에 의하여 크게 영향을 받고 있다는 것을 알게 되었다. 이와 같이 호손실험은 공식적인 직무구조와 권한체계보다도 자연발생적인 비공식조직과 집단 구성원들 간의 상호 관계, 그리고 집단구성원이 자기 직무와 관리자, 그리고 다른 구성원에 대하여 어떻게 생각하고 있는지의 문제가 생산성에 매우 큰 영향을 주는 요소로 작용한다는 결론을 내리게 되었다.

호손 실험연구를 통해 발견된 주요 결론은 다음과 같다.

① 생산성향상에 영향을 미치는 중요한 요소는 보수나 작업조건 같은 물리적인 작업조건이 아니라 조직구성원의 심리적인 조건이다.

② 형식적 조직의 내부에 자생하는 비공식조직의 성격에 따라서 생산능률이 크게 달라진다. 즉 조직 내의 비공식집단이 회사의 경영진과 일체감을 가질 때 생산성이 향상될 수 있다.

③ 작업집단의 전문화가 반드시 가장 능률적인 조직화를 이루는 것은 아니었다.

④ 구성원은 자신을 보호하는 수단으로 비공식조직을 이용한다.

⑤ 개인은 수동적인 기계의 톱니바퀴가 아닌 적극적인 인간의 존재이다.

인간관계론이 교육행정에 미친 영향을 간략하게 소개하면 다음과 같다.

① 교사의 만족감 중시 : 교육 행정가는 교사를 자신들의 권리를 가진 전인적 인격체로 관심 있게 봄으로써 교사들에게 만족감을 불어넣어 주려고 노력하였다. 교사가 만족감을 가지게 되면 더욱 열심히 일하게 되고, 지도와 통제가 용이할 것이라는 가정을 가지고, 교사들과 개인적 감정(personality feeling)과 부드러운 관계성(comfortable relationship)을 형성하기 위하여 노력하였다.

② 민주적 지도성 : 구성원의 주체성 · 자율성이 인정되어 자발적 동기부여를 위한 민주적 행정관리가 요청되었으며, 전제적, 강압적 요소는 배제되게 되었다.

③ 의사소통의 중시 : 구성원들의 자발적 협동과 사회 · 심리적 욕구를 충족시키기 위하여 상 · 하 · 횡적인 의사소통이 중요시 되게 되었다.

④ 행정기능의 수단화 강조 : 교육행정을 교수 · 학습 활동을 돕는 수단적 봉사활동으로 보는 민주적 발상이 일어나게 되었다. 교육행정은 목적이나 주체가 아닌 교육의 수단임으로 교육행정은 정부기관의 감독과 통제에서 벗어나 자유롭고 창의적인 교육을 전개해야 한다는 인식이 비로소 자리 잡게 되었다.

⑤ 자생집단의 중시 : 조직 내 비공식적 자생집단의 기능과 비중을 인식하게 되었다.

여러 가지 비판에도 불구하고 인간관계론은 민주적 · 참여적 행정발전에 크게 기여한 것이 사실이다. 인간관계론은 민주적 지도성, 조직원의 동기와 직무만족, 소속감과 사기, 상호신뢰와 존중, 봉사와 조력 등에 새로운 관심을 가지게 함으로써 교육행정의 민주적 발전을 기하는 데 크게 공헌하였다고 보아야 한다.

3. 행동과학론

행동과학론(behavioral science theory)이란, 인간의 행동을 과학적으로 연구하기 위한 학문으로 사회적 현상을 연구함에 있어서 개인이나 집단의 행동에 초점을 두는 연구방법을 말한다. 행동과학은 심리학 본연의 연구가 인간의 내면적 의식에 치우쳐 사변적으로 흐르는 것에 반대하여, 객관적으로 관찰 가능한 외면적 행동을 연구의 중심으로 삼아야 한다고 주장한 데에서 출발했다. 대표적인 학자로는 버나드(Barnard)와 사이몬(Simon)을 들 수 있다. 이들은 동물실험을 한 손다이크의 시행착오설과 마찬가지로 인간의 경우도 자극을 주고 그 반응을 관찰 분석함으로써 일관성 있는 행위규칙을 발견할 수 있고, 나아가서 집단의 형태에 관련된 복잡한 인간관계를 객관적이고 실증적으로 규명할 수 있다고 하였다.

행동과학은 이제까지의 경험주의, 상식주의, 설명위주에서 탈피하여 조직 속에서 사람들이 어떻게 행동하는가를 적절하고 신중하며 쓸모 있게 연구하여 조직 내 인간행위를 분석적 · 체계적으로 기술하려는 이론화 운동을 전개하였다.

1) 버나드와 사이몬의 공헌

행정에 대한 행동과학적 접근을 처음 시도한 사람은 버나드(Barnard)인데, 그는 「경영자의 기능」이라는 저서에서 조직생활을 분석하였다. 조직을 사회적 협동체로 보고, 조직의 요소로서 의사소통, 협동, 공동의 목적 등을 제시하였고, 조직 내 비공식 조직의 중요성과 공식조직과의 피할 수 없는 상호작용이 있음을 증명하였다. 그는 조직을 구조적 개념과 역동적 개념으로 분류하고 있다. 여기서 중요한 구조적 개념은 개인, 협동적 체제, 공식적 조직, 그리고 비공식 조직이며, 중요한 역동적 개념은 자유의지, 협동, 의사소통, 권위, 의사결정 과정, 그리고 역동적 균형 등이다.

사이몬(Simon)은 그의 박사학위 논문을 기초로 출간한 「행정행위」에서 버나드의 이론을 확대하고, 작업동기에 관한 공식적 이론에 초점을 두어 조직의 균형에 관한 개념을 사용했다. 버나드의 기본개념인 균형론, 의사결정, 의사소통, 권한이론 등을 더욱 발전시킨 사이몬은 조직과 관리의 중심을 의사결정으로 보고 합리적 의사결정 과정이 곧 행정이라고 하였다. 그는 논리적 실증주의(logical postivism)에 따라 행정에 있어서 가치와 사실을 엄격하게 구별하고, 과학화를 지향하는 행정연구에서 가치의 문제는 연구대상에서 제외되어야 하며 사실의 문제만을 연구의 대상으로 삼아야 한다고 주장하였다.

버나드와 사이몬 이래 많은 사회과학자와 행동과학자들은 행정에 관심을 가지고 이론화 운동을 전개하였다.

이론은 '사회현상을 가장 잘 설명하는 원리', '조직내 인간행위를 체계적으로 기술하고 설명하는 일련의 상호관련된 개념, 전제, 일반화들' 등으로 정의되고 있다. 이러한 정의들이 시사하는 점은, 이론은 과학적 방법에 의해 실증된 일반화된 원리로서 이론의 기능은 ① 조직 내 인간행위를 설명 · 예측하는 것이고, ② 이 이론들은 앞으로의 지식개발을 자극하고 이끌어 주며, ③ 이론은 행정의 본질에 대한 설명을 제공해 주고, ④ 이론은 행동의 결과를 예측하게 함으로써 행정가가 행동할 때 지침이 되며, ⑤ 이론은 교육행정 업무를 효율적으로 수행하도록 도우며, 여러 문제를 해결하는 데 지침이 될 수 있다는 것이다.

2) 행동과학론의 공헌

행동과학론은 조직과 조직구성원의 기계적 측면이나 인간적 측면의 한쪽 면만을 지나치게 강조함으로써 궁극적으로 생산성 저하는 물론 갖가지 불합리를 초래한 고전이론과 인간관계론의 균형점을 찾아 조직과 구성원 모두에게 합리적인 길을 탐색케 해주었다는 데 그 공헌이 있다.

행동과학론자들은 인간을 단순히 기계적 · 합리적 존재로만 보던 재래의 인간관과는 달리 인간행동을 변화시킬 수 있다는 신념과 함께 인간의 성격연구를 통하여, 사기, 감수성, 심리적 안정 등과 같은 정적 측면 및 기업심리 측면에 관심을 갖게 되었고, 조직과 구성원간의 긴장과 갈등을 효율적으로 관리하고, 인간의 성장욕구와 자기실현에 대한 기대와 함께 종래 강제력에 의해 뒷받침되던 권력을 합의와 협력관계로 조정하였다.

그러나 인간관계론이 고전이론에 적응하려 노력한 반면에, 행동과학론은 인간관계론의 연장으로서 인간의 심리적 측면을 고찰하면서도 고전이론과는 무관하게 이론을 전개하고 있다는 비난을 받는다.

3) 교육행정에 적용시킨 행정과학

교육행정은 사회체계 속에서 일어나는 사회과정이기 때문에, 사회과학 내지 행동과학의 발달은 교육행정학의 이론적 기반을 형성하게 된다. 교육행정에서 이와 같은 이론화를 강조한 학자들의 공통된 강조점은 다음과 같다.

① 교육행정을 연구하는 데 이론의 역할이 중요함을 인정하고, 이론에 근거한 가설－연역적 연구방법(hypothetical-deductive research)을 택하여야 한다는 것.

② 교육행정을 일반행정인 기업행정 등과 다르게 보려는 편협한 관점을 버리고, 행정 앞의 한정사와는 관계없이 행정은 그 자체로서 과학적인 연구주제가 될 수 있다는 점.

③ 교육기관은 사회체제로서 가장 잘 이해될 수 있는 것이기 때문에, 교육행정의 연구는 행동과학적인 접근방법에 크게 의존하지 않을 수 없다는 점.

교육행정 분야에서의 이러한 신운동(new movement)은 1950년 이전까지의 ① 실무적인 접근을 지양하고 분석적 체계적 접근을 시도하게 하였고, ② 교육현장의 경험위주 행정에서 학문중심의 연구로 전환시켰으며, ③ 교육행정 문제연구에 이론의 중요성을 인정하게 되었으며, ④ 단일 학문의 테두리에서 인접학문 간의 협동적 접근방법으로 바뀌게 되었으며, ⑤ 그 결과로 조직이론, 역할이론, 지도성 이론, 의사결정 이론, 조직행위 이론 등에 대한 활발한 연구가 대두되게 되었다.

1960년 이후에는 교육행정 분야에서 이론을 도출하기 위한 연구가 현저하게 증가하였으며, 이러한 연구들은 행정관리의 현상을 파악하는 데 크게 도움을 주고 있는 것이 사실이다.

4. 체제이론

고전이론의 과학적 관리론과 인간관계론 및 행동과학론 만으로는 복잡 미묘한 조직의 동태를 설명하기 어렵다는 것이 밝혀짐에 따라 조직의 관리과정에 대한 통합적 접근으로서 체제이론이 1960년대부터 등장하기 시작하였다. 체제론은 연구의 대상을 체제의 관점에서 관찰 · 분석하는 접근법으로서 지금까지 인과관계를 중요시하여 단순하게 현상을 보려는 제약에서 벗어나 전체를 포괄적 · 구체적으로 파악하려는 입장을 말한다.

고전적 조직이론과 인간관계론이 조직을 폐쇄적으로 보고 조직을 환경과 고립시켜 이해하였으며 조직원의 행위에 대한 환경이나 외부세력의 영향에 대하여 거의 주의를 기울이지 않았다. 그러나 행동과학자들은 조직을 폐쇄적 체제로부터 개방적 체제로 변화시키기 시작했으며, 조직이 환경의 영향을 받고 있음을 강조하기 시작하였고, 이러한 변화는 체제이론의 발전에 많은 영향을 미쳤다.

1) 체제의 개념

체제의 개념은 생물학자인 버타란피(Bertalanffy)에 의하여 제시된 것인데 이것이 사회과학에 적용되어 일반체제이론으로 발전되었다. 버타란피는 '체제는 상호작용 관계에 있는 요소들의 복합' 이라고 했으며 이는 체제란 독립된 요소들의 집합체로서 공동의 목표를 달성하기 위하여 상호 유기적으로 작용하는 것이라고 보았다.

체제는 상호 관련된 많은 하위체제로 구성되어 있으며, 대부분은 상위체제를 가진다. 체제는 다른 체제 및 환경과 경계(boundary)에 의해 구별되며, 이들과 유기적인 상호작용을 한다. 체제는 환경으로부터 일정한 투입을 필요로 하며 이것은 전환과정 혹은 처리 과정을 통해서 산출로 변화된다.

현상을 구성하고 있는 요소들은 다른 요소들과 직접 · 간접으로 상호의존적 관련을 가지고 있을 뿐만 아니라 그를 둘러싸고 있는 외부환경으로부터 투입이 있어야 생존할 수 있다는 것이 체제이론의 중심을 이룬다.

체제라는 용어의 정의는 학자에 따라 다양하게 나타나고 있다. 그리피스(Griffiths)는 "체제 간 상호작용하는 요소들의 집합체"라 하였고, 버타란피(Bertalanffy)는 "체제는 상호작용 관계에 있는 요소들의 복합"이라 했으며, 배랜(Barrien)은 "체제란 상호작용하는 요소들의 집합체로서 외부의 것을 받아들이고 또 외부로 내보내는 것들의 종류와 적정물을 조정하는 속성을 가진 경계를 가진다."고 하였다. 이러한 정의들을 종합하면 체제란 독립된 요소들의 집합체로서 공동의 목표를 달성하기 위하여 상호 유기적 작용을 하는 것이라고 할 수 있겠다. 이상의 정의에서 알 수 있듯이 모든 체제는 구성요소들로 이루어지며 외부환경과 구별되는 경계가 있어서 환경에서 받아들이기도 하고 환경으로 내보내기도 한다.

체제의 개념을 중심으로 그 속성을 정리하면 다음과 같다.

① 체제는 기계체제, 생물체제 등의 실체(entity)로서의 체제와 사회체제(예: 학교)와 같이 추상적 개념의 연결로 된 체제도 있다.

② 체제의 각 구성요소를 상위체제(supra system) 속의 하위체제(sub system)

로 표현된다. 예를 들어 학교는 학급의 상위체제가 된다.

③ 체제는 환경→투입→전환→산출→환류의 구조를 가진다.

체제는 환경으로부터 투입을 받아 자체의 전환메카니즘을 거친 산출물을 환경으로 배출하며 그 결과를 다시 체제로 환류한다.

④ 구성요소(components)는 조직의 목적달성을 위하여 상호작용하는 부분을 말한다. 학교체제는 인사, 시설, 재정, 교육과정 등의 단위들로 나누어지고, 인사는 다시 행정가, 교사, 학생, 사무직원 등으로 나누어진다.

⑤ 경제(boundary)는 체제를 환경으로부터 구분하고 투입과 산출을 여과하는 요소이다.

⑥ 개방체제(open-system)는 침투력이 강한 경계를 가진 체제로서 환경으로부터 신속하고 다양한 투입을 받아들인다.

⑦ 폐쇄체제(closed-system)는 상대적으로 침투력이 낮은 경계를 가진 체제이다.

⑧ 투입(inputs)은 경계를 거쳐 들어오는 물적자원, 에너지, 정보 등을 말한다.

⑨ 산출(outputs)은 체제가 환경으로 방출하는 물적자원, 에너지와 정보를 의미한다.

⑩ 평형(equilibrium)은 체제 내로 들어오는 투입의 균형 및 안정된 상태를 의미하며, 구성요소들이 투입된 것을 안정적으로 처리해 나가는 상태를 뜻한다. 균형은 동적균형(dynamic equilibrium)과 정적균형(static equilibrium)이 있는데, 환경의 변화에 대하여 동적인 상호작용을 하면 동적균형이 이루어지지만 정적균형 상태에 있으면 폐쇄체제가 된다. 개방체제는 혼란이 일어날 수 있지만 이것은 잠정적이고 애초의 균형 상태로 돌아가려고 하는데 이것을 균형 유지성(homeostasis)이라 한다.

⑪ 환류(feed back)는 체제로부터 환경에 배출된 결과가 처음 목적하는 바와 차이가 날 때 목적과 결과의 차이를 없애기 위하여 투입을 수정하게 하는 기능을 말한다.

Ⅲ. 교육제도

1. 교육제도의 개념

교육제도는 한 나라의 교육이념을 달성하기 위한 기본적인 틀로서 각 나라에서는 그 나라의 교육이념과 전통, 역사 속에서 교육제도를 발전시킨다. 교육제도를 통해서 학교교육의 각 단계를 설정하고 단계별 교육목표, 교육기간, 교육내용을 규정한다. 또한 학제는 학교 단계별 교육간의 접속, 학교교육과 학교 외 교육을 연결시키는 제도적인 장치이다.

교육제도는 일반적으로 학교제도로 이해된다. 교육제도는 어떤 국가나 사회가 그 구성원의 교육을 공적제도를 통해서 실현시키려고 하는 제도이며, 결국 그것은 교육기관의 형태가 어떠해야 하며 교육기관과의 관계가 어떠한가에 대한 규칙이라고 할 수 있다. 인류사 이래 여러 형태의 교육기관이 존재해왔다.

2. 학교제도

일반적으로 학교제도는 학제라고 하며, 국가의 교육이념을 실현하기 위한 제도적인 장치이다. 학제의 운영은 국가의 사회이념을 반영하고 실천한다. 국가의 사회이념은 교육의 대상과 교육의 내용에 따라 구분된다. 교육을 받는 대상에 따라 소수 엘리트로 제한하는 경우와 일반 대중을 대상으로 하는 경우가 있다. 교육의 내용에 있어서는 인격의 함양과 같은 일반적인 교육과 각 분야의 전문적인 지식을 가르치는 전문교육으로 구분될 수 있다.

첫째, 귀족주의 사회에서는 소수 귀족계급 출신을 대상으로 사회 지도자로서의 역할을 수행하기 위한 소수정예 일반교육을 시킨다.

둘째, 선발주의 사회에서는 사회의 지도자로서 수행할 개인들을 전문가로 양성시키고자 소수정예지향 전문교육을 실시한다.

셋째, 공리주의 사회에서는 일반 시민의 자녀들을 사회의 여러 직종에 적합한 사람으로 기르기 위한 대중지향 전문교육을 시킨다.

넷째, 민주주의 사회에서는 사회적 지위에 관계없이 사회의 모든 구성원들을 대상으로 민주사회의 시민으로서 기본적인 소양을 갖출 수 있도록 일반 시민교육을 실시한다.

학제의 구조는 수직적 계통성과 수평적 단계성에 따라 구성된다. 계통성은 어떤 교육을 하는가, 또는 어떤 계층의 취학자를 대상으로 하는가를 나타내며, 단계성은 어떤 연령층을 대상으로 하는가 또는 어느 정도의 교육단계인가를 나타낸다. 따라서 각급 학교는 계통성과 단계성의 관계를 갖는 학제 속에서 한 위치를 갖게 된다.

학제는 국가의 교육이념을 실현하려는 제도적인 장치로서 학교교육을 단계별로 구분하고, 각 단계의 교육목적과 교육기관, 교육내용을 설정한다. 학제는 또한 수직적으로는 교육단계간의 접속관계, 수평적으로는 학교교육과 학교 외 교육 간의 연결 관계를 규정함으로써 국가의 교육운영을 제도적으로 규정한다.

3. 학교제도의 분류체계와 유형

1) 학교계통과 학교단계

학교계통은 학교제도에서 계열별로 구성된 수직적인 학교 종별, 즉 각종의 학교계열을 의미한다. 이는 계급사회의 복선형 학교계통과 평등사회의 단선형 학교계통으로 구분된다. 학교계열별로는 일반계 학교계통, 실업계 학교계통, 특수교육 학교계통 등이 있다. 학교단계는 여러 가지 유형의 학교들을 수평적으로 구분하는 것을 나타낸다. 이는 학교에 다니고 있는 연령층을 대상으로 하거나 혹은 교육단계에 따라서 구분한다. 학교단계는 일반적으로 취학전 교육, 초등교육, 중등교육, 고등교육으로 구분한다.

2) 기본학제와 특별학제

기본학제는 학제의 주류를 이루는 초등학교, 중학교, 고등학교, 대학 및 대학원 등의 정규 학교교육에 대한 제도를 가리키며, 기간학제라고도 불린다. 특별학제는 기본학제의 보완적 기능을 수행하거나 사회교육의 성격을 지니고 정규학교의 교육과정에 준하는 교육을 실시하는 학교제도를 가리키며, 방계학제라고도 부른다. 이에는 방송고등학교, 방송통신대학교, 공민학교, 고등공민학교, 기술학교 등이 포함된다.

3) 복선제와 단선제의 학제의 유형

(1) 복선제

이는 상호 관련성을 가지지 않은 두 가지 이상의 학교계통이 병존하면서 학교계통간의 이동을 인정하지 않는 학교제도이다. 여기서는 단계성보다 계통성이 중시되며, 사회계급과 계층을 재생산한다. 일반적으로 영국, 프랑스 등과 같은 유럽국가에서 발달해 왔다.

(2) 단선제

이는 복선형에 반대되는 제도로서 학교계통이 하나뿐인 제도이다. 현실적으로는 순수한 단선형은 존재하지 않으며 공통의 기초학교 위에 수업년한이나 수료자격에 있어서 동등한 복수의 학교나 코스로 분화하는 형태를 취하는 경우가 많다. 여기서는 계통성보다 단계성이 중시된다. 단선형은 미국에서 발달되었다.

(3) 분기형

이는 복선형과 단선형의 중간 형태이다. 분기형은 기초학교 부분은 통일되어 전 국민에게 동일한 기초교육을 실시하고, 그 위에 동격이 아닌 복수의 학교계통이 병존하는 형태이다. 분기형은 독일을 비롯한 서구유럽에서 볼 수 있다.

4. 학제의 주요 요건

1) 교육이념의 구현

(1) 교육의 본질 추구

교육의 수단적인 가치보다는 본질적인 가치를 우선하려는 이념이다. 교육의 본질적인 목표를 실현하기 위해서 개개인이 지니고 있는 잠재적 능력과 적성을 최대한으로 발휘할 수 있도록 개인의 자아실현을 도와주는 것을 의미한다.

(2) 교육기회의 평등성

이는 교육의 기회와 여건의 평등성을 가리킨다. 즉 성별, 연령별, 사회계층별, 지역별 등에 관계없이 인생의 전 기간에 걸쳐서 교육기회와 여건 등을 균등하게 지속적으로 제공받는 것을 의미한다. 또한 평등교육은 평생교육의 개념과 연결된다. 교육받을 기회와 연한을 인생의 한 시기로 고정시키는 것이 아니고 인생의 전 기간을 통해서 받을 수 있도록 교육기회를 개방한다. 또한 교육이 보편화됨에 따라서 교육기회의 평등은 단지 차별의 금지란 소극적 의미를 벗어나서 보다 적극적으로 교육에 대한 투입의 평등과 교육결과, 즉 성취도에 대한 평등도 포함된다.

(3) 교육체제의 다양화

교육이 개인과 사회의 다양한 요구를 충족시켜 주기 위해서는 학교 프로그램이나 계열을 다양하게 제공해 준다는 것을 가리킨다. 특히, 진학과 취업을 위해 여러 가지 프로그램을 필요로 하는 중등교육단계에서는 학제의 다양성이 중요하다.

(4) 교육체제의 개방화

학생이 필요에 따라 언제라도 교육을 받을 수 있도록 평생교육체제를 확립하고 학생들의 수직적 · 수평적인 이동을 자유롭게 허용하는 것을 가리킨다. 이러한 열려진 학제가 구축되기 위해서는 학교단계간의 수직적인 연결과 이동이 유연하게 이루어질 수 있어야 한다. 학교단계간 이동은 학생의 선발제도와 관련된다. 또한 학교단계 내에서의 학교계열간 이동이나 학교간의 수평적인 이동인 전학과 전과 등이 자유롭게 이루어질 수 있어야 한다. 교육체제의 개방화는 학생들이 성장하면서 자신의 능력과 적성을 고려하여 학교와 계열을 자유롭게 선택할 수 있게 하며, 교육받는 시기도 학생들의 필요에 따라서 언제라도 가능할 수 있도록 배려하기 위한 것이다.

2) 인간발달과의 적합성

학생의 취학연령과 학교단계의 설정은 학생의 신체적, 인지적, 정서적, 도덕적인 발달 수준 등과 적합하게 이루어져야 한다. 또한, 아동에 따라 성장에 있어서 개인적인 차이가 나타날 수 있기 때문에 취학연령에 있어서 신축성을 부여할 수 있다. 인간발달 이론은 아동이 성장할 때의 초기경험의 중요성을 강조하고 있다. 따라서 학제에 있어서 취학 전 교육과 조기교육에 대한 정책적인 배려가 필요함을 제기하고 있다.

3)사회발전에 기여

(1) 사회체제와의 적합성

교육은 사회발전에 기여한다. 이는 학제가 사회의 정치, 경제, 사회, 문화 등 제 분야의 발전에 적합하도록 제도화됨을 의미한다. 민주적 정치체제의 유지와 발전, 경제발전과 산업구조의 변화에 따른 인력 배출과 지식 창출, 사회적 통합, 사고방식 및 생활양식의 질적 향상 등은 사회발전을 위한 교육의 기능이다.

(2) 사회체제와의 통합성

전통사회에서는 가정이 자녀교육의 중심이었다. 그러나 사회가 산업화되면서 가정 중심의 교육이 가정, 학교, 사회로 분산되었다. 교육의 효과를 가져오기 위해서는 이와 같이 교육의 기능을 담당하고 있는 여러 제도가 상호 협조하여 통합적인 교육을 실시하는 것이 바람직하다.

4) 교육체제의 효율성

이는 학제가 원래의 의도에 충실하여 교육투자의 효과를 제대로 가져오는가를 의미한다. 여기에는 내적 효율성은 학교교육에 투입한 자원을 효율적으로 활용하여 교육목적을 달성하고 있는가에 관한 것이고, 외적 효율성은 학교교육을 통해서 배출된 인력이 사회발전에 얼마나 기여하고 있는가를 가리킨다.

제9장

교육재정과 경제

Ⅰ. 교육재정

1. 교육재정의 개념

교육재정은 교육에 관한 재정이며 교육재정학은 말 그대로 교육재정을 연구하는 학문이다. 교육재정은 국가나 지방자치단체가 교육에 대한 역할과 기능을 수행하기 위하여 투입되는 제반 살림살이를 일컫는 것이다. 따라서 교육재정이란 '국가 · 사회의 공익사업인 교육활동을 지원하기 위하여 국가나 공공단체가 필요한 재원을 확보 · 배분 · 지출 · 평가하는 일련의 경제활동' 이라고 정의할 수 있다.

교육재정은 국가 일반재정의 한부분이다. 일반재정이란 국가나 지방 공공단체가 영위하는 경제활동으로서 그 본질은 재화나 노동력을 획득, 관리, 소비하는 일련의 활동이다. 즉, 한 국가의 통치기구로서 중앙정부나 지방 공공단체가 법령으로 규정하고 있는 그들의 역할과 기능을 수행하기 위하여 필요한 재화를 일정한 절차에 따라 획득하고 이를 관리하며 지출하는 일체의 과정과 활동을 의미한다. 이러한 의미에서 일반재정을 국가의 공경제 활동이라고도 한다.

오늘의 교육은 국가의 공기업으로 국가의 경제활동과 밀접한 관계를 유지하면서, 국가 발전을 위한 장기적 투자로 인식되어 많은 관심이 고조되고 있다. 현대 교육의 추세는 교육이 평생교육으로 그 의미가 확대되고 또 기능적인 측면에서 '제 4차 산업' 혹은 '지식산업' (knowledge industry)으로 발돋움함에 따라 하나의 거대한 사업으로 발전하게 되었다는 것이다. 또한 재정적인 측면에서도 그 경비가 엄청나기 때문에 그 모든 경비를 정부에서 부담하기에는 불가능한 상태이다. 때문에 교육재정은 정부의 능력에 따라 부담하는 교육에 관한 재정이며 보다 구체적으로 정부가 부담하는 부분을 관리,

운용하는 것이다.

국가재정의 일부로서의 교육재정은 국가나 지방공공단체의 기능과 역할 중 교육이라는 특수한 분야의 활동을 지원하는 재정이라는 점을 명확히 할 필요가 있다.

교육재정을 논의함에 있어서 교육재정의 범위는 교육인적자원부 소관의 제 활동에 필요한 재정과 그 이외의 교육에 관한 재정으로 국한해야 할 것이다. 재정에 관한 일반적인 정의는 국가 및 지방공공단체가 공공욕구를 충족하기 위하여 필요한 수단을 조달하고 그것을 관리 사용하는 것을 의미한다. 또는 간단히 정부 또는 국가 공공단체의 경제라고 정의할 수 있다(차병권, 1987).

이는 한 국가의 통치기구로서 중앙에 있는 정부나 지방에 있는 자치단체가 법령으로 규정하고 있는 그들의 역할과 기능을 수행하기 위하여 필요로 하는 재화를 일정한 절차에 따라 조달하고 지출하며, 이를 관리하는 일체의 과정과 활동을 의미하는 것이다. 재정을 재무행정이라 부르기도 한다. 행정을 집행하는 데 있어서 조직론과 관리론이 정책형성의 구조적인 측면을 취급하고 있다면, 인사행정과 재무행정은 행정 · 관리과정에 있어서의 운영적인 측면을 취급하는 것이라고 할 수 있다(Marshall et al, 1958).

정부 또는 국가 공공 단체의 경제라는 말에는 계획성의 의미가 내포되어 있다. 재정은 민간기업이나 가계와는 달리 원칙적으로 수입과 지출이 예정되고 확정된 계획에 의하여 일정한 질서 아래서 운영된다. 이 계획은 정부 경제에 일정한 행동기준을 부여하고 정부활동을 구속하는데 이러한 계획을 예산이라고 한다. 이러한 정부예산은 정치 · 행정과정을 통하여 결정되므로 재정은 경제적 측면과 정치적 측면을 동시에 지니고 있다.

이와 같은 특성 때문에 핸드슨(Henderson, 1969)은 재정을 정치와 경제의 중간 영역에서 생기는 복합현상이라고 하였다. 정부의 경제인 재정은 자원배분기능, 소득분배기능, 경제안정화기능의 세 가지 기능을 수행하고 있다. 자원배분기능이란 어떤 재화와 용역을 얼마만큼 생산할 것인가 혹은 생산자원을 사적욕구 충족과 공공욕구 충족간에 어느 정도로 배분할 것인가를 결정하는 것을 말한다. 소득분배기능이란 개인 또는 가계간에 생산물을 가급적 공평하게 분배하는 것을 말하며, 경제 안정화 기능이란 고용과 높은 생산 수준을 유지하면서 물가를 안정시키는 것을 말한다. 재정은 편의상 중앙 정부의 재정과 지방 재정으로 구분되기도 한다.

교육재정도 많은 점에서 일반재정의 성격과 공통점을 가지고 있다. 전술한 바와 같이 교육재정이 국가재정의 일부분이며, 국가재정 중 교육 활동에 관한 재정이기 때문에 그 근본적 성격은 같다고 할 수 있다. 즉, 교육 경비를 조달하는 재원으로 국고(교부금, 교육세 등), 지방 공공 단체(전입금 등), 학교법인(재산조성비 등) 및 학부모(입학금, 수업료 등의 공납금) 등을 들 수 있으며, 교육재정은 예산의 형식으로 구체화된다. 예산은 경비 조달에 관한 세입과 경비지출에 관한 세출로 구분된다. 세출예산은 회계절차에 의해 집행되며, 그 결과는 결산의 형식으로 검사를 받도록 되어있다. 또, 교육재정은 양출제입(量出制入)의 특성을 가지고 있다. 가정의 경제나 사기업이 수입을 고려하여 지출을 결정하는 양입제출(量入制出)의 특징을 지니는 데 반해 교육재정은 그 공공성을 이유로 쓰일 곳의 우선순위와 양을 먼저 결정하고 예산을 편성하는 특징을 가지기 때문이다.

교육재정의 특성을 보다 잘 이해하기 위해서는 국가 일반재정의 한 부분으로서의 일반적 성격과 교육재정의 특수적 성격을 살펴볼 필요가 있다.

2. 교육재정의 성격

교육재정을 국가 및 지방 자치단체 경제활동의 일환이라는 점에서 파악하면 일반적인 재정활동의 한 부분으로서의 일반성을 지닌다고 할 수 있겠으나 그 재정 활동의 목적적 견지, 즉 국가사업으로서 교육활동을 위한다는 점에서는 특수성을 부인할 수 없을 것이다.

교육재정은 사회적 · 공공적 활동으로서 교육활동을 위하여 재원을 확보하고 배분하며 운영하는 활동, 다시 말하여 교육활동을 위한 금전의 수입, 보관, 지출에 관련된 일련의 활동이라고 규정할 수 있다. 여기서 특히 교육재정의 규모 계량에 있어서 교육계획상의 모든 요소적 규모로 인한 제약점을 가지고 있다. 다시 말하여 교육재정의 규모는 ① 교육재정 소요, ② 재정확보능력, ③ 재정확보노력의 세 요인간의 함수 관계로 결정된다고 할 수 있기 때문이다. 이러한 교육재정은 그 개념상에서나 규모 면에서 교육이라는 특수성을 고려해 다음과 같은 성격을 지니고 있다.

1) 일반재정과 공통된 성격

① 강제성

공권력으로 기업과 국민에게서 세금에 의해 강제적으로 받아들임으로써 성립되는 강제 경제의 성격을 가지고 있다.

② 공공성

국민과 국가 전체의 공공복지를 증진하기 위한 것이다.

③ 무한성

존속기간은 민간(가계나 기업)의 경제보다 길고 무한하다. 정부가 주체가 되어 행하는 정부의 경제인 재정은 그 존속기간이 무한하다고 봄으로써 재정의 신뢰성을 강조한다.

④ 양출제입

공공재정에서 활동의 종류와 범위를 결정하고, 이에 필요한 경비를 산출한 후 수입을 정하는, 즉 예산을 먼저 편성하고 그 편성된 예산에 의해 국민과 기업에 세금으로 수입을 충당하는 원칙을 적용한다.

2) 교육재정의 특수성격

① 일반재정으로부터의 분리 독립의 원리

교육재정은 국가재정의 일부분으로서 경제 원칙에 따라 운영되며 일반재정의 특성에 따른다. 그러나 교육의 자주성과 정치적 중립성 그리고 전문성을 살리기 위해 일반재정으로부터 분리 독립시키고 있다.

② 교육재정의 수익자 부담원칙

교육재정은 공경제 활동으로서 국민전체를 위한 공익교육으로서 국가의 공적경비 부담이 바람직하나 현실적으로 교육재정 수익의 부담을 수익자 부담원칙에 따른다. 교육은 역사적으로 볼 때, 언제나 지배계급의 입장에서 시행되어 왔음은 사실이다. 근대

이전의 교육은 대체로 소수 특권 내지 지배계급의 이익과 직결되어 왔었으나, 근대시민사회에 있어서는 '모든 사람은 평등하다.'는 이념 아래 선택된 소수를 위한 교육이 아닌, 국민전체를 위한 교육이 되어야 한다는 생각의 틀에서 교육이 행해지고 있다. 이러한 측면에서의 교육경비의 부담은 수익자 부담원칙이 아닌 조세의 의한 공비부담 원칙으로 행해져야 할 것이다.

그러나 이것은 이상으로 볼 수밖에 없으며 오늘날 거의 모든 국가에서 의무교육, 무상교육을 단계적으로 실시하고 있지만 교육수준이 높을수록 수익자 부담원칙이 증가하고 있는 실정이다.

③ 교육활동의 지원을 목적으로 하는 수단

교육재정은 근본적으로 교수나 학습활동의 필요에 따라서 발생되는 것이므로, 교수와 학습의 목표를 달성하도록 하는 수단인 것이며 결코 교육재정 자체가 목적이 되어서는 안된다. 이는 교육행정이나 교육경영의 역할과 마찬가지이다. 교육재정은 교육목표의 효과적 달성을 위하여 인적 물적 및 환경적 제 조건을 정비하고 확립하는 데 필요한 경비를 조달하고 운용하여 교육목표 달성을 직접적인 목표로 하고 있기 때문에 교육재정은 이러한 목표 달성을 위한 수단에 해당한다는 것이다.

④ 비긴급성과 비생산성

이는 백년지대계의 장기적 안목으로 인간행동의 바람직한 변화를 추구한다는 교육의 특수성으로 인하여 발생한 지극히 경제학적인 관점의 시각이다.

정치, 경제, 국방, 외교 등이 주로 현실적이고 비교적 단기간의 문제에 관심을 갖는데 반해, 교육을 통해 인간자원을 확보한다는 것은 그 당시를 겨냥하기 보다는 오히려 보다 긴 안목으로 10년, 20년 또는 그 이상을 내다보며, 장래의 문제에 관심을 갖고 먼 장래의 문제에 초점을 맞추어서 인간의 삶을 향상시키고자 하는 현재의 노력이다.

뿐만 아니라 교육은 그 효과를 전 생애를 통하여 개인에게만 돌아가게 하는 것이 아니라 그가 소속한 사회, 나아가서는 전 인류에게 기여하도록 하고 있다. 그러나 교육의 효과는 기간 상으로도 그 효과의 표출시간을 기다려야 하고 또한 그 효과는 개인적으로나 집단적으로나 눈에 보이지 않는 듯이 장기간에 완만하게 나타나기 때문에 가시적 · 계량적으로 쉽게 측정할 수 없는 특성이 있다. 따라서 교육의 투자는 단기적으로 보면 비생산적이고 낭비적인 것처럼 그 효율성을 의심하게 되는 경향이 나타나므로 교육경비는 재정 운용상 투자 순위 결정과정에서 항상 뒤로 미루려고 하는 속성이 있다. 또한 교육경비가 비생산적이라는 말은 교육의 결과가 무형적이기 때문에, 직접적인 생산을 가져올 수 없다는 데서 비롯된다.

그러나 주지하고 있는 바와 같이 인간교육의 결정적 시기에서의 교육의 중요성과 인간자본론이 대두되면서 교육에 투입되는 경비를 소비가 아닌 투자로 보게 됨에 따라 교육의 중장기적 생산성이 강조되는 것은 세계적인 추세이다.

일반재정의 성격을 가지면서도 교육의 특수성을 지니고 있는 교육재정의 성격으로 인하여 한국에서는 교육재정을 일반재정으로부터 분리 독립하였고, 재정운영에 있어서도 교육재정 관계 법률에서 따로 규정하고 있다(이찬교 · 이상필, 1988).

3. 한국교육재정의 재원

한국의 교육재정의 재원은 크게 중앙교육재정과 지방교육재정 재원으로 나눌 수 있으며, 중앙교육재정은 교육인적자원부예산 지방교육재정은 시 · 도교육비 특별회계, 사립학교 교육예산, 육성회(기성회)예산으로 나누어진다.

1) 중앙교육재정 재원 (교육인적자원부 예산)

교육인적자원부 예산은 대부분 일반회계로 편성되어 있으며, 조세수입, 전매수익금 등의 일반재정수입을 세입의 재원으로 한다. 즉 일반회계로 계상되는 교육인적자원부의 예산은 모두 국고에서 충당하고 있다. 세출내역을 보면 교육본부비, 지방교육재정교부금, 국립교육기관비, 수입대체경비, 학술기관비, 병원관리비(병원특별회계 전출금) 등이 있다.

교육인적자원부 전체 예산 중 지방교육재정교부금의 비중이 가장 크다. 이들 예산은 모두 지방교육재정의 주요 재원이 되고 있다.

교육인적자원부 예산 중 특별회계의 세입과 세출을 살펴보면 세입으로는 국립대학부속병원 운영에서 생기는 모든 수입과 일반회계로부터 충당하는 전입금으로 구성된다. 세출로는 부속병원특별회계, 재정투·융자특별회계, 지방재정교부금 특별회계 등이 있다.

2) 시도교육비 특별회계

서울특별시, 광역시 및 도 교육청의 교육예산은 특별회계로 되어있다. 이는 교육비 회계의 자주성을 존중하여 지방자치단체의 일반회계와 분리하여 시도 교육비 특별회계로 편성하였기 때문이다.

시·도 교육비 특별회계의 주요 재원은 지방교육재정교부금, 국고보조금, 지방자치단체의 전입금, 자체 수입으로 구성된다.

1 지방교육재정교부금

교육인적자원부 일반회계의 전체예산에서 지방교육자치단체의 특별회계로 지원받는다. 지방교육재정교부금의 재원은 다음 각 호의 금액을 합산한 금액으로 한다.

① 당해 연도의 내국세 총액의 19.4%

② 당해 연도 교육세법에 의한 교육세 세입액 전액에 해당하는 금액

지방교육재정 교부금은 보통교부금과 특별교부금으로 나눈다.

㉠ 보통교부금 : 보통교부금의 재원은 교육세 수입 전액과 내국세 총액의 19.4%의 100분의 96에 해당하는 금액으로 한다.

㉡ 특별교부금 : 특별교부금의 재원은 내국세 총액의 19.4%의 100분의 4에 해당하는 금액으로 하며 다음의 경우에 지원한다.

- 전국에 걸쳐 시행하는 교육관련 국가시책사업으로 따로 재정지원 계획을 수립하여 지원하여야 할 특별한 재정수요가 있는 때(특별교부금의 60%)
- 기준재정수요액이 산정방법으로 포착할 수 없는 특별한 지역교육 현안수요가 있는 때(특별교부금의 30%)
- 보통교부금의 산정기일후에 발생한 재해로 인하여 특별한 재정수요가 있거나 재정수입의 감소가 있는 때(특별교부금의 10%)

② 지방자치단체전입금

지방자치단체 일반회계에서 교육비 특별회계로 경비를 지원하는 것을 말한다. 전입금 내역은 다음과 같다.

㉠ 지방교육세

㉡ 담배소비세의 45%를 전입금으로 계상 : 서울특별시 및 5개 광역시의 경우만 해당되며 도는 제외된다.

㉢ 시도 전입금 : 서울특별시—세 총액의 10%
광역시 및 경기도 - 세 총액의 5%
그 밖의 도 - 세 총액의 3.6%

③ 자체수입

지방교육자치단체(시도교육청)의 자체수입으로 재산수입, 사용료(납입금) 및 수수료, 지방교육채 등이 있으며 그 외에 실습수업, 기부금 및 기타 잡수입이 있다.

3) 사립학교 교육예산

사립학교 예산의 재원은 학생납입금, 학교법인으로부터의 전입금, 국고 또는 각종 공공단체로부터의 원조, 보조금, 학교법인의 재산조정비로 구성되어 있으나, 사학재정의 재원은 주로 학생납입금에 의존하고 있다.

4) 육성회(기성회) 예산

각급학교는 학교교육비 예산과는 별도로 육성회(기성회)예산을 단위학교별로 편성 · 운영하고 있다.

4. 한국교육재정의 역사

교육행정의 일부로 취급되어 오던 교육재정이 독립된 학문영역으로 발돋움한 시발점은 백현기의 「교육재정」이 출판된 1963년이라고 할 수 있다. 그 후 김재범의 「교육재정론(교육출판사, 1977)」, 윤정일의 「한국의 교육재정(한국교육개발원, 1985)」, 김영철 · 공은배의 「교육경제와 재정(한국교육개발원, 1988)」, 윤정일의 「교육재정학(세영사, 1992)」, 김남순의 「교육재정과 교육비 연구(교육과학사, 1992)」 등과 같은 교육재정학 교재들이 뒤이어 출판되었다.

교육재정에 관한 연구의 시발은 민윤기의 「학부형 부담 교육비 조사(중앙교육연구소, 1963)」라고 볼 수 있으며, 이를 출발점으로 하여 중앙교육연구소에서는 「표준 의무교육비에 관한 연구(1964)」, 「연간 투입되는 교육비 총액 추정(1969)」 등 몇 가지의 교육재정에 관한 연구를 수행하였다. 그러나 중앙 교육 연구소가 문을 닫은 후에는 교육재정에 관한 연구가 한동안 주춤하게 되었다.

교육재정에 관한 연구가 본격적으로 다시 시작된 것은 1977년에 한국교육개발원에서 「교육비 분석 연구(윤정일 · 박종렬, 1977)」를 수행한 때부터 라고 할 수 있다. 이 연구가 수행된 후 한국교육개발원을 중심으로 교육재정에 관한 연구에 붐이 일어나기 시작했으며, 이 후 한국대학교육협의회가 설치되어 이 기구를 중심으로 고등교육재정에 대한 연구가 지속적으로 수행되었다.

한편 해방 이후 우리나라 교육재정학 분야의 석사 및 박사 학위 논문은 1970년까지 국내 석사 논문 한 편에 불과하던 것이 1971년부터 1980년까지 국내 석사 논문 14편 해외 박사 논문 2편으로 1981년부터 1991년까지 국내 석사논문 78편, 국내 박사 논문 6편 해외박사 논문 10편으로 양적으로도 괄목한 성장을 거듭해 왔다(최청일 외, 1995). 그 내용적인 측면에 있어서도 초기에는 주로 교육비나 교육예산 및 재정 규모 등의 분석에 불과하였으나, 점차 교육비나 예산 규모, 교육재정의 배분 및 확보에 관한 연구, 교육차관, 교육의 비용—수익 측정, 납입금, 장학금, 교원보수, 국제비교, 예산운영기법, 재정사 등 그 연구 영역이 한층 다양해지고 있는 실정이다.

우리나라에서의 교육재정연구의 발전 방향을 김재범(1983)은 세 가지 단계로 나누어 제시하였다.

제 1 단계는 1945년 해방부터 1950년대 중반까지로서 교육재정의 부족 상황과 부족한 재정 확보의 필요성을 강조하는 정도이며, 구체적인 재정확보의 방법과 수요액은 밝히지 못하고 있다.

제 2 단계는 1950년대 중반 이후 1960년대 중반까지로서 당시 문교부 소관의 예산,

각급학교 또는 학교급별 예산 등 교육관계기관들의 경비 실태, 과거의 경향, 미래의 전망 또는 소요를 예측하는 등 포괄적인 내용들이 취급되기 시작하였고, 예산의 편성과 재정 실태의 비교에 준거가 되는 단위 경비 및 표준교육비에 대한 연구가 시도되는 한편 부족한 교육재정 확보 방안이 구체적으로 연구, 검토되기 시작하였다.

제 3 단계는 1960년대 중반 이후 1990년대 초까지로서 교육재정 기본 성격의 규명, 교육재정 운영상의 생산성, 효율성 등 교육투자의 개념과 교육과 경제의 관계에 관한 교육경제적인 접근을 시도한 내용이 등장하면서 단편적인 교육재정의 기존 시각을 타 분야와 관련지어 종합적으로 보기 시작하였다. 또한 특정 영역을 보다 깊게 전문적으로 연구하려는 경향이 나타나기 시작하였다.

이러한 세 단계에 더하여 제 4단계로서는 1991년 교육재정 · 경제학회의 출범 이후를 들 수 있을 것이다. 이 이후로는 교육재정분야에 관한 연구발표회를 정기적으로 개최하였고, 점차 교육재정에 대한 관심이 강해졌다. 또 1996년에 발족된 전국규모의 한국지방교육경영학회는 부산, 대구, 광주, 제주 등의 학자들이 주축이 되어 교육재정 및 경영에 관한 학회 및 논문집 발간을 매년 해오고 있으며 교육재정 분야의 발전에 큰 역할을 하였다.

그러나 여전히 교육재정 분야의 연구는 미흡한 상태이다. 보다 많은 사람들이 이 영역에 대한 관심을 가지고 연구 발전시켜야 할 문제가 많은 것이 현실정이다.

II. 교육경제

1. 교육의 수익

1) 교육수익의 개념

교육의 수익은 경제적인 것과 비경제적인 것이 있다. 교육수익분석에 대한 접근법은 학자에 따라 다양하며 어떤 측정방법일지라도 완벽한 분석은 불가능하다는 게 일반적인 견해이다. 와그너(Wagner)의 고등교육분석은 대표적으로 교육의 수익에 대한 접근을 제시하고 있으나 그가 확인한 교육의 수익인 '문명의 발전', '연구활동' 등은 측정하는 데 많은 어려움을 안고 있다. 즉 문명의 발전은 너무 광범위한 개념이므로 어떤 기준을 정해 측정한다는 것이 쉬운 일이 아니며, 연구활동도 한 대학교수의 출판된 서적이나 논문의 수를 계산하는 것처럼 만족스럽게 연구가치를 측정한다는 것도 불가능하다.

또 교육의 수익유형은 인지적 차원과 심리적 차원으로 측정할 수 있는데 여기서 인지적인 차원은 추리력과 논리성과 같은 고등정신 기능의 이용을 요구하는 행동을 뜻하며, 비인지적 차원 또는 정의적 차원은 학생의 태도, 가치관, 자아개념, 열망 그리고 사회적 및 대인관계에 관계되는 행동으로 정의되고 있다. 이것은 또 자료의 성격 즉 심리학적 자료이냐 또는 행동학적인 자료이냐에 따라 2차원적으로 분류할 수도 있다. 심리학적인 자료는 개인의 내적인 상태 또는 특성에 관계되는 것이며 행동학적인 자료는 개인의 관찰대상행동에 관계되는 것이다. 행동학적인 자료는 사람과 환경과의 상호 작용이므로 사회학적인 것으로 대칭되기도 한다. 교육의 수익에 대한 측정은 수익유형과 자료유형에 따라서 함께 분류될 수 있다. 교육수익의 영역은 다음과 같다.

- 심리학적 인지적 영역 : 지식, 지능, 사고능력, 기술, 특별한 적성, 학업 성취도
- 심리학적 정의적 영역 : 자아개념, 흥미, 가치관, 태도, 신념, 성취를 위한 추진력, 만족도
- 행동학적 인지적 영역 : 교육달성수준, 소득, 표창, 포상
- 행동학적 정의적 영역 : 진로 선택, 취미, 정신건강, 시민정신, 대인관계

결론적으로 학생의 투입물과 수익물은 교육이라는 환경에 의해서 질적 변화를 가져오게 되는 것이라 하겠다. 투입물로서 재능, 기술, 학업 성취의 잠재력 등과 같은 측면이 교육환경요인에 의하여 수익물이 되는 심리적, 사회학적 요인과 질적 변화를 일으키게 된다는 것이다. 여기서 수익물은 지식, 기술, 자아개념, 만족도 등의 심리학적차원과 교육달성수준, 직업성취도, 진로선택, 정신건강, 시민정신, 대인 관계 등의 사회학적인 차원 등을 포함하는 것을 말한다.

심리학적 측정방법이든 사회학적 측정방법이든 간에 대학교육에 있어서의 인지적 영역과 정의적 영역 등은 학생의 수익에 있어서 바람직한 변화가 발생하게 되는 것이라 하겠다.

2) 교육수익과 소득과의 관련성

교육으로부터 얻어지는 수익은 경제학에서는 생애소득으로 사회학에서는 사회적 지위 상승으로 공학에서는 보다 나은 생활환경으로 인문과학에서는 문화의 전승과 창조 등으로 학문 영역에 따라 다양하게 정의된다.

인간 자본의 분배가 소득 분배에 영향을 미친다면 인간자본 분배에 있어서 개인차는 어떠한 이유에서 나타나는가에 대한 문제에 관심이 고조된다. 인간자본에서 개인의 투자량은 투자생산성에 의한 수요측면과 투자비용에 의한 공급측면에 의해 결정된다. 따라서 균형투자량(equilibrium amount of investment)은 추가 학교교육연수가 투자비용과 동등한 절대 소득에 있어서의 증가가 기대될 때 달성될 수 있다. 이러한 적정선은 추가 소득의 증가가 투자가 증가함에 따라 감소한다는 소위 수요측면에서의 수익 체감 때문에 나타나며 또는 한계투자비용이 더 많이 증가하기 때문에 존재한다.

데니슨은 소득에 대한 교육의 효과 중에 약 40%를 능력변수가 설명한다(Edward, 1962)라고 보았다. 인간자본에서의 능력은 이중으로 그 역할을 수행한다. 하나는 투자 이전에 존재하는 천부적인 재능으로서의 능력을 고려할 수 있고, 또 하나는 보다 유능한 사람은 같은 투자를 전제하더라도 보다 높은 수익률을 보장받을 수 있기 때문에 능력은 하나의 상호작용 요인이나 효율성 파라미터로서 작용한다는 것을 고려할 수 있다.

캐노이(Carnoy)의 연구에 의하면 개발도상국가의 소득에 대한 교육의 효과는 선진국에서의 그것보다 훨씬 높은 것으로 나타났다(Carnoy, 1982). 개발도상국가를 분석대상으로 한 연구에서는 학교 교육과 사회 · 경제적 배경이 소득 변량의 대부분을 설명하고 있으며 사회 · 경제적 배경을 제외하면 학교교육이 더욱 중요한 소득의 결정요소로 작용한다.

3) 교육수익의 측정에 관한 이론

교육의 수익을 측정하는 데 하나의 제한점은 비금전적 수익 즉 금전으로 환산할 수 없는 수익은 측정이 곤란하다는 데 있다. 여기서도 역시 대표적인 금전적 수익인 소득과 금전으로 환산 가능한 수익을 중심으로 교육의 수익률을 측정하는 모형을 선보이고

자 한다.

교육의 수익은 사회적 수익과 개인적 수익으로 나눌 수 있으며 사회적 수익은 한 개인이 교육받은 후 교육받지 못한 사람보다 추가로 국민소득 형성에 기여할 몫을 말하고 개인적 수익은 교육받을 당사자 또는 학부모에게 귀속되는 수익을 뜻한다.

교육수익을 측정하는 데에는 여러 가지 방법을 열거할 수 있겠으나, 비용—수익 분석(Cost-Benefit Analysis)법이 대표적이다.

비용-수익 분석 방법(Cost-Benefit Analysis)은 비용과 수익의 순현재가치(NPV)를 분석하는 방법과 내적수익률(internal rate of return)을 계산하는 방법이 있다. 이러한 방법의 개요는 다음과 같다(Atkinson, 1983).

(1) 현재가치 분석방법

이 방법은 비용과 기대되는 수익 모두 금전적인 현재 가치로 환산하여 수익과 비용을 비교하는 것이다. 이 때 수익의 현재가치가 비용의 그것을 초과할 때 실제로 투자가 이루어질 수 있다. 이러한 결정을 하기 위해서는 비용과 수익의 흐름이 할인율에 의해서 현재가치화 되기 때문에 할인율의 선택은 중요하고도 매우 복잡한 문제라고 볼 수 있다. 그러나 학자들에 의해서 합의를 본 단일한 할인율은 존재하지 않으므로 할인율의 선택은 중요하고도 복잡한 문제라고 하겠다.

현재가치 분석 방법은 다음과 같은 공식으로 유도될 수 있다.

$$\mathrm{NPV} = \sum_{t=1}^{n} \frac{C_t}{(1+i)t} = \sum_{t=1}^{n} \frac{B_t}{(1+i)t}$$

여기서,

NPV = 순현재가치

i = 할인율

t = 시간(연도)

C_t, B_t = t 년도의 비용 또는 수익의 총액

투자할 수 있는 전제는 반드시 현재가치의 수익이 비용보다 크게 나타나야 하는 데 있다. 이상과 같은 현재가치를 분석하기 위해서 앞에서 지적한 바와 같이 할인율의 선택이 중요하게 작용한다.

(2) 투자수익률 분석방법

이 방법은 비용의 현재가치와 수익의 현재가치를 일치시키는 할인율을 직접 계산해내는 것이다. 이러한 과정에서 나타난 할인율을 내적수익률이라고 할 수 있다. 넓은 의미로 볼 때 투자수익률 분석방법과 현재가치 분석방법은 거의 비슷하다고 볼 수 있다. 엄밀히 말해 이 두 방법의 차이점은 NPV 분석 방법은 할인율을 사전에 결정해서 그것에 기초하여 비용과 수익을 현재가치로 환산하여 비교하고 있고 투자수익률의 경우는 할인율을 직접 계산하고 그것이 선정된 할인율과 비교해서 높은지 또는 낮은지를 판단한다는 데 있다. 두 가지 방법의 공통적인 점은 효과적으로 적용될 수 있는 할인율을 선정해야 한다는 데 있다.

2. 교육의 비용

교육은 투자 없이 성립될 수 없다. 교육은 본질적으로 비용을 수반하며 자원의 투자를 요구한다. 자원의 투자가 바로 비용이며, 교육의 삼요소라 할 수 있는 교사와 학생 그리고 교재가 자원이자 비용이다. 즉 교재를 갖추려면 비용이 들고, 교육전문가인 교사의 시간을 확보하기 위해서도 비용이 들며, 학생 자신의 시간도 곧 비용의 개념에 해당된다. 교육의 비용은 교육학적, 교육경제학적, 교육재정학적 입장의 세 가지 관점에서 약간씩 달리 기술할 수 있다(윤정일 외, 1995).

교육학적 입장에서의 교육의 비용은 교육목적을 달성하기 위해 투입되는 비용이라고 볼 수 있다. 교육활동이 궁극적으로 교육목적을 달성하기 위하여 존재하는 것이라고 볼 때, 교육의 비용은 궁극적으로 교육목적을 달성하기 위해서 지출되는 경비이다. 이 경우 경비로서 지출되는 것은 물질적인 것뿐만 아니라 비물질적인 것, 즉 정신적인 것도 포함한다. 교육활동에서는 물질적이고 금전적인 비용의 투입에 못지않게 비물질적이고 비금전적인 투입도 중요하다. 교육학적 입장에서 교육비는 교육목적을 효과적으로 달성하기 위해 필요한 만큼의 양이 확보되어야 하는 것이다.

교육경제학적으로 보면 교육의 비용은 교육이라는 서비스를 생산 · 공급하기 위해 투입되는 자원이라고 정의된다. 교육경제학에서는 흔히 교육생산의 비용과 그것이 거두는 효과를 비교하여 교육의 수익성을 논한다. 이 경우에도 교육의 비용은 교육생산의 직접적 투입인 금전적 비용과 인력 자재를 포함할 뿐만 아니라, 간접적 투입인 심리적 · 정신적 투입 그리고 포기 소득을 의미하는 기회비용을 포함하여 논의된다. 교육서비스를 생산하는 데 소요되는 자원은 금전적인 것도 있고 비금전적인 것도 있으며, 직접적으로 지출되는 것도 있고 간접적으로 지출되는 것도 있으며, 물질적인 투입도 있고 심리 · 정신적인 투입도 있다. 특히 희생의 주체에 따라 공적인 희생을 공적 비용, 사적인 희생을 사적비용이라고 하는데 이것은 경제적 분석에서 중요한 의미를 갖는다.

교육재정학적 측면에서 교육의 비용은 금전적 비용 또는 금전으로 환산 가능한 비용으로 한정된다. 재정학 상으로 비용 또는 경비란 통치단체가 그 생존 목적 달성상의 공무를 위해 지출하는 유형재, 특히 화폐를 가리킨다. 교육비는 국가 또는 지방공공단체가 교육계획을 유효하게 달성하기 위해 지출하는 화폐가치이다(伊藤和衛, 1952). 그러므로 교육재정학의 입장에서 교육비용을 금전적 비용으로 국한하는 것은 당연하다. 재정학적 측면에서 교육비용은 경비절약의 원칙 등 재정학의 제원리에 의해 지배되는 측면을 중시하여 해석한다.

교육을 그 어느 측면에서 보든지 간에 교육의 비용은 교육이라는 기능을 위한 자원의 희생이라고 할 수 있다. 이 때 자원은 유 · 무형재, 금전적 · 비금전적, 사적 · 공적, 직 · 간접적 특성을 갖는 모든 자원을 가리킨다. 흔히 교육비라고 불리는 교육의 비용은 교육활동을 위해 투입되는 제 자원을 포괄하는 의미이다.

이러한 교육비를 분석목적과 관점에 따라 몇 가지 개념으로 나누어 살펴보고자 한다. 교육비의 구성요소는 분류하는 방법에 따라서 여러 가지로 나누어 볼 수 있다. 교육비의 투입과정에 따라서 직접교육비와 간접교육비로 나눌 수 있고 교육의 재원적 측면에서 볼 때는 공교육비와 사교육비로 볼 수 있으며, 교육비의 투입목적에 따라서는 매년 소요되는 인건비, 운영비와 장기투자인 시설비로 나누어 생각해 볼 수 있다.

일반적으로 경제학자들은 교육비를 직접교육비와 간접교육비로 나누며 직접교육비에 공교육비와 사교육비가 포함하고 간접교육비는 학교에 다니기 위해 포기된 소득인 기회비용을 말한다. 이외에도 교육비는 학생 또는 학부모가 부담하는 개인적 비용과

정부나, 사회가 부담하는 사회적 비용으로도 나눌 수 있다.

1) 공교육비와 사교육비

공교육비란 교육활동을 재정적으로 지원하기 위하여 국가나 지방공공단체가 합리적인 회계절차에 의하여 지급하는 경비 즉, 예산에 계상되는 경비를 말한다. 교육재정의 대상이 되는 교육비는 보통 이 공교육비만을 포함시킨다.(윤정일, 1985). 공교육비의 재원은 크게 정부 및 지방공공단체, 법인 그리고 학부모의 세 가지로 나누어 볼 수 있다. 정부 및 지방공공단체 부담 공교육비는 특별회계 예산, 시 · 군 교육비의 특별회계 예산을 말한다. 법인부담 교육비는 사립학교 교육을 위한 예산인데, ① 학교법인체 예산과 ② 사립학교 교육비로 구성되며 ③학부형 부담 공교육비는 입학금, 수업료 그리고 학생을 통하여 별도로 납입하는 육(기)성회비, 실험실습비 또는 학생 자율적 경비로 세분될 수 있다. 이들 중 수업료가 가장 큰 부분을 차지하며 그 다음이 육(기)성회비이다. 한편 우리 나라 공교육비 산출의 기초자료는 대체로 문교통계연보를 참고로 하는 것이 일반적이다.

사교육비란 합법적인 공공단체의 회계에 포함되지 않고 학부모가 학교교육을 위해서 사용하는 경비로 정의된다. 흔히 학부모가 부담하는 교육비를 모든 사교육비로 오해하는 경우가 있으나 학부모부담 교육비 중 입학금, 수업료, 육(기)성회비 등은 모두 예산에 계상되기 때문에 공교육비에 속하며, 그 밖에 학부모가 부담하는 교재대, 부교재대, 학용품비, 과외활동비, 학교 지정용품비, 단체활동비, 교통비, 급식비, 하숙비 및 기타 학교위생비, 검사지대, 등은 모두 사교육비에 해당한다. 이들 사교육비 항목 가운데 하숙비나 교통비는 학교에 다니지 않더라도 필요한 경비라 하여 사교육비에서 제외시키는 것이 좋다는 의견도 있다.

그러나, 우리 나라에서는 일반적으로 교육비라 할 때는 재원적 측면에서 공교육비와 사교육비를 말한다. 그리고 공교육비와 사교육비를 포함한 교육비와 교육기회경비를 합하여 총교육비라고도 한다(이형행, 1987).

교육기회경비는 다음의 간접교육비에서 언급하도록 한다.

2) 직접교육비와 간접교육비

교육비를 투입과정에 따라 분류하면 직접교육비와 간접교육비로 나눌 수 있다.

직접교육비는 교육목적 달성을 위하여 교육활동에 직접적으로 투입되는 경비로 공교육비와 사교육비가 모두 포함된다. 간접교육비는 교육기간 중에 취업할 수가 없기 때문에 포기한 수입(foregone earnings)을 의미한다(이형행, 1986). 다시 말하면 교육기회 때문에 간접적으로 포기한 유실소득이므로 기회경비(opportunity cost)라 한다. 기회경비란 간단히 말하면, 학생이 학교에 취학하지 않고 취업하였다면 벌 수 있는 것으로 예상되는 수입이라 할 수 있는데, 교육비 중 가장 큰 부분이 기회경비라는 사실이 많은 연구에서 입증되고 있다. 이 기회경비는 교육수준별로 대단히 다양한데 초등학교 수준에서 가장 낮고 대학수준에서 가장 높다. 그럼에도 불구하고 교육기회경비는 계산상 산출이 어렵다는 이유로 무시되는 경우가 있는 많은데 이는 매우 바람직하지 못하다. 기회경비의 산출은 학력별 경력별로 추정된 임금에 의하여 할 수 있는데, 우리나라의 경우 노동부의 "임금구조 기본통계 조사보고서"가 공식적인 자료라고 보겠다.

한편, 학자에 따라서는 공·사교육비를 직접교육비로 분류하는 데 다소 불만이 있을 수 있으므로 공교육비를 직접교육비로, 사교육비를 간접교육비로 보고 여기에 교육기회경비를 별도로 분류하는 학자도 있다(공은배 · 천세영, 1990).

3) 인건비, 운영비, 시설비

교육비는 사용 목적에 따라 인건비, 운영비, 시설비 등으로 나눌 수 있다. 인건비는 교육활동을 수행하거나 지원하는 데 필요한 용역을 구입하기 위한 경비로, 학교 경비 중 교직원의 봉급, 정액수당, 연구수당 및 기타 수당을 말한다. 그리고 운영비는 교육활동을 수행하거나 지원하는 데 필요한 경비로 학교경비 중에서 여비, 수용비, 실험실습비 등이 이에 해당된다. 또한 시설비는 교육활동을 위해 장기간 사용이 가능한 자본형성을 위한 경비로 학교 시설물의 신축, 개축 및 보수 등의 경비를 말한다.

4) 표준교육비

표준교육비는 공교육활동을 영위하기 위하여 기본적으로 필요한 최소한도의 경비를 말한다. 따라서 표준교육비는 어떠한 일이 있어도 교육활동을 영위하기 위해서는 반드시 확보되어야 하는 최저 소요 교육비라고 하겠다.

표준교육비는 교육예산의 편성과 교육계획 수립의 과학적이고 합리적인 기초자료가 되며, 교육의 기회균등을 보장하는 데 의의가 있다. 표준교육비는 적정교육비를 산출하는 기본자료가 될 수 있다.

참고문헌

강봉규(1992). 교육심리학. 서울: 형설출판사.

강영삼 · 신종식(1985). 교육행정학 및 교육경영. 서울: 교육출판사.

공은배 · 천세영(1990). 한국의 교육비 수준 연구. 한국교육개발원연구보고. 90-13.

김경식(1989). 교육학개론신강. 서울: 교육과학사.

김대현 · 김석우(1996). 교육과정 및 교육평가. 서울: 학지사.

김도수(1994). 평생교육. 서울: 양서원.

김민한 · 이상현 · 강기수(1996). 신교육학개론. 서울: 배명사.

김병성(1994). 교육과 사회. 서울 : 학지사.

김영식 · 최희선(1988). 교육제도 발전론. 서울 : 성원사.

김영채(1996). 사고와 문제해결심리학-인지의 이론과 적용. 서울: 박영사.

김재만(1976). 천부적인 교사. 서울: 배영사.

김재범(1983). 교육재정론. 서울: 교육출판사.

김정률(1979). 심리학 개론. 서울: 학문사

김종서 · 최정숙 · 이홍우 · 유한구(1998). 교육과정이론. 서울: 한국방송대학교출판부.

김종철(1982). 교육행정의 이론과 실제. 서울: 교육과학사.

김종철(1985). 교육행정의 이론과 실제. 서울: 교육과학사.

김주건 · 박양조 · 팽영일 · 이철영(1998). 신교육학입문. 서울: 형설출판사.

남궁용권(1988). 교육사 교육철학신강. 서울: 학문사.

남명호(1996). 초등교육에서 수행평가의 활용: 과제와 전망. 초등교육연구, 10, 87-100.

류형진(1982). 교육원리신강. 서울: 형설출판사.

목영해(1991). 포스트모더니즘과 교육적 인간상. 교육학연구, 29(1), 115-130.

박봉목(1983). 교육과 철학. 서울: 문음사.

배호순(1994). 프로그램 평가론. 서울: 원미사.

백순근(1996). 교수-학습과정을 개선하기 위한 질적 평가. 교육개발, 1, 85-89.

백현기(1963). 교육재정. 서울: 을유문화사.

백현기(1964). 신고 교육행정. 서울: 을유문화사.

변영계(1988). 학습지도. 서울: 배영사.

변영계 · 박한숙(1997). 학습기술 구성요소의 탐색을 위한 기초 연구. 교육연구, 7, 29-51.

변창진 · 송명자(1995). 인지발달론적 접근 교육심리. 서울: 교육과학사.

새로운 교육사회학총론(2004). 새로운 교육사회학총론. 서울 : 동문사.

손인수(1985). 교육사 교육철학연구. 서울: 문음사.

손인수 · 정태범(1986). 교육학개론. 서울: 정민사.

송명자(1995). 발달심리학. 서울: 학지사.

송명자(1995). 발달심리학. 서울: 학지사.

신연식(1982). 유아교육개론. 서울: 형설출판사.

안상원(1965). 신교육사. 서울: 재동문화사.

오성삼 · 구병두(1997). 교육과정 및 평가의 이해. 서울: 양서원.

오천석(1975). 한국교육철학신강. 서울: 광명출판사.

윤정일 편저(1985). 한국의 교육재정. 서울: 한국교육개발원.

윤정일 · 곽영우 · 김윤태 · 김재범 · 김태완 · 최청일(1995). 교육재정론. 서울: 도서출판하우.

윤정일 · 박종렬(1977). 교육재정의 현황과 문제 : 교육비 분석 연구. 서울: 한국교육개발원.

윤정일 · 송기창 · 조동섭 · 김병주(1998). 교육행정학 원론(개정판). 서울: 학지사.

윤정일 · 신득렬 · 이성호 · 이용남 · 허형(1996). 교육의 이해. 서울: 학지사.

이규환(1979). 교육사회학. 서울 : 배영사.

이병진(1997). 초등교육학개론. 서울: 문음사.

이성호(1992). 교수 방법의 탐구. 서울: 양서원.

이성호(1997). 교육과정과 평가. 서울 : 양서원. pp. 261-308.

이승진(1991). 교육심리학서설. 서울: 교육과학사.

이종승(1988). 교육과정과 수업의 원리. 서울: 교육과학사.

이종진(1991). 동기와 학습. 서울: 성원사.

이찬교 · 이상필(1988). 교육행정. 한국방송통신대학교재.

이찬교 · 최정숙(1996). 교육의 이해. 한국방송통신대학교출판부.

이칭찬(1996). 교사론. 서울: 동문사.

이형행(1986). 신교육행정론. 서울: 문음사.

이홍우(1996). 교육과정 탐구. 서울: 박영사.

임승권 · 임인재(1998). 교육평가. 서울 : 한국방송대학출판부.

임창재(1997). 교육학의 이해. 서울: 형설출판사.

정범모(1968). 교육과 교육학. 서울: 배영사.

_______(1981). 교육과 교육학. 서울: 배영사.

정인석(1992). 신교육심리학. 서울: 대왕사.

조병규(1974). 서양교육사. 서울: 재동문화사.

차경수(1983). 현대의 교육사회학. 서울 : 학문사.

차병권(1987). 재정학개론. 서울: 박영사.

채서일(1994). 사회과학조사방법론. 서울: 학현사.

최순영 · 김수정(1996). 인간의 사회적 · 성격적 발달. 서울: 학지사.

최창호(1996). 나는 얼마나 자유로운가. 서울: 동녘.

한공우(1988). 교육학개론. 서울: 형설출판사.

한국교육학회(1996). 인간과 교육. 서울: 문음사.

한준상외(1992). 신교육사회학. 서울 : 학지사.

홍광식(1988). 교사의 소진증후군. 한국교육학회지, 24(3), 12-26.

홍순강 · 손경란(1988). 교육학개론. 서울: 형설출판사.

伊藤秀夫, 眞野官雄(編) (1975). 교육제도 과제. 동경 : 제일법규출판주식회사.

Abbott, M. G.(1969). Hierarchical impediments to innovation in education organization. In F. D. Carver & T. J. Sergiovanni(ed.). Organization and Human Behavior. N.Y.: McGraw-Holl.

Argyris. C.(1957). Personality and Organization. New York: Harper & Row.

Armsby, R. E.(1971). A reexamination of the development of moral judgments in children. Child Development. 34, 281-294.

Atkinson, G. B. J.(1983). The Economics of Education. British Libary Cataloguing in Publication Data. 52-60.

Austin, V. D., Ruble, D. N., & Trabasso, T.(1977). Recall and order effects as factors in children's moral judgments. Children Development. 48, 470-474.

Ausubel, D. P.(1963). The Psychology of Meaningful Verbal Learning: An Intoducion to School Learning. New York: Grune & Stratton, Inc.

Bearison, D. J., & Isaacs, L.(1975). Production deficiency in children's moral judgments. Developmental psychology. 11, 732-737.

Benson, Charles S.(1978). The Economics of Public Education. Boston: Houghton Miffin Company.

Blake, R. R., & Mouton, J. S.(1964). The Managerial Grid. Houston, TX: Gulf Publishing Co.

Bloom, B. S. (1956). Taxonomy of Educational Objectives, Handbook I: Cognitive Domain. N.Y: McKay

Bobitt, J. F.(1923). Some general principles of management applied to the problems of city-school system. In S. Chester Parker(ed.), The Supervision of City Schools. The 12th Yearbook of the National Society for the Study of Education. Chicago: University of Chicago Press.

Brown, F. J.(1968). Educational Sociology, Englewood Cliffts. N.J.: Prentice-Hall Ince.

Bruner, J. S.(1960). Toward a Theory of Instruction. Havard University Press.

Buchanan, J. P., & Thompson, S. K.(1973). A quantitative methodology to examine the development of moral judgment. Children Development. 44, 186-189.

Campbell, R. F., & Gregg, Russell T.(1957). Administrative Behavior in Education N.Y. : Harper & Row Publishers.

Corwin, R. G.(1965). Professional persons in public organization. Educational Administration Quarterly, 1, 1-22.

Costanzo, P. R., Coie, J. D., Grumet, J. F., & Farnill, D.(1973). A reexamination of the effects of intent and consequence on children's moral judgments. Children Development. 44, 154-161.

Cubberley, E. P.(1905). School Funds and Their Apportionment. New York: Columbia University.

Douglas M.(1960). The Human Side of Enterprise. New York: McGrew-Hill.

Dunham, R. B., & Pierce, J. L.(1989). Management. Glenview, IL: Scott.

Durkheim, E.(1997). The Evolution of Educational Thought : Lectures on the Formation and Development in France. London: Routledge & Kegan Paul.

Fayol, H.(1949). General and Industrial Management, London: Sir Issac Pitman & Sons, Ltd.

Feldman, N. S., Klosson, E. C., Parsons, J. E., Rholes, W. S., & Ruble, D. N. (1976). Order of infomation presentation and children's moral judgements. Children Development. 47. 556-559.

Ferguson, T. J., & Rule, B. G. (1980). Effects of inferential set, outcome severity, and basis for responsibility on children's evaluations of aggressive acts. Developmental Psychology. 16, 141-146.

Fiedler, F. E.(1967) A Theory of Leadership Effectiveness. New York : McGraw-Hill

Fleishman, E., Harris, E. F., & Burtt, H. E.(1955). Leadership and Supervision in Industry. Columbus, OH: Bureau of Educational Research, Ohio State University.

Follett, M. P.(1920). The New State. London: Longmans, Green & Co.

Foster, W. P.(1986). Paradigms and Promises : New Approaches to Educational Administration. Buffalo, N.Y.: Prometheus Books.

Getzels, J. W., & Guba, E. G.(1957). Social behavior and the administrative process. School Review, 65, 436.

Gilligan, C.(1982). In a different voies : Women's conceptions of morality. Harvard Educational Review. 47, 481 -517.

Glaser, R.(1962). "Psychology and instructional technology", in Training Research and Education, Pittsburgh: University of Pittsburgh Press, 1-30.

Gottlieb, D. E., Taylor, S. E., & Ruderman, A.(1977). Cognitive bases of children's moral judgements. Developmental Psychology, 13. 547-556.

Graham. G.(1972). The teacher as a member of a profession. In M.M.Cann(ed.), An Introduction to Education, New York : Thomas Y. Crowell Company.

Hall, R. H.(1963). The concept of bureaucracy: An empirical assessment. The American Journal of Sociology, 69, 63.

Heider, F.(1958). The psychology of interpersonal problems. New York: John Wiley and Sons.

Henderson, P. D.(1969). Political and budgetary constraint: Some characteristics and implications. In J. Margolis and H.Guitton, Public Economics.

Hersey, P., & Blanchard, K. H.(1988). Management of Organizational Behavior(5th ed.) Englewood Cliffs, NJ: Prentice-Hall.

Herzberg, F.(1966). Work and the Nature of Man. Cleveland OH: World.

Holstein, C. B.(1976). Irreversible, stepwise sequence in the development of moral judgment: A longitudinal study of males and females. Child Development. 47. 51-61.

Hopkins, L. T.(1934). Curriculum principle and practice. N.Y.: Sandborn.

House, R. J.(1970). A path-goal thoery of leader effectiveness. Administrative Science Quarterly, 5, 277-298.

Jesse, B. S.(1950). The Nature of the Administrative Process. New York: McGraw Hill.

Jones, T. H.(1985). Introduction to School Finance: Technique and Social Policy. New York: Macmillan Publishing Company.

Kohlberg, L. (1969). Stage and sequence: The cognitive developmental approach to socialization. In D. A. Goslin(Ed.), Handbook of socialization theory research. Chicago: Rand McNally.

Kohlberg, L., & Kramer, R. B. (1969). Continuities and discontinuities in childhood and adult moral development. Human Development. 12, 93-120.

Kuder, G. F., & Richardson, M. W.(1937). The theory of estimation of test reliability.

Psychometrika, 2, 151-160.

Lieberman, M.(1963). Education as a Professional Problems of Teachers. New York: The MacMillian Co.

Likert, R.(1961). New Patterns of Management. New York: McGraw-Hill.

_____, R.(1979). From production and employee -Centeredness to systems 1-4. Jornal of Management, 5, 147-156.

Mager, R. F.(1962). Preparing Instruction Objectives. Calif: Fearon Publishers.

Marshall E. D. et al.,(1958). Public Administration. New York: Rinehart & Co.

Maslow, A. H.(1997). Motivation and personality(2nd ed.). New York: Harper and Row.

Maslow, A.(1970). Motivation and Personality. rev(ed.). New York: Harper & Rox.

Meyer, A. E.(1985). Development of Education in the 20th Century. Tokyo: Maruzen Company.

Moehlman, A. B.(1951). School Administration. New York: Houghton Mifflin Co.

Mort, P. R.(1924). The Measurement of Educationanl Need. New York: Columbia University.

Nummedal, S. G., & Bass, S. C.(1976). Effects of the salience of intention and consequence on children's moral judgments. Developmental Psychology, 12, 475-476.

Parikh, B. (1980). Moral judgment development and its relation to family factors in Indian and American families. Child Development, 51, 1030-1039.

Patterson, C. H.(1973). Humanistic Education. 장상호 譯(1981). 인간주의 교육. 서울: 박영사.

Rist, R.(1970). Student social class and teacher expectations : the self-fulfilling prophecy in ghetto education. Harvard Educational Review, 40, 411-451.

Rogers, D., & Geske, T.(1982). Financing Education. University of Illinois Press.

Ronnie, D. J., & Morral, J. F.(1974). Evaluatiog Educational Investment. Lexington Mass: D.C heath and Company.

Rosenthal, R. J., & Jacobson, L. (1968). Pygmalion in the classroom, New York: Holt,

Rinehart and Winston.

Rule, B. G., & Duker, P.(1973). The effects of intention and consequence on children's evaluations of aggressors. Journal of Personality and Social Psychology, 27, 184-189.

Scarr, S.(1992). Developmental theories for the 1990s: Developmental and individual differences. Child Development, 63, 1-19.

Scarr, S., & Weinberg, R. A. (1983). The Minnesota adoption studies: Genetic differences and malleability. Child Development, 54, 260-267.

Seefeldt, C.(1980). A curriculum for preschools(2nd ed.). Columbus: Charles E. Merrill.

Shavelson, R. J., Baxter, G. P., & Pine, J.(1991). Performance assesment in science. Applied Measurement in Education, 4(4), 347-362

Shertzer, B., & Stone, S. C.(1981). Fundamentals of Guidance. Boston: Houghton Mifflin Co.

Spaulding F. E. (1913). Improving School Systems through Scientific Management, Washington, D .C.: National Education Association.

Spaulding F. E., Frank E. et. al. (1910). The Aims, Scope and Methods of a University Course in Public School Administration, Iowa: The National Society of College Teachers of Education.

Stinnett, T.M. & Huggtt, A.J.(1963). Professional Problems of Teachers. New York: The MacMillian Co.

Strayer, G. D., & Haig, R. M.(1923). The Financing of Education in the United States of New York. New York: Macmillan, Inc.

Tannenbaum, R. and Schmidt, W. H.(1973). How to choose a leadership pattern. Harvard Business Review, 51, 167.

Taylor, F. W.(1911). The Principle of Scientific Management. New York: Harper & Row.

Taylor, F. W.(1947). The Principles of Scientific Management. N.Y.: Harper.

Toby, J.(1971). An Introduction to Sociology (2nd ed.). New York: John Wiley &

Sons.

Tyler, R. W.(1949). Basic Principles of Curriculum and Instruction. Chicago: The University of Chicago Press.

Tyler, R. W.(1974). Basic Principles of Curriculum and Instruction. Chicago: The University of Chicago Press.

Tyler, R.W.(1974). Basic Principles of Curriculum and Instruction. Chicago: The University of Chicago Press.

Vroom, V. H., & Yetton. P. H.(1973). Leadership and Decision Making. Pitt, P.A.: University of Pittsburgh Press.

Watson, J. B., & Rayner, R.(1920). Conditioned emotional reactions. Journal of Experimental Psychology, 3, 1-14.

Weiner, B.(1980). Human motivation. New York ; Holt, Rinehart and Winston.

Welch, F.(1974). Relationships between Income and schooling. Review of Research in Education , 2, 179-201.

손영환 ●●●

부산교육대학교 졸업(교육학사)
동아대학교 교육대학원 졸업(교육학 석사)
동아대학교 대학원 졸업(교육학 박사)
현 대동대학 교수 // 교무처장 역임
현 부산 · 울산 · 경남 · 제주지역 교무처장 협의회 회장
현 한국전문대학 교무처장협의회 부회장
현 한국지방교육경영학회 이사
현 부산 · 경남 유아교육학회 이사

대표 저서 : 아동교육연구법 (2002, 창의마당)
교육학(1999, 학지사)
교육의 이해(2001, 학지사)
교육행정의 이해(2005, 동문사)
교육행정 및 경영(2007, 동문사)
유아교육기관 운영관리(2007, 파란마음)

대표 논문 : 유치원 교육비의 동태적분석
초등학교 교사의 수익률 분석
공사립 유치원의 공교육비 분석
유치원 교육비의 동태적 분석
보육사업의 재정실태와 개선방안
보육복지 전문봉사 프로그램의 설계 및 운영
전문대학에서의 가상교육에 대한 연구

권미량 ●●●

고신대학교 아동학 졸업(문학사)
부산대학교 교육대학원 유아교육전공(교육학 석사)
부산대학교 대학원 유아교육과 졸업(교육학 박사)
전 대동대학 교수
현 고신대학교 유아교육과 교수
현 부산 동래구 보육위원
현 생태유아교육학회 이사

대표 저서 : 우리가 아껴 쓰고, 나눠 쓸래요(2002, 양서원)
생태유아교육 프로그램 운영(2006, 공동체)
유아교수매체 및 교수공학(2007, 청목출판사)
유아교육기관 운영관리(2007, 파란마음)

대표 논문 : 생태유아교사교육 프로그램 모형 개발 연구
생태유아교사교육의 교육원리에 관한 연구
생태유아교육과정 개발을 위한 탐색적 연구
직장보육시설의 의미에 관한 문화기술적 사례 연구
유아교육기관의 부모참여 인식과 요구에 대한 질적 연구
친자연적 사회 기술 중재 프로그램의 의미에 대한 탐색
또래간의 담화를 통한 여아의 권력 행사 전략에 관한 연구

교육학개론

초판 1쇄 발행 2008년 3월 2일
초판 4쇄 발행 2015년 3월 5일

지은이 | 손영환 · 권미량
펴낸이 | 김기섭
책임편집 | 엄지연
펴낸곳 | 창지사 www.changjisa.com
121-809 서울시 마포구 대흥동 161
전화 (02) 719-2211~3
팩스 (02) 701-9386
등 록 | 1977년 4월 28일 제1-421호

ISBN 978-89-426-2613-7 93370
Printed in Seoul, Korea

값 13,000원